가천대학교 논술고사
실전 모의고사

인문 계열(국어 + 수학)

시대에듀

2025 가천대학교 논술고사 실전 모의고사 인문 계열

Always **with you**

사람의 인연은 길에서 우연하게 만나거나 함께 살아가는 것만을 의미하지는 않습니다.
책을 펴내는 출판사와 그 책을 읽는 독자의 만남도 소중한 인연입니다.
시대에듀는 항상 독자의 마음을 헤아리기 위해 노력하고 있습니다. 늘 독자와 함께하겠습니다.

머리말

반갑습니다. 이 책의 저자 오지연, 이규정입니다.

우선 많은 수험서 중에서도 이 책을 선택해 준 여러분께 감사의 마음을 전합니다. 수능 이전에 이 책을 만난 학생들에게는, 약술형 논술고사를 선택한 새로운 도전이 여러분의 논리력 향상과 가천대학교 합격이라는 두 마리 토끼를 모두 잡게 해 줄 것이라고 약속드리고 싶습니다. 수능 이후 이 책을 만난 학생이라면, 수능에 응시하느라 정말 고생 많으셨고, 이 책을 마지막으로 여러분의 긴 수험 생활이 행복으로 마무리될 수 있도록 최선을 다하시라고 말씀드리고 싶습니다. 어느 순간 여러분을 만날지 알 수 없지만, 어디선가 여러분의 합격을 위해 저희도 열심히 노력하고 있을 것입니다.

약술형 논술을 정복하려면,

약술형 논술고사는 기존의 논술시험과 전혀 다른 형식과 풀이 과정을 가지고 있습니다. 게다가 약술형 논술 전형은 신설된 지 얼마 되지 않아 참고할 수 있는 기출문제나 문제집이 많지 않습니다. 이 때문에 약술형 논술고사는 학생들에게 두려운 도전이자 모험이었을 것입니다. 공부를 어디서부터 시작해야 하는지도 막막하였을 것입니다.

포기하지 마세요.

그래서 저희가 나섰습니다. 실제 출제 범위인 『수능특강』·『수능완성』 교재와 평가원, 수능 기출문제를 샅샅이 살피고, 연계 변형하여 출제하였습니다. 나아가 학생들의 부담을 최소화하고, 양질의 문제들로 구성하여 한 문제를 풀더라도 열 문제를 푼 것과 같은 효과를 가져올 수 있도록 풍부한 해설을 준비하였습니다.

도전하세요, 끝까지!

모의고사를 풀 때도 논술고사장에서 푸는 것처럼 80분을 정확하게 지켜주세요!
국어와 수학 과목은 따로따로 나누어서 풀지 말고, 한꺼번에 실전처럼 풀어 주세요!
해설을 꼼꼼하게 참고하며 냉정하게 채점하고, 분석해 주세요!
이러한 작은 노력이 여러분을 합격으로 이끌어 줄 것입니다.

여러분의 합격을 응원합니다.

많은 이들이 논술 전형은 어렵다고들 합니다. 하지만 그 어려움을 뚫고 합격한 기쁨은 말로 표현할 수 없을 만큼 클 것입니다. 합격의 짜릿함을 위해 조금만 참고 인내하시기를 바랍니다. 부디 합격자 중 한 명이 되시어, 가천대학교에서 '최초가 최고가 되는 미래'를 누리시기를 간절히 바랍니다.

저자 **오지연, 이규정** 드림

가천대학교 논술 전형 알아보기

시험 특징

가천대학교 논술고사는 본교에 지원한 수험생들이 고등학교 교육과정을 통해 대학 교육에 필요한 수학능력을 갖추었는지 평가합니다. 그러므로 평소 학교 교육과 대학수학능력시험을 성실하게 공부한 학생이라면 별도의 준비가 없어도 논술고사에 대비할 수 있습니다.

출제 방향

학생들의 수험 준비 부담 완화를 위해 EBS 수능 연계 교재를 중심으로 고등학교 정기고사 서술형 · 논술형 문항의 난이도로 출제할 예정입니다.

준비 방법

학교 수업과 정기고사의 서술형 · 논술형을 충실하게 준비하는 것이 좋으며, EBS 연계 교재를 꼼꼼하게 공부한다면 좋은 성과를 얻을 수 있을 것입니다.

전형 일정

구분	일시	비고
고사장 확인	2024. 11. 12. (화)	
인문 계열, 컴퓨터공학과, 간호학과, 클라우드공학과, 바이오로직스학과	2024. 11. 25. (월)	가천대학교 입학처 홈페이지
자연 계열	2024. 11. 26. (화)	
합격자 발표	2024. 12. 13. (금)	

전형 방법

논술 100%

선발 원칙

논술고사 성적의 총점 순으로 선발합니다(수능 최저학력기준을 충족한 자).

수능 최저학력기준

모집 단위	반영 영역	최저학력기준
인문 계열, 자연 계열	국어, 수학, 영어, 사회/과학탐구(1과목)	1개 영역 3등급 이내
바이오로직스학과	국어, 수학, 영어, 사회/과학탐구(1과목)	2개 영역 등급 합 5 이내
클라우드공학과	국어, 수학(기하, 미적분), 영어, 과학탐구(2과목)	2개 영역 등급 합 4 이내 (과학탐구 적용 시 2과목 평균, 소수점 절사)

평가 방법

계열	문항 수		배점	총점	고사 시간	답안지 형식
	국어	수학				
인문	9	6	각 문항 10점	150점 + 850점 (기본 점수)	80분	노트 형식의 답안지 작성
자연	6	9				

출제 범위 및 평가 기준

구분	출제 범위	평가 기준
국어	고등학교 1학년 국어 (문학, 독서, 화법, 작문, 문법 영역)	• 문항에서 요구하는 조건에 충실한 답안 • 제시문의 핵심 내용을 정확하게 표현한 답안
수학	수학Ⅰ, 수학Ⅱ	• 문제해결에 필요한 개념과 원리에 대한 정확한 서술 • 정확한 용어, 기호를 사용한 표현

※ 그 외 구체적인 사항은 가천대학교 홈페이지 내 모집요강과 전형 안내 문서를 반드시 확인하세요.

이 책의 구성과 특징

본책 | 제1회~제7회 실전 모의고사

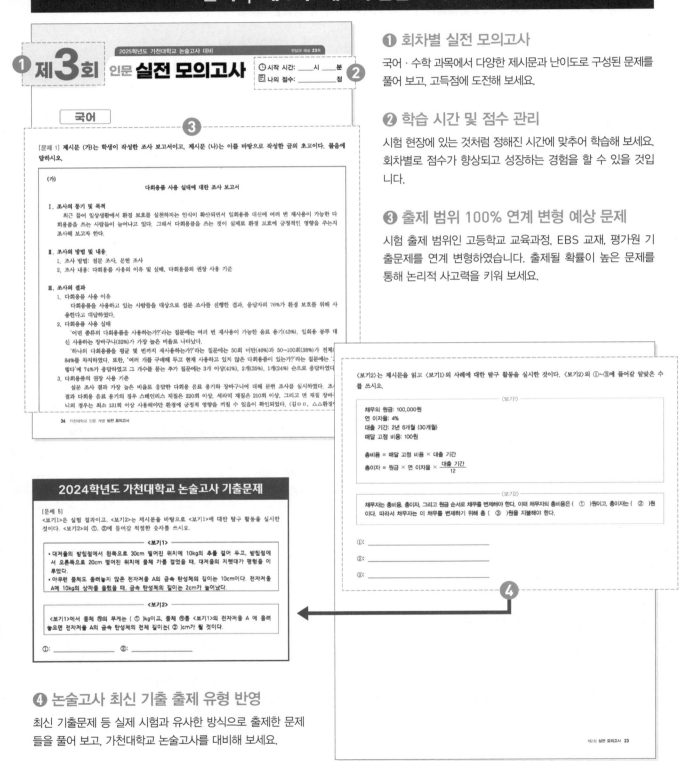

❶ 회차별 실전 모의고사

국어 · 수학 과목에서 다양한 제시문과 난이도로 구성된 문제를 풀어 보고, 고득점에 도전해 보세요.

❷ 학습 시간 및 점수 관리

시험 현장에 있는 것처럼 정해진 시간에 맞추어 학습해 보세요. 회차별로 점수가 향상되고 성장하는 경험을 할 수 있을 것입니다.

❸ 출제 범위 100% 연계 변형 예상 문제

시험 출제 범위인 고등학교 교육과정, EBS 교재, 평가원 기출문제를 연계 변형하였습니다. 출제될 확률이 높은 문제를 통해 논리적 사고력을 키워 보세요.

❹ 논술고사 최신 기출 출제 유형 반영

최신 기출문제 등 실제 시험과 유사한 방식으로 출제한 문제들을 풀어 보고, 가천대학교 논술고사를 대비해 보세요.

책 속의 책 | 정답 및 해설

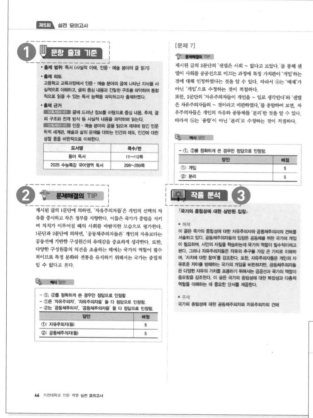

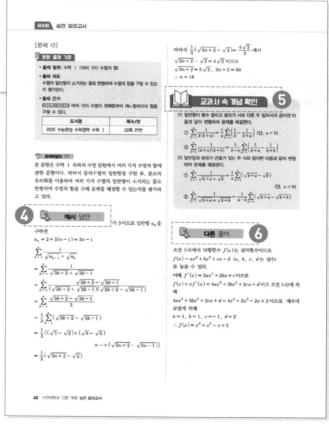

❶ 문항 출제 기준

출제 의도는 문제의 '정답'과 일맥상통합니다. 문항 출제 기준으로 출제자의 의도를 파악하여 문제 풀이의 정확성을 높여 보세요.

❷ 문제해결의 TIP

선생님의 자세한 해설을 읽어 보세요. 1:1 지도를 받는 것처럼 친절한 '문제해결의 TIP'은 명쾌한 이해를 도와줄 것입니다.

❸ 작품 분석

주요 작품의 해제, 주제, 구성, 줄거리를 파악할 수 있습니다. 핵심 내용을 공부해 두면 앞으로 문제를 풀 때 단단한 토대가 될 것입니다.

❹ 예시 답안

선생님께서 제시한 예시 답안을 내가 적은 답안과 비교하고, 따라 써 보세요. 중요 키워드를 정확하게 적어내는 연습을 할 수 있습니다.

❺ 교과서 속 개념 확인

문제 풀이에 활용되는 교과서 속 개념을 제시하였습니다. 국어 · 수학 문제를 풀기 위한 기본적 개념을 알아 두세요.

❻ 다른 풀이

논술고사의 특성에 맞게 '다른 풀이'를 제공하였습니다. 내가 생각한 방식 이외에 다른 풀이 방법을 확인하고, 문제해결력을 기를 수 있습니다.

이 책의 차례

가천대학교

논술 실전 모의고사

인문 계열

제1회 실전 모의고사

지원 학과 : _____

성   명 : _____

문항 수	총 15 문항 (국어 9, 수학 6)	배점	각 문항 10점
시험 시간	80분	총점	150점 + 850점 (기본 점수)

제**1**회 인문 **실전 모의고사**

국어

[문제 1] 다음은 토론에 참여한 학생의 소감문이다. 물음에 답하시오.

> 이번 토론의 논제를 보고 나도 내년이면 면허를 취득할 수 있는 나이가 된다는 생각에 관심이 생겨 토론에 참여하기로 하였다. 나는 반대 입장을 선택한 후 친구와 한 팀이 되어 토론을 준비하였다. 먼저 쟁점을 분석한 후 주장할 내용을 정리하였다. 다음 날에는 근거 자료를 마련하려고 인터넷에서 자신의 개성을 자유롭게 표현하고 있는 다양한 초보 운전 표지 사진들을 찾아 저장하였다. 그리고 '초보 스티커, 되레 난폭 운전자들의 표적'이라는 제목의 표지 부착 부작용 사례를 다룬 인터넷 신문 기사를 수집하였다. 이후 관련 기관에 메일로 자료를 요청하여 운전 행태, 교통안전 등을 평가해 수치화한 교통 문화 지수가 운전자의 인식 개선을 위한 다양한 활동을 통해 매년 꾸준히 상승하고 있다는 보도 자료를 받았다. 그다음 날에도 자료를 찾으러 친구와 함께 도서관에 갔다. 미국 대다수의 주에서는, 표지 부착은 의무화하지 않으면서 임시 면허 기간을 두어 초보 운전자의 운전 숙련도를 높이는 단계적 운전면허 제도를 시행하고 있다는 논문 자료를 찾았다. 그리고 초보 운전자 대부분이 표지를 부착하고 있다는 설문 결과도 찾아 스크랩하였다.
>
> 막상 토론을 하려니 평소 사람들 앞에서 말할 때 긴장해서 말을 더듬는 편이라 걱정이 되었다. 이를 극복하기 위해 실전처럼 말하는 연습을 반복하였고 그 덕분에 토론에서 침착하게 말할 수 있었다. 한편 토론 후 상호 평가를 해 보니, 친구는 준비한 자료를 활용해 논리적으로 답변한 반면, 나는 찬성 측 반론을 미흡하게 반박한 것 같아 조금 아쉬웠다.
>
> 이번 토론을 준비하며 생각보다 많은 시간과 노력이 든다는 것을 알았다. 논제에 대한 찬성과 반대의 자료를 모두 조사해야 하기 때문이다.

〈보기〉는 학생이 제시문을 작성하기 전에 수립한 글쓰기 계획이다. 〈보기〉의 ①, ②가 반영된 문장을 제시문에서 찾아 각각의 첫 어절과 마지막 어절을 순서대로 쓰시오.

〈보기〉
---

① 소감문을 작성할 때 왜 이 논제를 선택하게 되었는지 이유를 설명해야겠어.
② 사람들 앞에서 말하는 것에 불안감을 느껴서, 이를 해결하기 위한 노력을 제시해야겠어.

---

① 첫 어절: _____ , 마지막 어절: _____

② 첫 어절: _____ , 마지막 어절: _____

[문제 2]

〈보기1〉은 음운 변동 유형에 대해 설명한 것이다. 〈보기2〉의 ①, ②에 들어갈 적절한 말을 〈보기1〉에서 찾아 음운의 변동이 일어난 순서대로 쓰시오.

〈보기1〉

국어의 음운 변동에는 다음과 같은 것들이 있다.
- 음절의 끝소리 규칙: 받침소리로는 'ㄱ, ㄴ, ㄷ, ㄹ, ㅁ, ㅂ, ㅇ'의 7개 자음만 발음하는 현상
- 비음화: 비음 앞의 자음이 비음으로 바뀌는 현상
- 유음화: 'ㄴ'이 'ㄹ'의 앞이나 뒤에서 'ㄹ'로 변하는 현상
- 구개음화: 'ㄷ, ㅌ'이 조사나 접미사의 모음 'ㅣ'와 결합되는 경우, 'ㅈ, ㅊ'로 바뀌는 현상
- 된소리되기: 예사소리였던 것이 된소리로 바뀌는 현상
- 자음군 단순화: 겹받침이 발음될 때, 홑자음으로 바뀌어 소리 나는 현상
- 자음 탈락: 형태소 내부에서 자음이 탈락하는 현상
- 모음 탈락: 형태소 내부에서 모음이 탈락하는 현상
- 'ㄴ' 첨가: 없던 음운이 새로 생기는 현상
- 거센소리되기: 둘 이상의 소리가 합쳐져 하나의 새로운 소리가 되는 현상

음운 변동이 일어나면 교체를 제외하고는 일반적으로 음운 개수가 변화한다. 또 음운 변동이 단어 내에서 한 번만 일어나기도 하고, 한 유형의 변동이 여러 번 일어나거나 서로 다른 유형의 변동이 여러 번 일어나는 경우도 있다.

> 예 낳은[나은]는 자음 탈락이 일어났다.

〈보기2〉

'닭장'은 (①)와/과 (②)이/가 일어났다.

---

①: _____

②: _____

|3~4| 다음 글을 읽고 물음에 답하시오.

토마스 쿤의 『과학 혁명의 구조』는 과학 철학에 거대한 변화를 가져왔다. 특히 쿤이 도입한 과학적 '패러다임'이라는 개념은 그동안 설명하지 못했던 과학 이론의 변화를 설명할 수 있게 하여 지식의 진보를 이루는 데 중요한 역할을 하였으며, 새로운 이론과 발견을 받아들이는 데 있어서도 중요한 기준이 되었다. 쿤이 말하는 패러다임은 특정 시대의 과학 공동체 구성원들이 공유하는 신념, 가치관, 기술 등의 전체적 집합체를 가리킨다. 그는 과학자 공동체는 공유하고 있는 가치관이나 신념들을 통해 그간 제기된 문제점과 한계들을 해결해 나가는데, 이것을 정상 과학이라고 하였다. 연구자들은 이러한 정상 과학의 틀 안에서 연구를 진행하고, 지식을 축적해 나간다. 그러나 새로운 관측이나 실험 결과가 예측에서 벗어나는 경우나 기존의 이론으로는 설명할 수 없는 현상이 발견되는 경우가 많아져서 정상 과학으로 더 이상 이러한 예외를 설명하기 어려워지거나 증명할 수 없게 되면, 과학 혁명이 일어난다고 하였다. 즉, 쿤이 말하는 과학 혁명은 패러다임의 전환을 의미한다.

쿤은 과학의 변화는 혁명이라는 주장을 통해 과학이 합리적인 체계 속에서만 작동하는 학문이 아님을 입증하였고, 과학은 귀납적이라는 기존의 관점을 뒤집었다. 쿤은 패러다임이 달라지면 사고방식과 세계를 인식하는 방식도 변한다고 보았다. 이러한 쿤의 견해와 같이 사고방식의 전도를 통해 세계를 인식하는 방식이 달라진 대표적인 예가 천동설을 버리고 지동설을 수용한 과학자이다. 이들은 그동안 사용하던 익숙한 도구인 망원경으로 세계를 관찰하지만, 패러다임의 전환을 통해 달을 더 이상 행성으로 보지 않고 위성으로 관찰하게 된 것이다. 이는 관찰을 통해 이론을 결정하는 것이 아니라 이론을 통해 관찰을 결정하는 것이며, 과학자의 세계관이 변하면 과학자가 인식하는 세계 또한 달라진다는 것이다.

쿤은 과학 혁명을 통한 패러다임의 전환 전후로 어휘의 개념이나 범주도 달라지고 문제의 접근 방식과 관찰 방법, 해결 방식도 변화한다고 보았다. 어떠한 패러다임에 속해 있는지에 따라 용어의 내포적 의미나 지시적 의미가 미묘하게 달라지는데, 이에 따라 과학자들은 모든 패러다임에 동일하게 적용 가능한 중립적 언어를 사용할 수는 없게 된다. 또한, 세계 역시 패러다임 전환 전후로 달리 인식하게 되므로 모든 패러다임에서 동일하게 인식될 수 있는 세계는 존재하지 않는다. 쿤은 이렇듯 과학 혁명이 발생하고 난 뒤 의미론적 측면, 과학자가 인식하는 세계관 측면, 방법론적 측면에서 차이가 나타나는 것으로 보았고, 이를 '통약 불가능성'으로 설명하였다. 과학사에서 볼 수 있는 이러한 단절은 서로 다른 패러다임에 속한 과학자들이 동일한 표준 하에서 소통하기 어렵게 만든다.

[문제 3]

〈보기〉는 제시문을 읽고 요약한 것이다. 〈보기〉의 ①, ②에 들어갈 적절한 말을 제시문에서 찾아 쓰시오.

───── 〈보기〉 ─────

쿤에 따르면, 과학자들은 관찰을 통해 이론을 도출하는 것이 아니라 사전에 가지고 있는 이론을 통해 관찰을 결정한다. 그리고 정상 과학이 더 이상 적절하게 구실을 하지 못한다는 의식이 증대되면 과학 혁명이 일어난다. 쿤은 이를 통해 과학은 개별적인 관찰이나 사례들을 종합하여 일반적인 원리나 법칙을 이끌어내는 (①)적 관점으로 증명되는 것이 아님을 입증하였다. 과학자들은 자신이 속한 패러다임에 따라 관찰을 결정하고 해석하기에, 서로 다른 패러다임에 속한 과학자들 간의 소통에도 어려움이 있다. 과학 혁명으로부터 출현하는 정상 과학은 앞서 간 것과는 양립되지 않을 뿐만 아니라, 실상 동일 선상의 비교가 불가능한데, 쿤은 이를 (②)(으)로 설명한다.

①: _____

②: _____

[문제 4]

〈보기1〉은 제시문을 읽고 심화 탐구 활동을 실시한 것이다. 제시문을 참고하여, 〈보기2〉의 ①, ②에 들어갈 적절한 말을 〈보기1〉에서 찾아 쓰시오.

〈보기1〉

과학 철학자 포퍼와 파이어아벤트는 과학 이론 선택 기준에 대해 서로 다른 견해를 가지고 있다. 포퍼는 과학 이론의 취사를 진리에 더 가까운 이론을 선택하는 과정으로 보고, 이때의 선택을 합리적 선택이라고 하였다. 이러한 관점에서 포퍼는 과학의 발전을 통해 우리는 진리에 한 발짝 더 가까워질 수 있게 된다고 보았다. 반면, 파이어아벤트는 과학은 합리적인 체계를 가진 학문이 아니며 과학 이론의 선택 역시 합리적으로 선택되는 것은 아니라고 보았다. 그는 다른 과학 이론으로 변화하는 것은 대상을 이해하고 관찰하는 틀이 가장 '자연적 해석'으로 보이는 이론이 선택되는 것이라고 하였다. 또한, 그는 과학의 모든 연구 방법은 그 나름의 고유한 특성을 가지고 있기 때문에 비교할 수 없으며, 어떤 것이 더 우월하다고 볼 수 없다고 주장한다. 파이어아벤트는 상대주의와 다원주의 관점에서 과학적 발전을 이해하며, 각각의 이론이나 패러다임은 그들 자신의 맥락에서 유효하며 의미가 있다고 보았다. 이러한 시각에서 파이어아벤트는 과학의 다양성과 복잡성을 강조하며, 합리성이라는 개념은 유연한 시각에서 상대적으로 바라보아야 한다고 주장하였다.

〈보기2〉

	포퍼	파이어아벤트
공통점	과학 이론은 고정불변의 것이 아니라 (①)에 따라 변화하는 것임을 인정함	
차이점	과학 이론의 변화는 진리에 더 가까운 (②) 이론을 선택하는 과정	과학 이론의 우위는 존재하지 않으며, 서로 비교할 수 없기에 어느 것이 더 우월한 상태라고 단정지을 수 없음

①: _____

②: _____

| 5~6 | 다음 글을 읽고 물음에 답하시오.

환경 오염은 현대 인류가 직면한 심각한 문제 중 하나로, 이 문제의 해결을 위해 다양한 이론과 접근법이 제시되고 있다. 환경 관리주의, 근본 생태주의, 그리고 사회 생태주의는 각각의 관점에서 환경 오염으로 인한 문제의 해결 방안을 제시하였다. 환경 관리주의는 인간이 자연보다 우위에 있으므로 인간의 개입이 자연환경을 조절할 수 있다는 믿음에 기초한다. 이 입장에 있는 사람들은 환경 문제의 해결을 위해 제도적 규제와 과학 기술적 해결책에 초점을 맞추는 경향이 있다. 이와 달리 사회 생태주의와 근본 생태주의는 환경 관리주의에서 강조하는 기술과 규제로는 환경 문제를 해결하기 어렵다고 주장한다.

근본 생태주의는 환경 문제의 원인을 인간이 자연을 인식하는 태도에 있다고 본다. 자연과 인간을 분리해서 인식하고, 자연을 도구화하는 태도는 자연을 오직 경제적 이익을 위한 수단으로만 인식하는 시각을 반영하는데, 환경 문제는 이러한 인식으로 인해 발생한다는 것이다. 근본 생태주의는 자연을 수단이나 도구로만 바라보는 것을 비판하며, 자연과 사회는 서로 의존하는 관계이므로 자연 친화적으로 인간의 삶이 변화하여야 환경 문제를 해결할 수 있다고 주장한다. 또한, 이들은 자연을 고유한 생명을 가진 대상으로 인식해야 하며, 자연과의 조화로운 관계 속에서 발전해야 한다고 본다. 이들은 모든 존재들은 상호 연결되어 불가분의 관계에 있으므로 작은 변화가 생태계 전체에 영향을 미칠 수 있음을 인지하고, 지속 가능한 방식으로 자원을 이용하고 환경을 보호해야 한다고 강조한다. 사회 생태주의는 환경 문제가 사회 구조적 문제에서 기인한 것으로 본다. 이 관점에서는 환경 문제가 인간이 인간을 지배하는 잘못된 사회 구조에서 비롯된 것으로 인식하고, 환경 문제를 해결하기 위해서는 반자본주의 투쟁을 기반으로 사회 내부의 착취 구조를 타파해야 한다고 주장한다. 또한, 경제적·사회적으로 취약한 집단의 이익과 권리를 보호해야 하고, 사회적 공평성을 중시하는 인간 공동체를 형성하여 인간이 자연을 지배하면서 발생하는 환경 문제를 종식해야 한다고 보고 있다.

과타리는 환경 관리주의, 근본 생태주의, 사회 생태주의 중 어느 한 가지만으로 환경 문제에 온전히 대처하는 것은 불가능하다고 보았다. 그는 환경 문제를 효과적으로 해결하기 위해서는 다양한 시각들을 종합적으로 고려하는 것이 필요하다고 말하며 생태 철학을 제시하였다. 그의 생태 철학은 환경 생태학, 정신 생태학, 사회 생태학을 접합한 관점이다. 환경 관리주의에 대응되는 환경 생태학은 자연의 영역을 탐구하며, 생태계와 생물 다양성 등 자연 환경의 구조와 기능을 연구하고, 근본 생태주의에 대응되는 정신 생태학은 인간의 영역을 중심으로 살펴보며, 인간의 내적 세계와 환경의 관계를 파악한다. 사회 생태주의에 대응되는 사회 생태학은 사회의 영역을 다루며, 인간 사회의 구조와 문화, 사회적 상호 작용 등을 분석하여 사회와 자연의 상호 관계를 심층적으로 이해한다. 과타리의 생태 철학은 이러한 세 가지 생태학의 관점을 접목하여, 인간과 자연을 구분하는 이분법을 극복하고 생태학적인 관점에서 새로운 주체성을 탐구하고자 하였다.

과타리는 주체성 생산을 동질 발생과 이질 발생으로 구분하였다. 동질적인 요소에 의해 주체성이 형성되는 경우를 동질 발생이라고 하는데, 비슷한 경험이나 배경, 가치관을 공유하는 사회 집단 내에서 주체성이 형성되는 경우에는 동질적인 요소가 주체성 형성에 영향을 미치게 된다. 반면, 다양한 경험이나 배경 등 이질적인 요소에 의해 주체성이 형성되는 경우를 이질 발생이라고 하는데, 서로 다른 문화나 가치관을 가진 사람들 사이에서 주체성이 형성되는 경우에는 각자의 개별적인 경험이나 환경적 요소가 주체성 형성에 영향을 미치게 된다. 과타리에 따르면, 개인의 주체성은 이질적인 주체성과 동질적인 주체성이 결합하여 형성되므로 개인에게는 다양한 성향이 존재할 수 있다.

그러나 과타리가 살던 시대는 물질적인 성공과 이윤 추구를 중시하는 자본주의 사회 체제였다. 그는 이러한 사회적 체제는 다양성과 개별성을 억압하고 일관성과 표준화된 행동을 우선시하는 경향이 있다고 생각하였고, 획일성을 강조하는 전통적인 주체성 형성 관점에 대해 비판적인 입장을 취하였다. 과타리는 자본주의 사회에서 형성되는 동질적인 주체성을 통해서는 환경 문제를 근본적으로 해결하기 어렵다고 보았고, 이질적인 주체성을 인정하고 존중해야 한다고 강조하였다. 자본주의 사회에서는 생태계 보전 역시 인간들의 욕망과 소비문화에 의해 제약된 범주 안에서 이뤄질 수밖에 없다. 따라서 환경 문제를 해결하기 위해 새로운 기술을 도입한다고 하더라도 그 기술을 사용하는 주체들의 인식과 행동 패턴이 변화하지 않는다면 문제의 해결에는 한계가 있다. 과타리는 환경 문제를 해결하고 지속 가능한 사회를 구축하기 위해서는 자본주의의 경제적 논리와 욕망에서 벗어나야 한다고 주장하였다. 그는 '다르게 되기'라는 개념을 제시하여, 새로운 사회적 관계와 인간-자연 관계를 형성하는 것이 중요하다고 강조하였다. 이를 통해 인간은 거대한 생명체 시스템 내에서 특정 사회 체제에 매몰되지 않고 독립적인 주체성을 형성한 상태로 자유롭고 조화롭게 살 수 있다는 것이다. 과타리는 새로운 시각과 관계를 형성하고, 기존의 사회 체제와 관행을 극복하고, 지속 가능한 환경과 사회를 창출하는 삶을 바람직한 생태주의적 삶으로 본다.

[문제 5]

〈보기〉는 제시문을 읽고 요약한 내용이다. 〈보기〉의 ①, ②에 들어갈 적절한 말을 제시문에서 찾아 쓰시오.

— 〈보기〉 —

	주체성 형성 요인	결과
(①)	유사한 경험과 상황 공유를 통해 형성	일관성과 표준화된 행동 추구
(②)	다양한 경험과 특별한 고유 배경을 통해 형성	다양성을 존중하고 차이를 인정

①: _____

②: _____

[문제 6]

〈보기〉는 제시문에 대한 해설의 일부이다. 〈보기〉의 ①, ②에 들어갈 적절한 말을 제시문에서 찾아 쓰시오.

— 〈보기〉 —

• 사회 생태주의는 환경 문제를 인간이 인간을 지배하는 자본주의적 사회 경제 체제에서 비롯된 것으로 본다. 따라서 환경 문제를 해결하기 위해 자본주의 구조를 변화시키고, 공평성을 중시하는 (①)을/를 형성해야 한다고 주장한다.

• 과타리는 자본주의의 욕망과 경제 논리를 벗어나서 (②)을/를 통해 새로운 사회적 관계 및 인간-자연 관계를 형성하면, 독립적인 주체성을 갖추고 거대한 생명체 시스템 속에서 조화롭게 살 수 있다고 주장하였다.

①: _____

②: _____

[문제 7] 다음 글을 읽고 물음에 답하시오.

이탈리아의 신학자 토마스 아퀴나스는 스콜라 철학의 대표자 가운데 한 사람으로, 이성과 신앙의 조화를 추구하여 방대한 신학 이론의 체계를 수립하였다. 스콜라 철학자들은 토마스 아퀴나스를 가장 위대한 철학자일 뿐만 아니라 미학에 가장 크게 기여한 철학자로 보았다. 토마스 아퀴나스에게 있어 '미(美)'라는 것은 어떤 대상을 바라볼 때 즐거움을 주는 것이자 인지적 능력의 대상이다. 왜냐하면 보면 즐거워지는 대상을 아름답다고 부르기 때문이다. 그는 예술 작품이 아름다운 이유는 그 작품을 만든 인간 자신이 아름답기 때문이므로, 예술 작품의 미와 인간의 미는 차원이 다르다고 하였다. 그는 인간의 미는 신에게서 유래한 것이고, 예술 작품의 미는 인간의 미가 반영된 것이라고 보았다. 따라서 정확하게 거슬러 올라가면 예술 작품의 미 역시 신에게서 비롯된 것이므로 예술 작품의 미는 인간이 온전히 만든 것은 아니라고 하였다. 신학자인 토마스 아퀴나스는 자연과 인간을 모두 포함해 아름다움의 궁극적인 원인을 신에게서 찾는데, 그에 따르면 '미' 자체는 신이 창조한 것으로 세계를 창조한 신의 일부분이다. 따라서 미는 인간의 주관적인 사고 과정에 영향을 받기보다는 객관적이며 절대적인 신의 세계에서 존재한다. 더 나아가 그는 어떤 사물의 아름다움은 인간이 주관적으로 아름답다 느끼기 전에 이미 '미'로써 실재하고 있다고 보았다. 사물은 우리가 그것을 사랑하기 때문에 아름다운 것이 아니라, 그것이 아름답고 선하기 때문에 우리에게 사랑을 받는 것이다.

미의 실재성에 대해 토마스 아퀴나스는 아리스토텔레스의 질료 형상론을 전제로 자신의 입장을 정립하였다. 경험주의라는 아리스토텔레스적 정신과 구체적인 것, 절제·균형에 대한 선호 등에서 영감을 얻어서 그것을 스콜라의 형이상학과 윤리학뿐만 아니라 스콜라 미학에도 도입한 것이다. 토마스 아퀴나스의 질료 형상론에서 질료는 대상을 만들 수 있는 가능성의 상태를 의미하며, 각 대상별 구별할 수 있는 본초적인 특성으로, 그러한 질료가 형상을 갖추게 되면 현실태가 된다. 예를 들면, 비너스 조각상은 청동이라는 질료에 '미'를 상징하는 여신인 비너스의 형상이 결합되어 조각상이라는 현실태가 된다. 사물은 질료의 형태만으로는 존재할 수는 없으며 형상에 대한 인식은 지각을 통해 이루어진다. 토마스 아퀴나스에 따르면, 인간 세상에 존재하는 모든 사물들은 신의 피조물로서 질료와 형상이 결합된 복합물이며, 신은 오직 순수 형상이기에 개별적으로 사물을 통해 인식된다. 토마스 아퀴나스의 미학에서 사물의 '미'는 세상에 드러난 형상을 통해 인식되며, 순수 형상인 신 역시 사물을 통해 인식된다.

'미'가 실재한다면 미를 통해 얻는 즐거움은 무엇이며 미의 의미는 어떻게 인식해야 하는가? 토마스 아퀴나스의 미는 세 가지 조건을 충족할 것을 요구한다. 첫째는 사물의 완전성이다. 둘째는 적절한 비례 혹은 조화이고, 셋째는 명료성이다. 만약 어떤 사물이 아름답다면, 그 사물의 완전성, 비례성, 명료성이 잘 맞아 떨어진 것이다. 그에 따르면, 아름다움은 완전하다. 어떠한 사물이 자신의 본성에 따라 갖추어야 하는 것을 그대로 다 갖추고 있다면 그것은 완전하다고 할 수 있다. 인간이 '선'를 추구하고 싶은 욕구를 가지는 것은 '선'이 완전성의 결정체이기 때문이며, 인간의 이러한 욕구는 본능에 가깝다. 또한, 아름다움은 비례를 갖추고 있다. 비례성은 사물의 본성이 사물의 모습과 조화로운 상태가 되는 것을 의미한다. 사물들은 개별성을 가져 각기 다른 비례를 지니고 있다. 토마스 아퀴나스는 인간과 동물의 비례는 다르고, 인간과 신의 비례 역시 다르며, 육체와 정신의 비례도 다르다고 보았다. 따라서 인간의 미, 동물의 미, 육체의 미, 정신의 미는 각기 다르다고 하였다. 마지막으로 아름다움은 명료하다. 명료성은 사물이 자신의 본성을 뚜렷하게 가지는 것을 의미한다. 사물이 아름답다면 그 사물이 자신의 특성인 본성을 100% 온전히 가지고 있어서 '진'의 상태로 존재하기 때문인 것이다.

토마스 아퀴나스는 '미'는 인간의 인식과 인간의 욕구 모두와 관계가 있다고 보았다. '미'는 즐거움의 대상으로 욕구를 일으키는 대상이며, 동시에 인식해야 하는 대상이다. 그러나 여기서 말하는 욕구는 감각적이거나 말초적인 쾌락에 근거한 욕구가 아니라 사물의 본성을 인지하여 얻을 수 있는 기쁨을 말한다. 토마스 아퀴나스는 '선'과 '진'을 두루 갖춘 '미'에 가까이 가고자 하였으며, 이를 얻는 기쁨을 신에게 가까이 가는 기쁨으로 여겼다.

〈보기2〉는 제시문과 〈보기1〉을 바탕으로 탐구 활동을 실시한 것이다. 〈보기2〉의 ①, ②에 들어갈 적절한 말을 제시문에서 찾아 쓰시오.

〈보기1〉

이탈리아의 예술가 미켈란젤로가 1501년에서 1504년 사이에 만든 '다비드*'는 이탈리아 르네상스 예술의 걸작으로 꼽히는 조각상이다. 성경의 다윗과 골리앗 이야기에서 영감을 받아 제작된 이 작품은 다윗이 골리앗과의 전투를 위해 준비하는 순간을 잡아내고 있다. 미켈란젤로는 다윗의 긴장된 근육과 강렬한 표정을 통해 강인함과 용감함을 완벽하게 표현하였다. 이 대리석 조각상은 미켈란젤로의 빼어난 조각 기술과 뛰어난 미적 감각을 보여주고 있다.

* 다비드: 성경에 등장하는 이스라엘 왕인 다윗(David)의 이탈리아어 발음.

〈보기2〉

이 작품은 미켈란젤로가 당시에는 일반적이지 않았던 대리석이라는 (①)(으)로 만들어졌다. 세밀한 조각 기술을 활용하여 완성된 이 조각상은 그의 예술적 천재성을 입증하는 작품 중 하나로 평가받고 있다. 미켈란젤로의 다비드는 (①)에 강인함과 용감함을 상징하는 다윗의 형상이 결합되어 조각상이라는 예술 작품인 (②)이/가 되었다.

---

①: _____

②: _____

| 8~9 | 다음 글을 읽고 물음에 답하시오.

"아, 일본 갔다 오시는 분은 모두 그런 ⊙ 양복을 입으십디다그려."

하며 궐자*는 외투 위로 내다보이는 학생복 깃에 달린 금글자를 바라보고 웃었다. 일본 유학생이 더구나 합병 이후로는 신시대, 신지식의 선구인 듯이 쳐다보이는 때라, 이 촌 청년도 부러운 눈으로 나를 자꾸 쳐다보며 이것저것 묻고 싶으나 무얼 물을지 몰라서 망설이는 모양 같다.

"당신은 무엇을 하슈?"

나는 대답 대신에 딴소리를 하였다.

"네에, 갓[笠] 장사를 다니는 장돌뱅이입니다."

그는 자비(自卑)하듯이 웃지도 않으며 자기 입으로 장돌뱅이라 한다.

"갓이오? 그래 요새두 갓이 잘 팔리나요?"

"그저 그렇지요. 촌에서들은 그래두 여전히 갓을 쓰니까요."

나는 좀 의외로 생각하였다. 두 사람은 잠깐 말을 끊었다가, 나는 다시 물었다.

"그러나 당신부터 왜 머리는 안 깎으우? 세상이 바뀌었을 뿐 아니라 귀찮고 돈도 더 들지 않소?"

"웬걸요, 촌에서 머리를 깎으려면 더 폐롭고 실상 돈도 더 들죠. …… 게다가 머리를 깎으면 형장네들 모양으로 'ⓛ 내지어(內地語)'도 할 줄 알고 시체 학문(時體學問)도 있어야 않겠나요. 머리만 깎고 내지 사람을 만나도 말대답 하나 똑똑히 못 하면 관청에 가서든지 순사를 만나서든지 더 성이 가신 때가 많지요. 이렇게 망건을 쓰고 있으면 ⓒ 요보*라고 해서 좀 잘못하는 게 있어도 웬만한 것은 용서를 해 주니까 그것만 해도 깎을 필요가 없지 않아요."

하며 껄껄 웃어 버린다.

"그두 그럴듯하지마는 같은 조선 사람끼리라도 머리만 깎고 양복을 입고 개화장을 휘두르고 하면 대접이 다른 것같이, 역시 머리라도 깎는 것이 저 사람들에게 천대를 덜 받지 않소. 언제까지든지 함부로 홀뿌리는 대로 꿉적꿉적하고 요보란 소리만 들으려우?"

나는 궐자의 말이 일리가 있다고 동정은 하면서도, 무어라고 하나 들어 보려고 이렇게 물었다.

"홀뿌리거나 요보라고 하거나 천대는 받을 때뿐이지마는, 머리나 깎고 모자를 쓰고 개화장이나 짚고 다녀 보슈. 가는 데마다 시달리고 조금만 하면 뺨따귀나 얻어맞고 유치장 구경을 한 달에 한두 번쯤은 할 테니! 당신네들은 내지어*나 능통하시지요? 하지만 우리 같은 놈이야 맞으면 맞았지 별수 있나요!"

천대를 받아도 얻어맞는 것보다는 낫다! 그도 그럴 것이다. 미친 체하고 떡목판에 엎드러진다는 세음으로 미친 체하고 어리광 비슷한 수작을 하거나, 스라소니 행세를 하거나 하여, 어떻든지 저편의 호감을 사고 저편을 웃기기만 하면 목전에 닥쳐오는 핍박은 면할 것이다. 속으로는 요놈 하면서도 얼굴에만 웃는 빛을 띠면 당장의 급한 욕은 면할 것이다. 공포, 경계, 미봉, 가식, 굴복, 도회, 비굴…… 이러한 모든 것에 숨어 사는 것이 조선 사람의 가장 유리한 생활 방도요, 현명한 처세술이다. 실상 생각하면 우리의 이러한 생활 철학은 오늘에 터득한 것이 아니요, 오랫동안 봉건적 성장과 관료 전제 밑에서 더께가 앉고 굳어 빠진 껍질이지마는, 그 껍질 속으로 점점 더 파고들어 가는 것이 지금의 우리 생활이다.

[중략 부분 줄거리] '나'는 서울에 도착해 머물다가 아내의 초상을 치른다. 그리고 동경에서 교분을 나누었던 카페 여급 정자에게서 일을 그만두고 대학에 입학하게 되었다는 편지를 받고 답장을 쓴다.

모든 것이 순조로이 해결되어 가고 학교에 들어가시게 되었다 하오니 얼마나 반가운지 모르겠습니다. 과거 반년간의 쓰라린 체험이 오늘의 신생을 위한 커다란 준비 시기이셨던 것을 생각하면, 그동안 나의 행동이 부끄럽지 않을 수 없습니다마는, 한편으로는 내 생애에 있어서도, 다만 젊은 한때의 유흥 기분만에 그치지 아니하였던 것을 감사하며 기뻐합니다. 그러나 뒷날에 달콤하고 아름다운 추억으로 남아 있으리라고 생각할 뿐이라면 이렇게 섭섭한 일도 없고, 당신은 또 자기를 모욕하였다고 노하실지도 모르나, 언제까지 그런 기쁨과 행복에 잠겨 있도록 이 몸을 안온하고 자유롭게 내버려두지 않으니 어찌하겠습니까. 나도 스스로를 구하지 않으면 아니 될 책임을 느끼고, 또 스스로의 길을 찾아가야 할 의무를 깨달아야 할 때가 닥쳐오는가 싶습니다. …… 지금 내 주위는 마치 ⓔ 공동묘지 같습니다. 생활력을 잃은 백의(白衣)의 백성과, 백주에 횡행하는 이매망량(魑魅魍魎) 같은 존재가 뒤덮은 이 무덤 속에 들어앉은 나로서 어찌 '꽃의 서울'에 호흡하고 춤추기를 바라겠습니까. 눈에 보이는 것, 귀에 들리는 것이 하나나 내 마음을 부드럽게 어루만져 주고 용기와 희망을 돋우어 주는 것은 없으니, 이러다가는 이 약한 나에게 찾아올 것은 질식밖에 없을 것이외다. 그러나 그것은 장미꽃 송이 속에 파묻히어 향기에 도취한 행복한 질식이 아니라, 대기에서 절연된 무덤 속에서 화석(化石) 되어 가는 구더기의 몸부림치는 질식입니다. 우선 이 질식에서 벗어나야 하겠습니다. ……

소학교 선생님이 사벨(환도)을 차고 교단에 오르는 나라가 있는 것을 보셨습니까? 나는 그런 나라의 백성이외다. 고민하고 오뇌하는 사람을 존경하시고 편을 들어 주신다는 그 말씀은 반갑고 고맙기 짝이 없습니다. 그러나 스스로 내성(內省)하는 고민이요 오뇌가 아니라, 발길과 채찍 밑에 부대끼면서도 숨이 죽어 엎디어 있는 거세된 존재에게도 존경과 동정을 느끼시나요? 하도 못생겼으면 가엾다가도 화가 나고 미운증이 나는 법입넨다.

(중략)

우리 문학의 도(徒)는 자유롭고 진실된 생활을 찾아가고, 이것을 세우는 것이 그 본령인가 합니다. 우리의 교유, 우리의 우정이 이것으로 맺어지지 않는다면 거짓말입니다. 이 나라 백성의, 그리고 당신의 동포의, 진실된 생활을 찾아 나가는 자각과 발분을 위하여 싸우는 신념 없이는 우리의 우정도 헛소리입니다. ……

나는 형님이 떠날 제 초상에 쓰고 남은 것이라고, 동경 갈 노자와 함께 책값이며 용돈으로 내놓고 간 삼백 원 속에서 백 원을 이 편지와 함께 부쳐 주었다. 혹시는 다른 의미나 있는 줄로 오해할 것이 성가시기도 하나, ⓜ 동경에서 떠날 제 선사받은 것도 있으려니와, 정자의 새출발을 축하하는 의미라고 한마디 쓰고, 다소 부조가 될까 하여 보낸 것이다. 실상은 동경 가는 길에 들르지 않겠다는 결심을 다시 하였기 때문에, 아주 이것으로 마감을 하여 버리고, 나도 이 기회에 가뜬한 몸이 되고 싶었던 것이다.

– 염상섭, 「만세전」

* 궐자: '그'를 낮잡아 부르는 말.
* 요보: 일제 강점기에 일본인이 조선인을 낮춰 부르던 말.
* 내지어: 외국이나 식민지에서 본국의 말을 이르는 말로, 여기서는 일본어를 가리킴.

[문제 8]

〈보기〉는 작품 해설의 일부이다. 제시문의 ㉠~㉤ 중 〈보기〉의 ①~②에 들어갈 적절한 기호를 찾아 쓰시오.

──── 〈보기〉 ────

「만세전」의 '나'는 동경에서 유학하고 있는 주인공으로 식민지 지식인으로서의 자각이 거의 없이 자신의 삶에 안주하며 살아가던 중 아내의 부음을 받고 귀국하는 과정에서 조선의 현실을 마주하게 된다. (①)을/를 통해 '나'가 일제 강점기를 살아가는 지식인이라는 것을 알 수 있는데, 이는 그가 일본의 근대 문물을 경험한 자이며, 일본과 조선 두 사회에 이질감 없이 오고가는 사람임을 암시한다. '궐자'는 '그'를 낮잡아 부르는 삼인칭으로 작품 내에서는 장돌뱅이를 이르고 있다. 장돌뱅이는 (②)(이)라고 불리며 천대 받더라도 물리적 폭행을 당하는 것보다 낫다고 여기며 개의치 않는다.

①: _____

②: _____

[문제 9]

〈보기〉는 소설 시점과 서술 방식에 대한 설명이다. 제시문과 가장 밀접한 관련이 있는 소설 시점을 〈보기1〉에서 찾아 쓰고, 〈보기2〉에서 동일한 관점인 소설을 찾아 기호로 작성하시오.

───────── 〈보기1〉 ─────────

소설의 '시점'은 이야기를 서술하여 나가는 방식이나 관점을 말한다. 시점은 서술자가 작품 내부에 있는지 외부에 있는지에 따라 1인칭과 3인칭으로 나뉜다. 1인칭은 서술자가 작품 내부에 '나'로 존재하고, 3인칭은 작품 외부에 존재한다. 1인칭 시점은 서술자의 태도에 따라 '1인칭 주인공 시점'과 '1인칭 관찰자 시점'으로 나눌 수 있다. 1인칭 주인공 시점은 작품 내 주인공이 자신의 겪은 사건과 속마음을 전달하고, 1인칭 관찰자 시점은 주인공의 주변 인물 '나'가 주인공을 중심으로 일어나는 사건을 관찰하여 주인공의 행동과 심리 등을 전달한다. '작가 관찰자 시점'은 작품 외부의 존재인 작가가 작품 속 인물과 사건을 관찰하여 간접적으로 독자에게 전달해 주는 시점이고, '전지적 작가 시점'은 서술자가 전지적인 입장에서 인물의 내적 심리를 구체적으로 전달하는 시점이다.

───────── 〈보기2〉 ─────────

① 나의 이상은 물거품에 돌아갔다. 간도에 들어서서 한 달이 못 되어서부터 거친 물결은 우리 세 생령 앞에 기탄없이 몰려왔다. 나는 농사를 지으려고 밭을 구하였다. 빈 땅은 없었다.

　　　　　　　　　　　　　　　　　　　　　　　　　　　　　　　　　　　　－ 최서해, 「탈출기」

② 하루는 밤에 아저씨 방에서 놀다가 졸려서 안방으로 들어오려고 일어서니까 아저씨가 하아얀 봉투를 서랍에서 꺼내어 내게 주었습니다. / "옥희, 이거 갖다가 엄마 드리고 지나간 달 밥값이라구, 응?"
나는 그 봉투를 갖다가 어머니에게 드렸습니다. 어머니는 그 봉투를 받아 들자 갑자기 얼굴이 파랗게 질렸습니다. 그 전날 달밤에 마루에 앉았을 때보다도 더 새하얗다고 생각되었습니다. 어머니는 그 봉투를 들고 어쩔 줄을 모르는 듯이 초조한 빛이 나타났습니다.

　　　　　　　　　　　　　　　　　　　　　　　　　　　　　　　　　　　－ 주요섭, 「사랑 손님과 어머니」

③ 기차는 연착이었다. 밤차를 타려는 시골 사람들이 의자마다 가득 차 있었다. 두 사람은 말없이 담배를 나눠 피웠다. 먼 길을 걷고 나서 잠깐 눈을 붙였더니 더욱 피로해졌던 것이다. (중략) 그때에 기차가 도착했다. 정 씨는 발걸음이 내키질 않았다. 그는 마음의 정처를 방금 잃어버렸던 때문이었다. 어느 결에 정 씨는 영달이와 똑같은 입장이 되어버렸다.

　　　　　　　　　　　　　　　　　　　　　　　　　　　　　　　　　　　－ 황석영, 「삼포 가는 길」

_____ , _____

수학

[문제 10]

다음은 8의 세제곱근 중 실수인 것을 α, 허수인 것을 각각 β, γ라 할 때, $\dfrac{\beta^3 + \gamma^3}{\alpha}$ 의 값을 구하는 과정이다. 빈칸에 알맞은 수식 또는 문자를 써넣어 다음의 풀이 과정을 완성하시오.

실수 a의 n제곱근은 방정식 $x^n = a$의 근임을 이용하자.

8의 세제곱근은 방정식 $x^3 = \boxed{\quad ① \quad}$ 의 근이다.

이 방정식을 풀면

$(x-2)\left(\boxed{\qquad ② \qquad}\right) = 0$

이때 이차방정식 $\boxed{\qquad ② \qquad} = 0$의 판별식을 D라 하면

$D = \boxed{\quad ③ \quad} < 0$

이므로 이 이차방정식은 서로 다른 두 허근을 갖는다.

따라서 $\alpha = \boxed{\quad ④ \quad}$ 이고, β, γ는 이차방정식 $\boxed{\qquad ② \qquad} = 0$의 근이다.

이차방정식의 근과 계수와의 관계에 의하여

$\beta + \gamma = \boxed{\quad ⑤ \quad}$, $\beta\gamma = \boxed{\quad ⑥ \quad}$

이므로

$\beta^3 + \gamma^3 = \boxed{\quad ⑦ \quad}$

$\therefore \dfrac{\beta^3 + \gamma^3}{\alpha} = \boxed{\quad ⑧ \quad}$

[문제 11]

함수 $f(x) = 2a\cos 3bx + c$의 그래프는 그림과 같고, $f(0) = 7$, $f(2\pi) = 1$이다.

세 상수 a, b, c에 대하여 $a+b+c = \dfrac{q}{p}$일 때, $p+q$의 값을 구하는 과정을 서술하시오. (단, $a > 0$, $b > 0$이고 p와 q는 서로소인 자연수이다.)

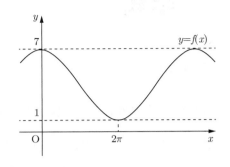

[문제 12]

자연수 n에 대하여 이차함수 $y = x^2 - 3nx - 1$의 그래프와 직선 $y = 2x - 3n$이 만나는 서로 다른 두 점의 x좌표를 α_n, β_n이라 하자. $\displaystyle\sum_{n=1}^{20} \log\left(\dfrac{1}{\alpha_n} + \dfrac{1}{\beta_n}\right)$의 값을 구하는 과정을 서술하시오.

[문제 13]

$x > 0$에서 정의된 두 함수 $f(x)$와 $g(x)$의 대하여 $\displaystyle\lim_{x \to a} f(x) = 9$, $\displaystyle\lim_{x \to a} \dfrac{\sqrt[3]{g(x)}}{\sqrt{f(x)}} = 4$일 때, $\displaystyle\lim_{x \to a} \dfrac{g(x)}{f(x)}$의 값을 구하는 과정을 서술하시오.

[문제 14]

다항함수 $f(x)$에 대하여 $\lim_{x \to 5} f(x) = 3$, $\lim_{h \to 0} \dfrac{f(5+4h)f\left(5+\dfrac{h}{2}\right) - 3f(5+4h)}{h} = 6$ 일 때, $f'(5)$의 값을 구하는 과정을 서술하시오.

[문제 15]

최고차항의 계수가 양수인 다항함수 $f(x)$가 모든 실수 x에 대하여

$$\frac{1}{2}x^2 f(x) = \int_2^x (t+2)f(t)dt - \int_x^{-2} (t-2)f(t)dt$$

를 만족시킨다. $\displaystyle\int_{-2}^2 (x-2)f(x)dx \times \int_{-2}^2 (x+2)f(x)dx = -16$ 일 때, $f(4)$의 값을 구하는 과정을 서술하시오.

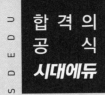

모든 전사 중 가장 강한 전사는 이 두 가지, 시간과 인내다.

– 레프 톨스토이 –

가천대학교

제2회 실전 모의고사

지원 학과 : _____

성   명 : _____

문항 수	총 15 문항 (국어 9, 수학 6)	배점	각 문항 10점
시험 시간	80분	총점	150점 + 850점 (기본 점수)

제**2**회 인문 **실전 모의고사**

국어

[문제 1] 다음은 동아리 학생들의 회의 내용 중 일부이다. 물음에 답하시오.

학생 1: 교지 담당 선생님께서 교지의 건강 상식 코너에 실을 글을 우리 의학 동아리에서 써 주었으면 좋겠다고 하셨거든. 그래서 이번 시간에는 교지에 실을 글을 어떻게 쓰면 좋을지에 대해 논의해 보자.

학생 2: 그래, 좋아. 그럼 먼저 글의 제재부터 정하도록 하자.

학생 3: 나는 요즘 유행하고 있는 독감을 글감으로 삼으면 좋겠는데, 너희들 생각은 어때?

학생 2: 보건 선생님께서 지난달에 학생 전체를 대상으로 독감 예방 교육을 하셨잖아. 아마 많은 학생들이 독감 예방법에 대해서는 잘 알고 있을 거야. 학생들에게 새롭게 알려줄 것이 없을까?

학생 1: 그럼 척추 건강에 대한 정보를 알려 주는 것이 어떨까? 근래에 교지에서 다룬 적이 없고 보건 교육을 통해서도 제시된 적이 없어서 척추 건강에 대해 구체적으로 잘 알지 못하는 학생들이 많을 거야.

학생 3: 좋아. 우리가 하루 중 대부분의 시간을 앉아서 보내다 보니 목이나 허리가 뻐근하다고 느끼는 경우가 많잖아. 척추 건강에 대한 정보는 많은 학생들이 알고 싶어 하는 내용일 거야.

학생 2: 척추 건강에 대한 정보는 너무 어렵지 않을까? 전문적인 용어나 개념이 많으면 학생들이 이해하기가 힘들 거야.

학생 3: 척추 건강에 대해 알려 주는 전문 잡지의 기사와 텔레비전 프로그램을 본 적이 있는데, 모두 특별히 어려운 내용은 없었어.

학생 2: 좋아. 그럼 이제 어떤 내용으로 구성할지에 대해 이야기해 보자.

학생 3: 얼마 전에 척추 질환을 앓고 있는 청소년들의 수가 증가하는 추세를 보인다는 기사를 읽었어. 이를 활용하여 글의 시작 부분에서 척추 질환의 원인을 알고 예방하기 위한 노력이 필요하다고 말하자.

학생 2: 그래. 그 다음에는 어떤 내용이 이어져야 할까? 척추 질환의 원인부터 구체적으로 설명해야 하지 않을까?

학생 1: 맞아. 학생들의 생활 습관에 초점을 맞추어서 원인을 설명하는 것이 좋겠어.

학생 2: 척추 건강은 생활 습관과 관련이 깊기 때문에 그렇게 쓰면 학생들이 생활 습관을 점검하는 데 도움이 될 거야.

학생 1: 그 다음에는 척추 질환의 증상에 대해 자세히 알려 줘야 하지 않을까?

학생 2: 그보다는 제시된 원인을 바탕으로 척추 질환을 예방하는 방안을 제시해야 글의 흐름이 자연스러울 거야.

학생 1: 알았어. 그럼 예방하는 방안으로 척추 건강을 위한 올바른 자세와 운동 방법에 대해 소개하자.

학생 2, 3: 응, 그래.

〈보기〉는 학생들의 회의 내용을 요약한 글이다. 〈보기〉의 ㉠, ㉡이 반영된 문장을 제시문에서 찾아 각각의 첫 어절과 마지막 어절을 순서대로 쓰시오.

〈보기〉

의학 동아리에서 교지에 실을 기사 소재를 찾기 위해 회의를 진행하였다. 여러 안건이 제시되었는데, 척추 건강이 소재로 선정된 이유와 ㉠ 척추 건강의 중요성을 강조하는 자료, ㉡ 척추 질환을 예방하는 방안 등이 주로 논의되었다.

㉠ 첫 어절: _____ , 마지막 어절: _____

㉡ 첫 어절: _____ , 마지막 어절: _____

[문제 2] 다음 글을 읽고 물음에 답하시오.

금전 소비 대차 계약은 빌려주는 사람은 금전의 소유권을 이전하고, 빌리는 사람은 빌린 금전과 동일한 종류·질·양의 물건을 반환할 것을 약속함으로써 성립하는 계약이다. 일반적으로 은행이나 금융 기관이 대출을 제공하는 채권자가 되고, 기업이나 개인이 대출금을 받아 사용하는 채무자가 된다. 채무자가 계약 조건에 따라 이자와 원금을 상환할 때, 여러 채무가 동시에 존재하는 경우가 있다. 이러한 다중 채무 상황에서 채무자가 돈을 한꺼번에 변제할 수 없는 상황이라면 어떻게 해야 할 것인가? 채권자와 채무자가 이에 대한 경우까지 약정하였다면, 그에 따라 채무를 상환하여야 한다. 하지만 그러한 합의가 없었다면 법률 규정에 따라 어느 채무의 변제를 충당할 것인지 정한다. 이때, 우선 채권과 후순위 채권으로 구분하는데, 우선 채권은 다른 채권보다 우선하여 상환되어야 하는 채권을 의미하며, 세금 채무나 금융 기관에 대한 우선적인 대출금 상환 등이 이에 해당된다. 후순위 채권은 우선 채권에 비해 다음 순위에 있는 채권을 말하며, 일반적으로 우선 채권을 상환한 후에 반환한다.

법에 따르면, 첫째, 이행기가 도래한 채무는 이행기가 도래하지 않는 채무보다 먼저 변제한다. 1월 15일에 대출 이자를 상환하고 2월 1일에 신용카드 대금을 결제해야 하는 채무자 A의 경우를 예로 들어 보자. 현재가 1월 17일이라면, 채무자 A는 1월 15일에 발생한 대출 이자 지급에 먼저 돈을 충당한 후 2월 1일에 도래하는 신용카드 대금을 변제해야 한다. 둘째, 이행기 도래에 차이가 없는 경우라면 채무자에게 이익이 큰 채무를 먼저 변제한다. 예를 들어, 채무자 B에게 연 이자율이 5%인 10,000,000원의 채무와 연 이자율이 3%인 10,000,000원의 채무가 있다고 할 때, 채무자 B는 이자율이 5%인 채무를 먼저 변제하여 상환해야 할 이자 비용을 최소화하는 것이다. 셋째, 만약 채무 변제로 인한 이익이 같은 상황에서 각 채무 변제일이 모두 이미 지났거나 채무 변제일이 모두 도래하지 않은 경우라면 채무자는 더 오래된 채무를 우선적으로 상환한다. 예를 들어, 채무자 A에게 1월 1일에 발생한 10,000원 규모의 대출과 2월 1일에 발생한 동일한 규모의 대출이 있고, 이 두 채무 모두의 이행기가 이미 지났다면, A 채무자는 먼저 1월 1일에 발생한 더 오래된 채무를 상환함으로써 이자와 벌금 등의 추가 비용을 줄이는 것이다. 넷째, 이행기를 비롯한 변제로 인한 이익이 동일하다면 채무액에 비례하여 각 채무를 변제하는 데 돈을 충당한다. 또한, 채무자가 원금과 함께 이자나 변제에 드는 비용까지도 지급해야 하는 상황이라면 총비용, 총이자, 각 채무의 원금 순서로 돈을 충당하여 변제한다.

변제는 채무 당사자가 하는 것이 원칙이지만 채권자의 입장에서 계약의 당사자가 아닌 제삼자에게 변제를 받아도 상관이 없다면, 서로 합의하에 제삼자가 변제를 대행할 수 있다. 이 경우, 채무를 대리 변제한 보증인이나 보증 회사 등의 제삼자는 채무자에게 채권자로서의 권리를 행사할 수 있게 된다. 그러나 채무자의 입장에서 오히려 제삼자의 변제가 불리하거나 불편하다면 채무자는 제삼자의 대리 변제를 거절할 수 있으며, 이 경우 원칙적으로 제삼자의 대리 변제는 불가하다. 채무자 입장에서는 채무가 없어지는 것이 아니라 자신 대신 변제를 한 제삼자로 채권자가 변경되는 것이기에 채무자에게도 반대할 수 있는 권리가 있는 것이다. 그러나 제삼자가 채무자와 이해관계로 얽혀 있어 채무자를 대신하여 변제하는 것이 제삼자에게 법률상 이익을 가져다준다면 제삼자는 채무자의 동의가 없더라도 채무를 변제하는 것이 가능하다.

채권의 변제 과정에는 채권자가 아닌 사람을 채권자로 오인하고 변제하는 문제가 발생할 수도 있다. 이렇게 채권자는 아니지만 채권을 사실상 행사하는 자로서, 거래 관념상 진정한 채권자라고 믿게 할 만한 외관을 갖춘 자를 준점유자라고 한다. 예금 주체가 아닌 다른 사람이 예금자의 도장과 통장, 신분증을 가지고 와서 예치된 돈을 인출하는 경우를 예로 들 수 있다. 변제는 진정한 채권자에게 해야 유효하지만, 채권의 준점유자에게 변제하더라도 변제에 나쁜 의도가 없고 과실이 없다면 변제로 인정된다. 변제하는 측에서 변제할 당시 준점유자를 진정한 채권자로 믿고, 또 그렇게 믿는 데 과실이 없었다면, 설사 다른 이에게 변제를 하였더라도 그 변제의 유효성을 인정하여 채무는 소멸하게 되는 것이다.

〈보기2〉는 제시문을 읽고 〈보기1〉의 사례에 대한 탐구 활동을 실시한 것이다. 〈보기2〉의 ①~③에 들어갈 알맞은 수를 쓰시오.

〈보기1〉

채무의 원금: 100,000원
연 이자율: 4%
대출 기간: 2년 6개월 (30개월)
매달 고정 비용: 100원

총비용 = 매달 고정 비용 × 대출 기간

총이자 = 원금 × 연 이자율 × $\dfrac{\text{대출 기간}}{12}$

〈보기2〉

채무자는 총비용, 총이자, 그리고 원금 순서로 채무를 변제해야 한다. 이때 채무자의 총비용은 (　①　)원이고, 총이자는 (　②　)원이다. 따라서 채무자는 이 채무를 변제하기 위해 총 (　③　)원을 지불해야 한다.

---

①: _____

②: _____

③: _____

| 3~4 | 다음 글을 읽고 물음에 답하시오.

사회 구성원 모두가 만족할 만한 의사 결정을 하는 것은 쉽지 않다. 이와 관련하여 미국의 경제학자 케네스 애로는 합리적인 의사 결정 방법은 다음과 같은 요건을 갖추어야 한다고 말하였다.

첫째, 선호 영역의 무제한성이다. 이는 개인이 여러 가지 대안 중에서 더 좋아하는 것을 선택하는 기회를 가질 수 있어야 한다는 것을 의미한다. 둘째, 파레토 원리이다. 이는 집단 구성원에 속한 개개인 모두가 A보다 B를 선호하는 경우, 집단의 최종 선택도 A보다 B를 선호해야 한다는 것이다. 셋째, 완비성과 이행성이다. 완비성은 모든 대안에 대해 선호의 순위를 매길 수 있어야 함을 의미한다. 이행성은 개인 선호의 특성 중 하나로, 어떤 관계 R이 이행적이라는 것은, 원소 a, b, c에 대해 a R b와 b R c의 관계가 성립하면 a R c의 관계도 성립한다는 의미이다. 즉, 만약 a를 b보다 좋아하고 b를 c보다 좋아하면 응당 a를 c보다 좋아한다는 선호 관계가 성립해야 한다. 넷째, 무관한 대안으로부터의 독립성이다. 독립성은 의사 결정 과정에서 제3의 대안이 추가되더라도 기존 대안들 간의 상대적 순위가 바뀌지 않아야 한다. 예를 들어, 수능 성적과 내신 성적으로 학생을 평가할 때 새로운 전형 요소인 면접이 추가되더라도 수능 성적과 내신 성적에 의한 학생 순위가 바뀌어서는 안 된다. 즉, 면접 점수는 수능과 내신 성적에 영향을 미치지 않고 독립적으로 평가되어야 하는 것이다. 다섯째, 비독재성은 사회적 선호가 특정한 개인의 선호를 따르지 않아야 한다는 것이다. 이는 집합적인 의사 결정 과정에서 어느 한 개인이나 소수의 의견이 지배적으로 작용해서는 안 된다는 것으로 사회적 선호가 어떤 한 사람의 선호를 따르지 않아야 한다는 것이다.

애로는 수학적 방법을 통해 위 조건들이 동시에 달성될 수 없다는 것을 증명하였다. 애로에 따르면, 첫째 조건부터 넷째 조건까지를 충족하는 유일한 방법이 독재이기 때문에 이들 조건은 다섯째 조건과 모순되므로 네 가지 조건을 만족시킬 경우, 나머지 한 가지 조건을 어길 수밖에 없다. 애로는 '바람직한 사회적 선택이 가능하기 위한 조건'을 정리하여 제시한 것이지만, 세간에서는 만족할 만한 사회적 선택을 하는 것은 불가능하다는 의미에서 이를 '불가능성의 정리'라고 불렀다. 정치 경제학의 핵심 이론으로 평가받는 애로의 불가능성의 정리는 우리가 활용하고 있는 다양한 의사 결정의 방식이 우리가 생각하는 것만큼 완벽하거나 이상적인 방식은 아니라는 사실을 확인시켜 준다. 불가능성의 정리는 의사 결정 과정을 거쳐 나온 결론이 비민주적이거나 비합리적인 의사 결정일 수 있다는 점을 시사한다. 따라서 의사 결정 과정에서 합리성을 추구하되, 선택받지 못한 다른 대안과 다양한 의견을 존중해야 한다.

[문제 3]

〈보기1〉은 의사 결정 방법을 조사하여 정리한 것이다. 〈보기2〉의 ①, ②에 들어갈 적절한 말을 제시문과 〈보기1〉에서 찾아 쓰시오.

〈보기1〉

- **다기준 의사 결정(MCDM: Multiple Criteria Decision Making)**
  다양한 갈등 속에서 보다 좋은 의사 결정을 돕기 위한 목적으로 개발된 의사 결정 방법으로, 목적과 기준을 설정, 상대적 가중치들을 추정, 개별 성능 기준에 대한 대안들의 기여도를 결정하는 데 있어서 의사 결정자의 판단에 중점을 둔다.
- **참여적 의사 결정(Participatory Decision Making)**
  이해관계자들의 직접적인 참여와 의견 수렴을 통해 의사 결정을 내리는 방식으로, 다양한 관점을 반영하여 대안 간 비교 후 합의 형성에 이르게 되므로 실용성과 창의성이 있는 대안이 제시될 가능성이 높다.

〈보기2〉

갈등 상황에서 문제를 해결하기 위한 의사 결정을 할 때, 특정 권위자의 의견이 채택되는 경우가 있다. 이러한 상황을 방지하고 균형 잡힌 의사 결정을 하기 위해서는 애로의 불가능성의 정리 중 (①   )이/가 요구된다. 또한, 갈등 상황을 해결하기 위해 (②   ) 의사 결정 방식을 도입하여 다양한 이해관계자들이 의견을 나눈 뒤에 결정을 내릴 수 있도록 해야 한다.

---

① : _____

② : _____

[문제 4]

〈보기〉는 제시문을 읽고 정리한 것이다. ㉠~㉢ 중 적절하지 <u>않은</u> 것 두 개를 찾아 기호를 쓰시오.

〈보기〉

- ㉠ 파레토의 원리에 의해 근본적으로 개인의 선호를 분명하게 할 수 있다면, 집단적 결정으로 종합하는 것은 매우 쉽다.
- ㉡ 완벽한 의사 결정 과정이나 해결책을 찾는 것은 불가능하므로 포용적이고 균형 잡힌 의사 결정 과정을 거치는 것이 중요하다.
- ㉢ 애로가 제시한 합리적인 의사 결정이 갖추어야 하는 다섯 가지 조건을 모두 만족시키는 의사 결정 방식은 이상으로만 존재한다.
- ㉣ 프로젝트 A와 B 중, 구성원 다수가 A를 선호하기 때문에 프로젝트 A를 진행하는 것으로 최종 결정하는 것은 무제한성에 따른 의사 결정이다.
- ㉤ 애로는 바람직한 사회적 선택이 가능하기 위한 조건으로 선호 영역의 무제한성, 이행성, 무관한 대안으로부터의 독립성, 비독재성 등을 제시하였다.

---

① : _____

② : _____

|5~6| 다음 글을 읽고 물음에 답하시오.

산업적으로 널리 쓰이고 있는 결정화 기술은 용액이나 혼합물 등에서 분자, 이온, 원자 등이 규칙적으로 배열된 고체인 결정을 얻기 위한 기술이다. 결정은 일반적으로 혼합물 용액이나 용융 상태의 금속에서 분리하여 얻어 내는데, 이러한 분리 기술은 광물의 정제, 금속의 추출 및 정제, 합금 제조 등 광물 산업 및 금속 가공 산업의 다양한 공정에서 중요한 역할을 한다. 혼합물 용액의 용해도가 달라지면 결정화가 일어난다. 다시 말해서 평행 농도 이상으로 용액의 농도가 변화하면 더 이상 녹아 있을 수 없게 된 용질이 결정으로 석출된다. 결정화 기술은 용해도 변화를 일으키는 방법에 따라 냉각 결정화, 반용매 결정화 등으로 분류한다.

용해도는 일정한 조건 하에서 특정한 양의 용매에 녹을 수 있는 용질의 양을 나타내는 척도이다. 일반적으로 용해도는 온도 변화의 영향을 받는데, 온도가 높아지면 용해도가 높아지고, 특정 농도에 있는 용액의 온도를 낮추면 그 온도에서 용해도는 감소한다. 예를 들어, 특정 온도에서 100g의 물에 녹을 수 있는 설탕의 최대 양이 200g이라고 가정해 보자. 포화 상태에 있는 이 설탕물의 온도를 0°C까지 내리면 용해도가 감소하여 설탕이 용해도 이상으로 녹아 있는 과포화 상태가 된다. 즉, 용액을 점진적으로 냉각시켜 용질이 과포화 상태가 되면 결정이 생성되는데, 이러한 과정을 거쳐 결정을 얻는 방식을 냉각 결정화라고 한다. 고품질의 결정을 얻을 수 있는 냉각 결정화 방식은 화학, 제약, 식품 등 다양한 산업에서 활용된다.

반용매 결정화 기술은 용질이 녹아 있는 용액에 제삼의 물질인 반용매를 주입함으로써 과포화를 일으켜 용질을 석출하는 기술이다. 이 기술의 주된 원리는 용매에 용해되지만 용질을 용해하지는 않는 반용매와 용매를 혼합하여 용질의 용해도를 감소시키는 것이다. 이 기술은 결정화 과정에서 가열이나 냉각과 같은 에너지 출입이 불필요하므로 열에 따른 변화가 우려되는 물질을 다룰 때 주로 쓰인다. 이 방식은 의약 성분의 결정화 등 의약품 제조 공정에서 중요한 역할을 한다.

반용매 결정화 과정에 영향을 미치는 또 다른 인자로는 온도, 용액의 농도, 용매와 반용매의 종류 및 혼합 속도 등이 있다. 용질을 결정으로 석출하기 위해 과포화를 유도할 때에는 용질을 잘 용해시킬 수 있는 적절한 용매를 선택해야 하는데, 이를 위해 용질 용해도, 용매-반용매 상호 작용, 결정의 특성, 공정 효율성 등 다양한 측면에서 고려되어야 한다. 용매 선택에 따라 생성되는 결정의 형태와 크기가 달라질 수 있어 최종 물성에 영향을 줄 수 있기 때문이다.

일반적으로 물질은 에너지가 높을수록 불안정하고 에너지가 낮을수록 안정적인 상태이다. 과포화 상태는 포화 상태에 비해 불안정한 상태인데, 결정이 석출되는 과정은 높은 에너지 상태에서 에너지가 감소하는 방향으로 이루어진다. 따라서 결정이 생성되고 성장하는 과정, 생성된 결정이 다시 용해되는 과정은 모두 더 낮은 에너지 상태로 변화하는 과정으로 볼 수 있다. 그리고 이러한 과정을 거쳐 물질은 안정화된다.

금속 용융체로부터 결정이 얻는 과정은 다음과 같다. 선택한 용매에 고체 물질을 천천히 추가하고, 고체 물질이 완전히 용해되어 포화 상태가 될 때까지 가열한다. 포화 상태의 용액에 반용매를 추가하여 불안정한 상태를 유도한 뒤 불안정한 상태의 과포화 용액을 냉각한다. 이 과정에서 원자들이 모여 핵이 형성되고, 이 핵이 임계 크기 이상이 되어 안정적으로 성장하면 결정으로 석출되는데, 시간이 지남에 따라 결정체가 성장하고 용액에서 떨어져 나가는 과정이 반복된다.

[문제 5]

〈보기〉는 제시문을 정리한 내용의 일부이다. ①~③에 들어갈 적절한 말을 제시문에서 찾아 쓰시오

─────────────────── 〈보기〉 ───────────────────

결정화 기술에는 용액의 온도를 낮춰 결정을 생성하는 (①)와/과 반용매를 첨가하여 용질의 용해도를 낮추는 방법인 (②)
이/가 있다. 이는 (③)의 변화를 유도하는 방법에 따라 결정화 기술을 분류한 것이다.

①: _____

②: _____

③: _____

[문제 6]

다음은 금속의 결정화 과정의 단계를 정리한 것이다. 각 단계의 순서를 바르게 배열하시오.

─────────────────── 〈보기〉 ───────────────────

① 용액을 냉각하는 단계
② 결정체가 성장하고 용액에서 떨어져 나가는 단계
③ 고체 물질을 선택한 용매에 천천히 추가하고 가열하여 용해하는 단계
④ 포화 상태의 용액에 용질을 용해하지 않고 용매에는 용해되는 물질을 추가하여 불안정을 유도하는 단계

_____

[문제 7]

〈보기1〉은 수업 시간의 대화 내용이다. 〈보기2〉의 ①, ②에 일어나는 음운 변동을 〈보기1〉에서 찾아 쓰시오.

─── 〈보기1〉 ───

선생님: 지금까지 설명한 것처럼 어떤 음운이 환경에 따라 다른 음운으로 바뀌어 발음되는 음운 변동에는 된소리되기, 비음화, 유음화, 구개음화, 모음탈락, 반모음 첨가, 거센소리되기 등이 있어요.

─── 〈보기2〉 ───

동해 물과 백두산이 마르고 ① 닳도록 ～ 가을 하늘 공활한데 ② 높고 구름 없이

①: _____

②: _____

[앞부분 줄거리] 곰치는 선주와 불리한 조건의 계약을 맺고 아들 도삼과 딸 슬슬이의 애인 연철과 함께 물고기를 잡기 위해 배를 타고 나가지만 풍랑에 배가 뒤집히고 곰치만 겨우 구조되어 돌아온다.

어부 A: 한나절 되도록 제대로 고기 잡은 배는 없었어! 돛이 머여? 돛대가 부러질 듯 바람을 타는 판에 배는 뒤집어질 것 같이 뱅글뱅글 돌기만 하고…… 그랑께 우리가 고기 잡기는 다 틀렸다고 배를 돌릴 때였든갑만! 그때 처음으로 곰치 배를 봤네!

구포댁: (다급하게) 그래서라우?

어부 A: (기가 맥히다는 듯) 아, 그란디 이 곰치 놈 좀 보게! 글씨 쌍돛을 달고는 부서 떼를 쫓아 한정 없이 깊이만 백혀 든다마시!

성삼: 므, 뭇이라고? 쌍돛?

구포댁: 시상에! 므, 믄 일이끄나!

슬슬이: (곰치를 측은하게 바라보다 말고, 곰치 곁에 가서 사지를 주무르기 시작한다.)

어부 B: 아암! 꼭 자동차같이 미끄러져 백히는디 아무리 돛 내리라고 소락때기를 쳐야 곰치란 놈은 뉘 집 개가 짖나 하고는 들은 신청도 않데!

구포댁: 아니, 눈이 뒤집혀도 분수가 있제, 그럴 수가 있을끄라우?

성삼: 미친놈!!

어부 B: 하다하다 못 하겠어서 우리도 곰치를 따라갔지 뭔가? 쌍돛단배하고 우리 배하고 같어? 따라가다 못 하겠어서 우리는 그냥 되돌아와서 바람 안 타는 동구섬 앞에다 그물 놓고 주저앉었제! 저녁나절까지 그물 담궜등가?…… (기가 맥히다는 듯) 아, 그러다가 봉께는 믄 배 한 척이 팔랑개비같이 놈시러 떠밀리는 것이 멀리 뵈데!

성삼: (곰치를 멀거니 쳐다보며) 쯧쯧! 미친놈, 열두 불로 미친노옴. (다시 어부 A, B에게) 그래서?

구포댁: 시상에 으짝꼬! 그 배가 바로 저 냥반 배구먼?

슬슬이: 으째사 쓰꼬!

어부 A: 여북 있오? 저놈 배제……그래도 그때는 돛을 내렸드만…… 배 노는 것이 첫눈에 만선이여…….

성삼: (신음처럼) 만선……!

구포댁: (간이 타게) 그랬는디?!

어부 B: (비통하게) 오리 물길도 못 저어 갔지라우! (손바닥을 뒤집으며) 그냥 팔딱 해 버립디다!

구포댁: 음매 으짝고! (마루를 텅텅 쳐 대며) 시상에! 시상에!

슬슬이: (황급히 구포댁을 부축하며) 엄니이!

어부 A: ……그때부터 지금까지 저놈 건지느라고…… (비통하게) 후유—.

어부 B: 그나저나 곰치 저놈 지독한 놈이여! 그 산채 같은 물결 속에서 장작 쪽만 한 나무판자 하나 딱 보듬고는 그 통에도 호령이시! 곰치는 안 죽네, 느그 아니어도 곰치는 사네! 이람시러는…… (처절하게) 그나저나 뱃놈 한세상은 너머나 드러워! 개 목숨만도 못한 놈의 숨줄! (침을 퉤 뱉으며) 이고 더러워!

구포댁: (바싹 다가앉으며) 그람 우리 도삼이는 은제 건졌오? 예에?

어부 A: (민망스러운 표정으로 어부 B와 성삼의 눈치만 살핀다.)

성삼: (절규하듯) 그, 다음은 말하지 말어! 말하지 말어어! (얼굴을 감싸 버리며) 안 돼! 말해서는 안 돼에—.

슬슬이: (용수철 튀듯 일어서며 목석처럼 움직일 줄을 모른다.)

곰치: (몸뚱이를 한두 번 뒤적거리며) 내, 내 부, 부서…… 부, 부서 으디 갔어어!

성삼: (우악스럽게 곰치를 잡아 흔들며) 이놈! 이놈 곰치야? (처절하게) 말을 해! 정신을 채리고 말을 해!

구포댁: (미친 사람처럼 어부 A에게) 우리 도삼이는? 예에? (어부 B에게 매달리며 비명처럼) 예에? 우리 도삼이는?

어부 B: 모, 못 봤지라우? / 구포댁: (정신이 나가 기절할 듯) 므, 뭇이라고?

슬슬이: (황급히 구포댁을 부축하며) 오빠! 오빠! (흐느낀다.)

구포댁: (실성한 사람처럼) 뭇이여? 뭇이여?

어부 A: (울먹이는 소리로) 도삼이도, 연철이도 다 다아 못 봤지라우!

슬슬이: 아아! 아아! (점점 심한 오열로 변해 간다.)

구포댁: (칼날처럼 날카롭게) 뭇이여? 내 도삼이를 못 봐?

　　어부 A, B 머뭇머뭇 망설이며 안절부절못하다가 도망치듯 퇴장. 몸을 뒤치든 곰치, 별안간 벌떡 일어나 앉아 사방을 두리번거린다.

곰치: (미친 사람처럼) 내 부서! 부서! 으디 갔어? 응? (미친 듯이 마당에 내려선다.) 아니 배가 터지는 만선이었는디 내 부서! 부서는 으디 갔어!

(중략)

성삼: (어리둥절해서) 아니, 갑자기 믄 일잉가?

곰치: (퉁명스럽게) 내버려둬!

성삼: 얼굴이 사색인디?

곰치: 미친것! 흥! 곰치는 안 죽어! 내가 죽나 봐라!

성삼: 자네 그 소리 좀 고만허게! 아짐씨도 오죽허면 저래? 시상에 하나 남은 도삼이까지 물속에다 처박었으니…… (손바닥을 털며) 말이 아니여!

곰치: 일일이 눈물 쏟음시러 살려면 한정 없어! 뱃놈은 어차피 물속에 달린 목숨이여!

성삼: 자네도 그만 고집 버릴 때도 됐어!

곰치: (불만스럽게) 고집?

성삼: (못을 박아) 아니고 뭇잉가?

곰치: (꼿꼿이 서선) 나는 고집 부리는 것이 아니다! 뱃놈은 그렇게 살어사 쓰는 것이여! 누구는 아들 잃고 춤춘다냐? (무겁게) 내 속은 아무도 몰라! 이 곰치 썩는 속은 아무도 몰라…… (회상에 잠기며) 내 조부님이 그러셨어, 만선이 아니면 노 잡지 말라고…… 우리 아부지도 만선 될 고기 떼는 파도가 집채 같어도 쌍돛 달고 쫓아가라 하셨어! (쓸쓸하게) 내 형제 위로 셋, 아래로 하나 남은 동생 놈마저 죽고 말었제…… 어…… (허탈하게) 독으로 안 살면 으찌께 살어?

성삼: 그래. 조부님이나 춘부장 말씀대로만 하실 참잉가?

곰치: (단호하게) 내일이라도 당장 배 탈 참이다! 흥! 임 영감 배 아니면 탈 배 없어?

성삼: 도삼이 생각도 안 나서?

곰치: (격하게) 시끄릿! (침착하게) 또 있어! 아들은 또 있어…….

성삼: 갓난쟁이? (고개를 설레설레 내저으며) 후유— 지독한 놈!

곰치: …… 그놈도…… 그놈도…… 열 살만 묵으면 그물 말어…….

- 천승세, 「만선」

[문제 8]

〈보기〉는 제시문에 대한 설명의 일부이다. 〈보기〉의 ①, ②에 들어갈 인물을 제시문에서 찾아 쓰시오.

─────────── 〈보기〉 ───────────

천승세의 「만선」은 만선의 꿈을 버리지 못하는, 우직한 한 어부의 집념과 이를 불가능하게 하는 비극적 현실과의 갈등을 그린 작품이다. 이 작품에 등장하는 인물은 삶의 방식의 차이로 인해 같은 상황을 다르게 인지하고 있으며, 이로 인해 자식에 대한 태도 또한 다르게 나타난다.

	(①)	(②)
인물의 특성	– 바다와 만선에 대한 집념 – 자연에 맞서 싸우며, 끈질기게 도전함	– 자식을 잃은 상실감 – 죽음의 숙명에서 벗어나고자 함

①: _____

②: _____

[문제 9]

〈보기〉는 제시문에 대한 설명의 일부이다. 〈보기〉를 참고하여 '인간의 욕망'을 나타내는 소재를 제시문에서 찾아 쓰시오.

─────────── 〈보기〉 ───────────

이 작품은 바다에 삶의 의미를 두고 살아가며 꿈을 버리지 못하는 한 어부의 집념과 그로 인한 비극적 삶을 다룬 한국 사실주의 비극의 대표작이다. 등장인물의 억센 사투리로 이루어진 대사가 인물의 우직한 성격과 잘 결합되어 한층 토속적으로 전달된다. 대를 이어 어부로 살아가는 한 인물의 강직함을 넘어서는 집념이 주변 인물들을 고통으로 몰아넣으며, 비극성을 한결 돋보이게 한다. 작가는 곰치의 소망을 한 인물의 꿈으로만 그리기보다는 '우리 삶의 욕망이며, 지향하고자 하는 가치'의 상징으로 그려내었고 인간의 강한 욕망이 어떠한 결과를 가져오는지 인물 사이의 대립과 섬세한 심리묘사를 통해 알려주고 있다.

_____

수학

[문제 10]

1이 아닌 두 양수 a, b에 대하여 함수 $y = \log_a x$의 그래프와 직선 $y = x$는 서로 다른 두 점에서 만나고, 함수 $y = b^x$의 그래프와 직선 $y = x$는 만나지 않는다. 정의역이 $\{x \mid -2 \leq x \leq 3\}$인 함수 $f(x) = \left(\dfrac{a}{b}\right)^x$의 최솟값이 $\dfrac{1}{8}$일 때, 함수 $f(x)$의 최댓값을 구하는 과정을 서술하시오.

[문제 11]

그림과 같이 반지름의 길이가 $\sqrt{21}$인 원에 내접하고 $\angle \mathrm{BAC} = \dfrac{2}{3}\pi$인 삼각형 ABC가 있다. $\angle \mathrm{BAC}$를 이등분하는 직선과 점 A를 포함하지 않는 호 BC가 만나는 점을 D, 선분 AD와 선분 BC가 만나는 점을 E라 하자. $\sin(\angle \mathrm{BDA}) = \dfrac{2\sqrt{7}}{7}$일 때, $\dfrac{25}{7}\left(\overline{\mathrm{BE}}^2 + \overline{\mathrm{CE}}^2\right)$의 값을 구하는 과정을 서술하시오.

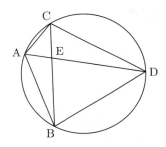

[문제 12]

$a_1 = 2$인 수열 $\{a_n\}$이 모든 자연수 n에 대하여

$$a_{n+1} = \begin{cases} a_n + 4 & (a_n \leq 50) \\ a_n - 50 & (a_n > 50) \end{cases}$$

을 만족시킨다. $a_n > a_{n+1}$을 만족시키는 자연수 n의 최솟값을 m이라 할 때, $\displaystyle\sum_{k=1}^{m} a_k$의 값을 구하는 과정을 서술하시오.

[문제 13]

그림과 같이 곡선 $y = x^2 - 9$가 x축과 만나는 서로 다른 두 점을 각각 A, B라 하고, y축과 만나는 점을 C라 하자. 곡선 $y = x^2 - 9$ 위의 점 $\mathrm{P}(a, a^2 - 9)$ $(a > 3)$에 대하여 삼각형 PAB와 삼각형 PCB의 넓이를 각각 $S(a)$, $T(a)$라 할 때, $\displaystyle\lim_{a \to 3+} \frac{S(a)}{T(a)}$의 값을 구하는 과정을 서술하시오.

(단, 점 B의 x좌표는 점 A의 x좌표보다 크다.)

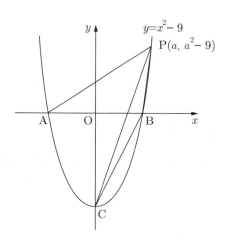

[문제 14]

다음은 8 이하의 자연수 a, b에 대하여 함수 $f(x) = x^3 + ax^2 + bx$ 의 역함수가 존재하도록 하는 순서쌍 (a, b)의 개수를 구하는 과정이다. 빈칸에 알맞은 문자나 수식을 써넣어 풀이 과정을 완성하시오.

함수 $f(x) = x^3 + ax^2 + bx$ 의 역함수가 존재하려면 모든 실수 x에 대하여
$f'(x) = $ ① ② 0이 성립해야 한다.
이차방정식 $f'(x) = 0$의 판별식을 D라 할 때
$\dfrac{D}{4}$ ③ 0이어야 하므로
a^2 ③ $3b$ ...... ㉠
㉠을 만족시키는 순서쌍 (a, b)의 개수는
$a = 1$일 때, b는 ④ 개
$a = 2$일 때, b는 ⑤ 개
$a = 3$일 때, b는 ⑥ 개
$a = 4$일 때, b는 ⑦ 개
$a = 5$, 6, 7, 8일 때, b는 ⑧ 개
이다. 따라서 구하는 모든 순서쌍의 개수는 ⑨ 이다.

[문제 15]

두 다항함수 $f(x)$, $g(x)$가 다음 조건을 만족시킬 때, $g(3)$의 값을 구하는 과정을 서술하시오.

(가) $f(0) = g(0)$
(나) 모든 실수 x에 대하여 $f(x) + xf'(x) = 4x^3 + 3x^2 - 2x + 2$
(다) 모든 실수 x에 대하여 $f'(x) + g'(x) = 4x + 1$

제3회 실전 모의고사

지원 학과 : _____

성   명 : _____

문항 수	총 15 문항 (국어 9, 수학 6)	배점	각 문항 10점
시험 시간	80분	총점	150점 + 850점 (기본 점수)

제**3**회 인문 실전 모의고사

국어

[문제 1] 제시문 (가)는 학생이 작성한 조사 보고서이고, 제시문 (나)는 이를 바탕으로 작성한 글의 초고이다. 물음에 답하시오.

(가)

다회용품 사용 실태에 대한 조사 보고서

Ⅰ. 조사의 동기 및 목적

　　최근 들어 일상생활에서 환경 보호를 실천하자는 인식이 확산되면서 일회용품 대신에 여러 번 재사용이 가능한 다회용품을 쓰는 사람들이 늘어나고 있다. 그래서 다회용품을 쓰는 것이 실제로 환경 보호에 긍정적인 영향을 주는지 조사해 보고자 한다.

Ⅱ. 조사의 방법 및 내용

　1. 조사 방법: 설문 조사, 문헌 조사
　2. 조사 내용: 다회용품 사용의 이유 및 실태, 다회용품의 권장 사용 기준

Ⅲ. 조사의 결과

　1. 다회용품 사용 이유

　　다회용품을 사용하고 있는 사람들을 대상으로 설문 조사를 진행한 결과, 응답자의 76%가 환경 보호를 위해 사용한다고 대답하였다.

　2. 다회용품 사용 실태

　　'어떤 종류의 다회용품을 사용하는가?'라는 질문에는 여러 번 재사용이 가능한 음료 용기(43%), 일회용 봉투 대신 사용하는 장바구니(32%)가 가장 높은 비율로 나타났다.

　　'하나의 다회용품을 평균 몇 번까지 재사용하는가?'라는 질문에는 50회 미만(46%)과 50~100회(38%)가 전체의 84%를 차지하였다. 또한, '여러 개를 구매해 두고 현재 사용하고 있지 않은 다회용품이 있는가?'라는 질문에는 '그렇다'에 74%가 응답하였고 그 개수를 묻는 추가 질문에는 3개 이상(41%), 2개(35%), 1개(24%) 순으로 응답하였다.

　3. 다회용품의 권장 사용 기준

　　설문 조사 결과 가장 높은 비율로 응답한 다회용 음료 용기와 장바구니에 대해 문헌 조사를 실시하였다. 조사 결과 다회용 음료 용기의 경우 스테인리스 재질은 220회 이상, 세라믹 재질은 210회 이상, 그리고 면 재질 장바구니의 경우는 최소 131회 이상 사용해야만 환경에 긍정적 영향을 끼칠 수 있음이 확인되었다. (김ㅁㅁ, △△환경연구, ○○연구소, 2021, p57.)

Ⅳ. 결론

이번 조사를 통해 다회용품은 일정 횟수 이상 사용해야만 환경에 긍정적 영향을 줄 수 있다는 것을 알 수 있었다. 그러나 실제 다회용품을 사서 권장 사용 기준에 못 미치게 사용하는 사람이 많다는 것과, 다회용품을 여러 개 사 두기만 하고 쓰지 않는 사람도 많다는 것을 알 수 있었다.

(나)

최근 세계 여러 나라에서는 일회용품의 사용을 줄이기 위해 노력하고 있다. 우리나라에서도 일회용품 대신 여러 번 재사용 할 수 있는 다회용품을 사용하는 사람들이 늘고 있다. 일회용품에 비해 사용이 불편한데도 사람들이 다회용품을 사용하는 이유는 환경을 보호할 수 있다는 기대 때문이다. 그런데 다회용품을 사용한다고 해서 무조건 환경 보호에 도움이 되는 것일까?

다회용품 사용 실태 보고서 작성을 위해 자료를 조사하면서, 다회용품은 일회용품에 비해 생산 과정에서 지구 온난화의 주범인 온실가스를 더 많이 배출한다는 것을 알게 되었다. 환경을 보호하기 위해서는 다회용품을 일정 횟수 이상 사용해야 이러한 온실가스 배출량을 상쇄할 수 있고, 다회용품 사용 횟수가 늘수록 온실가스 배출량 감소 효과는 커진다. 그런데 보고서의 설문 조사 결과, 다회용품을 권장 사용 기준보다 적게 사용하는 것과 여러 개를 구매하여 보관만 하는 것이 문제점으로 나타났다. 그러므로 우선 사람들이 다회용품 권장 사용 횟수를 알고 그 이상 사용할 수 있도록 다양한 매체를 통해 적극적으로 홍보할 필요가 있다.

다회용품을 구매해 사용한다는 사실만으로 환경이 보호되는 것은 아니다. 이제부터는 다회용품에 대한 정확한 정보를 바탕으로 환경 보호에 실질적으로 도움이 되는 방안을 찾아 이를 실천에 옮겨야 한다.

〈보기〉는 제시문 (나)를 보완하기 위한 추가 자료이다. 〈보기〉의 문제 상황에 대한 해결 방안이 되는 문장을 제시문에서 찾아 첫 어절과 마지막 어절을 순서대로 쓰시오.

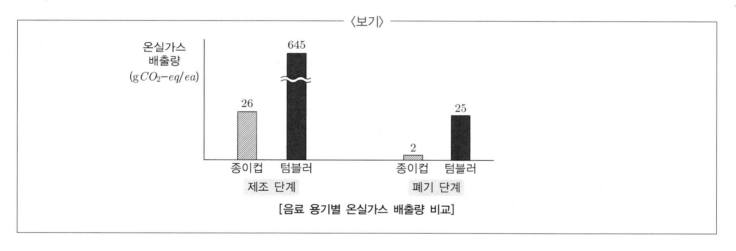

〈보기〉

온실가스 배출량 (gCO_2-eq/ea)

[음료 용기별 온실가스 배출량 비교]

첫 어절: _____, 마지막 어절: _____

| 2~3 | 다음 글을 읽고 물음에 답하시오.

영국의 한 대학에서는 전파 망원경을 설치하여 행성 간 공간에서의 입자와 자기장의 상호 작용에 대한 연구를 진행하였다. 행성 간 공간 섬광은 행성들 사이에서 발생하는 빛의 현상으로, 주로 행성들의 자기장과 태양풍 간의 상호 작용에서 비롯된다. 태양은 매초 대량의 전자와 양이온을 방출하는 태양풍을 방출하는데, 이는 태양계 전체에 영향을 미치며, 특히, 행성들의 자기장과 상호 작용하면서 다양한 교란을 유발한다. 행성들의 자기장은 태양풍으로부터 오는 입자들을 가로막고 방어하지만, 태양풍의 입자들이 자기장을 뚫고 들어가거나 요동을 쳐 행성 간 공간 섬광이 생긴다. 공간 섬광은 주로 행성의 자기장 주위에서 발생하며, 자기장에 의해 가속되고 방향이 바뀌는 입자들이 행성의 대기나 극지역의 대기와 상호 작용하면서 빛을 방출해 깜빡거리는 등 오로라라는 빛이 발생하기도 한다.

1967년 11월 28일, 영국 케임브리지의 무라드 전파 천문대에서 대학원생 조슬린 벨은 여우자리 방향에서 행성 간 공간 섬광이 아닌 이상 깜빡임 현상을 발견하게 된다. 1.33728초에 한 번씩 신호가 규칙적으로 방출되었는데, 이러한 빈도로 펄스를 방출하는 천체는 이전에는 발견되지 않았던 것이다. 조슬린 벨은 이를 외계인의 신호일까 생각하며 '작은 초록 인간'을 의미하는 'LGM-1'이라는 별명을 천체에 붙이고 1차 관측을 마무리하였다. 그러나 비슷한 신호들이 이어서 발견되었고, 그간의 방대한 데이터를 검색한 결과 유사한 주기로 펄스를 방출하는 또 다른 천체들 역시 찾아내었다. 이를 통해 이 전파 신호는 외계인이 보낸 것이 아님이 판명되었고, '주기적으로 신호를 보내는 별'의 의미를 가지는 '펄서'로 명명되었다. 펄서는 중성자별의 한 유형으로, 강력한 전파를 방출한다. 중성자별은 중성자들로만 이루어진 밀도가 매우 높은 천체이다. 중성자별의 생성에 대한 세부적인 과정은 완전히 밝혀져 있지는 않지만, 지나친 중심부의 압축 압력으로 인해 전자와 양성자가 융합하여 중성자가 되는 과정을 거쳐 생성된다고 알려져 있다. 중성자별은 매우 밀도가 높기 때문에 이론적으로는 매우 강력한 중력을 가지므로 외부에서는 매우 작게 보일 수 있다. 이러한 중성자별은 이론적으로 존재하였지만, 직접적으로 관측되지 않았는데, 펄서의 발견을 통해 중성자별의 존재와 그 특성이 확인되었다.

중성자별의 자기장의 축은 회전축과 일치하지 않고 기울어져 있으며, 자기장의 축이 지구의 방향과 일치할 때 우리는 펄서를 관측할 수 있다. 연구자들은 태양보다 훨씬 더 무거운 별이 폭발하여 초신성이 되고, 점차 수축하여 중성자별이 되는 과정을 통해 펄서가 매우 정확한 주기로 펄스를 내보내는 이유를 설명하였다. 초신성이 폭발한 후, 초신성의 잔해들이 압축 과정에서 밀도가 엄청나게 증가하면서 중성자별이 형성되면 별의 표면을 구성하는 철성분의 물질 등은 매우 강력한 자기장을 형성하는 주요 요소가 된다. 중성자별의 자기장은 회전 운동에 의해 발생하며, 회전축 주위를 따라 자북과 자남이 형성되고 중성자별 주변의 전자들은 자기장의 축 주위로 원운동하면서 강력한 전자기파를 만들어 낸다. 펄스가 관측되는 이유는 중성자별이 회전하면서 자기장의 축이 주기적으로 지구를 향하면서 전자기파를 방출하기 때문이다.

[문제 2]

〈보기〉는 제시문을 읽고 내용을 정리한 것인데, 〈보기〉의 ⓐ, ⓑ는 제시문의 내용과 일치하지 않는다. ⓐ, ⓑ를 올바르게 수정하려고 할 때, 적절한 말을 제시문에서 찾아 쓰시오.

─────── 〈보기〉 ───────

• 조슬린 벨은 천체를 관측하던 중 행성 간 공간 섬광이 아닌 신호를 반복적으로 방출하는 새로운 천체를 발견하였다. 처음에는 이 신호를 외계에서 보내는 신호로 여겼으나, 유사한 신호들을 연이어 발견되면서 이를 ⓐ 펄스로 명명하게 되었다.

• 중성자별이 회전하면 중성자별 주변에 강한 자기장이 형성되는데, 이때 자기장의 축을 따라 방출된 전자기파로 인해 지구에서 주기적으로 ⓑ 펄서를 관측하는 것이 가능하다.

① ⓐ를 올바르게 수정한 것: _____

② ⓑ를 올바르게 수정한 것: _____

[문제 3]

〈보기〉는 제시문을 읽고 자료를 추가 조사하여 내용을 정리한 것이다. 〈보기〉의 ①~③에 들어갈 적절한 말을 제시문에서 찾아 쓰시오.

─────── 〈보기〉 ───────

별이 에너지를 모두 소진하고, 그 결과로 무거운 핵과 가벼운 가스로 구성된 형태로 변화하거나 폭발하는 것은 별의 종말 과정 중 하나이다. 일반적으로 (①)의 폭발 후에 남은 핵이 중력에 의해 압축되면 매우 밀도가 높은 (②)이/가 형성된다. 이렇게 형성된 천체는 지름이 약 10~20km 정도로 매우 작지만, 질량은 태양의 몇 배에 달하며, 엄청난 중력과 매우 강력한 자기장을 가지고 있다. 이것은 회전 속도가 매우 빠르기 때문에 우주 공간 주변으로 (③)을/를 방출하여 펄스 현상을 나타낼 수 있다.

①: _____

②: _____

③: _____

| 4~5 | 다음 글을 읽고 물음에 답하시오.

르네상스를 전후하여 신(神) 중심에서 인간 중심의 세계관이 도래하였다. 사람들은 자연을 더 이상 두려움의 대상으로 바라보지 않게 되었고, 과학 혁명과 산업 혁명을 거치면서 자연은 인간의 도구로 활용되며 '근대 문명'을 만드는 재료가 되었다. 더 많은 재료를 확보하기 위해 서구는 비서구 지역을 침략하였으며, 이 침략은 안정적인 공급지를 찾기 위해 더욱 확산되어 갔다. 근대 문명의 침략은 조선도 피해 갈 수 없었으며, 조선의 일부 지식인들은 이 과정에서 유입된 서구의 과학 기술의 수용을 주장하였다. 하지만 모든 이가 서구 문명의 수용을 반기는 것은 아니었다. 자연을 정복하고, 인간을 압도하는 기계를 만들어 내는 서구 과학 기술은 조선의 일부 지식인들에게는 거센 반발의 대상이었다.

19세기 조선은 쇄국 정책을 주장하는 유림들과 서구 문명의 적극적 수용을 주장하는 개화파로 나뉘어 혼란한 시기였다. 통상 수교 반대론자들은 서양 선박들이 우리나라 해안가에 출몰하여 통상을 요구해 왔을 때, 이들과 교역하는 것을 반대하며 '바른 것(正)을 지키고(衛), 사악한 것(邪)을 배척한다(斥).'는 뜻에서 '위정척사'를 주장하였다. 많은 유생들은 주자학을 기반으로, 일본을 서양 세력과 동일시하여 오랑캐라 여기며, 중국 중심의 문화 의식을 이어가길 원하였다. 보수파 유생의 우두머리 최익현은 조선이 일본과 강화도 조약을 체결하려 하자, 자신의 목을 도끼로 치라며 강경하게 항의 농성을 벌였고, 이항로 역시 서구의 과학 기술을 배척할 것을 주장하였다. 이들의 주장은 이기론(理氣論)에 근거를 두고 있다. 이(理)는 모든 사물의 존재와 생성과 관련된 원리이자 이치이고, 기(氣)는 모든 구체적 사물의 존재와 형질(形質)을 의미한다. 이에 따르면, 서구의 과학 기술은 이(理)가 아니라 기(氣)에 해당하는 것이므로 조선의 위계적 질서를 흔드는 것으로 위험한 대상이었다.

한편, 박은식은 조선의 현실과 국제 정세를 살피고, 일본과 기타 주위 열강들로부터 조선을 지키기 위한 방안을 연구하였다. 박은식은 서구 열강들이 앞선 기술을 바탕으로 만든 대포와 거대한 함선들을 약소국으로 밀고 들어갔고, 결국 그 세력에 위협을 느낀 약소국이 자신의 나라를 식민지로 바칠 수밖에 없게 만들었다는 것을 인식하였다. 이에 박은식은 조선을 지키기 위해 과학 기술의 중요성을 제기하며 서구 문명을 하루빨리 수용하여야 한다고 강조하였다.

더 나아가 박은식은 서구의 것을 그대로 받아들이는 것이 아니라 우리의 사상을 적극적으로 반영하고 주체적으로 수용하여 밀려오는 서구 문명에 대응해야 한다고 주장하였다. 또한, 그는 서구 문명을 수용하고 실천하기 위한 체계적인 이론이 필요하다고 생각하였다. 이를 위해 그는 양명학의 '양지'에 주목하였다. 양명학은 중국 명나라 양수인이 성리학을 공부하다 주자에 회의를 느끼고 주장한 학문이다. 양지는 고정되고 절대적인 앎이 아니라 상황마다 때에 따라 시비를 가리고, 옳은 것을 추구하며 현실에 적용할 수 있는 역량을 말한다. 즉, 박은식은 서구의 과학 기술을 수용하더라도 양지를 중심으로 받아들여야 하며, 양지를 실현하는 자는 대인으로 평가할 수 있다고 설명하였다. 대인은 눈과 귀에 현혹되지 않고 마음을 확고히 세워 모든 사물과 타자를 평등하게 이행할 수 있는 존재이다. 박은식은 이러한 사상을 기반으로 사상과 기술, 국가와 민족 그리고 나아가 전 인류를 포용하는 대동 사회를 만들고자 하였다.

[문제 4]

〈보기〉는 개화에 대한 특정 견해를 담고 있는 글이다. 〈보기〉와 같은 견해를 지닌 인물을 제시문에서 찾아 있는 대로 쓰시오.

─────────〈보기〉─────────

일단 강화를 맺고 나면 저 적들의 욕심은 물화를 교역하는 데 있습니다. 저들의 물화는 모두 지나치게 사치하고 기이한 노리개이고, 손으로 만든 것으로 그 양이 무궁합니다. (중략) 저들은 비록 왜인이라고 하나 실은 양적입니다. 강화가 한번 이루어지면 사학의 서적과 천주의 초상화가 교역하는 속에서 들어올 것입니다.

_____

[문제 5]

〈보기〉는 제시문을 읽고 내용을 정리한 것인데, 〈보기〉의 ⓐ, ⓑ는 제시문의 내용과 일치하지 않는다. ⓐ, ⓑ를 올바르게 수정하려고 할 때, 적절한 말을 제시문에서 찾아 쓰시오.

─────────〈보기〉─────────

• 박은식은 과학 기술의 중요성과 함께 ⓐ <u>주자학</u>을 통해 서구화에 대비하고, 문제를 해결해야 한다고 주장하였다.
• 성리학의 근간을 이루는 이기론에 입각한 조선 사회는, 서구의 과학 기술을 수용하는 것은 ⓑ <u>이(理)</u>를 더욱 중시하게 되는 것이라고 판단하였다.

① ⓐ를 올바르게 수정한 것: _____

② ⓑ를 올바르게 수정한 것: _____

[문제 6] 다음 글을 읽고 물음에 답하시오.

조세는 정부가 국민으로부터 정해진 법에 따라 세금을 거두는 것을 말한다. 일반적으로 세금은 국가의 경제 및 사회적 프로그램을 지원하기 위해 사용되며, 소득, 소비, 자산 등을 기준으로 일정한 원칙을 미리 정해 둔다. 세금의 규모와 용도는 각 국가 및 지역에 따라서도 다를 수 있다. 정부는 국민으로부터 세금을 거둠으로써 효율적으로 공공 서비스를 제공하고 인프라를 유지·보수하며 사회적 안정을 유지한다. 조세를 부과하거나 징수할 때 따르는 가장 기본적인 원칙은 조세 법률주의와 조세 공평주의이다.

조세 법률주의는 정부가 세금을 부과하고 징수할 때는 반드시 법률의 근거에 따라야 한다는 원칙이다. 이는 정부가 임의로 세금을 부과하거나 징수하는 것을 막아 국민의 재산권을 보장하려는 목적을 두고 있으며, 하부 원칙에는 과세 요건 법정주의, 과세 요건 명확주의, 소급 과세 금지 원칙 등이 있다. 과세 요건 법정주의는 과세 요건·부과·징수 절차는 법률로 정해야 한다는 것으로, 법률에 위배된 명령은 효력이 없으며 법률 근거 없이 새로이 과세 요건을 정할 수 없다는 것을 말한다. 과세 요건 명확주의는 과세 요건·부과·징수 절차를 규정한 법률, 명령, 규칙은 내용이 명확해야 하며, 내용에 불명확한 개념이나 포괄적인 조항을 사용할 수 없다는 원칙이다. 소급 과세 금지 원칙은 법규의 효력이 생기기 전의 종결된 일에 대해서는 해당 법규를 적용하지 않는 것으로, 추후 만들어진 법 규정으로 세금을 걷는 것을 금지하는 원칙이다.

조세 공평주의는 세금 부과가 모든 세금 납부자에게 공평하게 이루어져야 한다는 원칙이다. 이는 모든 시민들이 공평하게 세금을 부담하고, 그에 상응하는 혜택을 받아야 함을 의미한다. 공평한 세금 체계는 소득 수준, 부의 분배, 경제 상황 등을 고려하여 설계되어야 하며, 특정 계층이나 집단에 불합리하게 부담이 집중되지 않아야 세금을 징수하는 목적을 달성할 수 있다. 이를 통해 국가는 사회적·경제적 불평등을 최소화하고 모든 시민들이 공정한 기회를 가질 수 있도록 한다. 조세 공평주의는 입법상의 공평주의와 해석 적용상의 공평주의로 분류할 수 있는데, 입법상의 공평주의는 세금의 부담은 모든 국민들에게 평등하게 적용되어야 한다는 것이다. 해석 적용상의 공평주의는 실질 과세 원칙으로 말할 수 있다. 이는 조세가 실제로 누구에 의해 부담되는가에 초점을 맞춘 원칙이다. 세금 부과의 목적은 세금을 지불하는 사람의 경제적 능력과 실질적인 혜택에 기초하여 결정되어야 한다. 예를 들어, 세금은 법적인 소유주나 명의자가 아니라 실제로 이익을 받는 사람에게 부과되어야 한다. 즉, 부동산 소유자가 아닌 임차인이 부동산을 사용하고 있는 경우라면, 부동산 소유자가 아닌 임차인이 부동산에 대한 세금을 지불해야 하는 것이다. 이러한 조세에 관한 다양한 원칙들은 공평성과 효율성을 강화하고, 세금 회피를 방지하기 위한 것으로 국가의 경제적 발전과 공정한 재원 분배를 촉진한다.

담세 능력은 개인 또는 기업이 세금을 지불할 능력을 가지고 있는 정도를 나타내는 개념으로, 구체적으로는 소득, 재산, 자본 등의 경제적 자원을 보유하고 있는 정도를 말한다. 담세 능력이 높은 경우, 해당 개인 또는 기업은 세금을 지불할 능력이 있음을 반증하는 것이다. 소득 과세에 있어 우리나라의 특이한 세금 징수가 바로 원천 징수제이다. 이는 근로 소득세와 같은 일부 세금이 근로자의 월급에서 곧바로 원천 징수로 공제되는 제도로, 근로자에게 월급을 지불할 때, 고용주는 월급에서 일정 비율의 세금을 미리 공제하여 국가에 납부한다. 또 다른 징수 방법인 소비세는 소비재나 용역을 구매할 때 부과되는 세금으로, 구매자가 제품이나 서비스를 구매할 때 지불해야 하는 세금이다. 주세, 관세, 부가 가치세 등이 이에 해당한다. 일반적으로 소비세는 상품의 판매가에 일정한 비율로 추가되어 과세되기에, 경제 활동을 촉진하거나 억제하는 데 사용될 수 있다. 예를 들어, 소비세를 낮추면 소비를 촉진하여 경제 활동을 증가시킬 수 있고, 반대로 소비세를 높이면 소비를 억제하여 가용 자금을 통제하고 예산 수입을 늘릴 수 있다.

〈보기〉는 제시문과 관련된 자료를 조사한 것이다. 〈보기〉의 ①, ②에 들어갈 적절한 말을 제시문에서 찾아 쓰시오.

---〈보기〉---

• (①)은/는 소득이나 수익을 지급하는 쪽에서 받는 사람이 지급해야 할 세금을 미리 거두어들여 국가에 대신 납부하므로 세금 수급을 보다 안정적으로 관리할 수 있게 하는 제도이다. 또한, 이는 근로자가 세금을 납부하는 과정을 단순화할 수 있다.
• (②)은/는 재화의 소비 또는 화폐의 지출 사실을 포착하여 직·간접적으로 소비자에게 과세하는 세금이다. 이를 통해 정부는 소비를 조절하고 세수를 확보하여 예산을 조달할 수 있으며, 이는 다양한 제품과 서비스에 대해 적용된다.

①: _____

②: _____

[문제 7] 다음 글을 읽고 물음에 답하시오.

1964년 겨울을 서울에서 지냈던 사람이라면 누구나 알 수 있겠지만, 밤이 되면 거리에 나타나는 선술집*—오뎅과 군참 새와 세 가지 종류의 술 등을 팔고, 얼어붙은 거리를 휩쓸며 부는 차가운 바람이 펄럭거리게 하는 포장을 들치고 안으로 들어서게 되어 있고, 그 안에 들어서면 카바이트 불의 길쭉한 불꽃이 바람에 흔들리고 있고, 염색한 군용 잠바를 입고 있 는 중년 사내가 술을 따르고 안주를 구워 주고 있는 그러한 선술집에서, 그날 밤, 우리 세 사람은 우연히 만났다. 우리 세 사람이란 나와 도수 높은 안경을 쓴 안(安)이라는 대학원 학생과 정체는 알 수 없지만, 요컨대 가난뱅이라는 것만은 분명 하여 그의 정체를 꼭 알고 싶다는 생각은 조금도 나지 않는 서른대여섯 살짜리 사내를 말한다.

먼저 말을 주고받게 된 것은 나와 대학원생이었는데, 뭐 그렇고 그런 자기소개가 끝났을 때는 나는 그가 안씨라는 성을 가진 스물다섯 살짜리 대한민국 청년, 대학 구경을 해 보지 못한 나로서는 상상이 되지 않는 전공을 가진 대학원생, 부잣 집 장남이라는 걸 알았고, 그는 내가 스물다섯 살짜리 시골 출신, 고등학교는 나오고 육군 사관 학교를 지원했다가 실패 하고 나서 군대에 갔다가 임질에 한 번 걸려 본 적이 있고 지금은 구청 병사계(兵事系)에서 일하고 있다는 것을 아마 알 았을 것이다.

자기소개들은 끝났지만 그러고 나서는 서로 할 얘기가 없었다. 잠시 동안은 조용히 술만 마셨는데 나는 새카맣게 구워 진 군참새를 집을 때 할 말이 생겼기 때문에 마음속으로 군참새에게 감사하고 나서 얘기를 시작했다.

"안 형, 파리를 사랑하십니까?" / "아니요. 아직까진……." 그가 말했다. "김 형은 파리를 사랑하세요?"

"예."라고 나는 대답했다. "날 수 있으니까요. 아닙니다. 날 수 있는 것으로서 동시에 내 손에 붙잡힐 수 있는 것이니까 요. 날 수 있는 것으로서 손안에 잡아 본 것이 있으세요?"

"가만 계셔 보세요." 그는 안경 속에서 나를 멀거니 바라보며 잠시 동안 표정을 꼼지락거리고 있었다. 그리고 말했다. "없어요. 나도 파리밖에는……."

[중략 부분 줄거리] 아무런 의미가 없는 대화를 주고받던 '나'와 안은 외교원 일을 하는 사내를 만난다. 사내는 '나'와 안에게 자신과 함께 있어 주기를 청하고, 세 사람은 중국집으로 자리를 옮겨 대화를 나눈다.

"말씀드리고 싶은 게 있는데요." 마음씨 좋은 아저씨가 말하기 시작했다. "들어 주셨으면 고맙겠습니다…… 오늘 낮에 제 아내가 죽었습니다. 세브란스 병원에 입원하고 있었는데……." 그는 이젠 슬프지도 않다는 얼굴로 우리를 빤히 쳐다보 며 말하고 있었다.

"네에에." "그거 안되셨군요."라고 안과 나는 각각 조의를 표했다.

"아내와 나는 참 재미있게 살았습니다. 아내가 어린애를 낳지 못하기 때문에 시간은 몽땅 우리 두 사람의 것이었습니다. 돈은 넉넉하지 못했습니다만 그래도 돈이 생기면 우리는 어디든지 같이 다니면서 재미있게 지냈습니다. 딸기 철엔 수원에 도 가고, 포도 철에 안양에도 가고, 여름이면 대천에도 가고, 가을엔 경주에도 가보고, 밤엔 함께 영화 구경, 쇼 구경하러 열심히 극장에 쫓아다니기도 했습니다……."

"무슨 병환이셨던가요?" 하고 안이 조심스럽게 물었다.

"급성 뇌막염이라고 의사가 그랬습니다. 아내는 옛날에 급성 맹장염 수술을 받은 적도 있고, 급성 폐렴을 앓은 적도 있 다고 했습니다만 모두 괜찮았었는데 이번의 급성엔 결국 죽고 말았습니다…… 죽고 말았습니다."

사내는 고개를 떨구고 한참 동안 무언지 입을 우물거리고 있었다. 안이 손가락으로 내 무릎을 찌르며 우리는 꺼지는 게 어떻겠느냐는 눈짓을 보냈다. 나 역시 동감이었지만 그때 사내가 다시 고개를 들고 말을 계속했기 때문에 우리는 눌러앉 아 있을 수밖에 없었다.

"아내와는 재작년에 결혼했습니다. 우연히 알게 되었습니다. 친정이 대구 근처에 있다는 얘기만 했지 한 번도 친정과는 내왕이 없었습니다. 난 처갓집이 어딘지도 모릅니다. 그래서 할 수 없었어요." 그는 다시 고개를 떨구고 입을 우물거렸다.

"뭘 할 수 없었다는 말입니까?" 내가 물었다.

그는 내 말을 못 들은 것 같았다. 그러나 한참 후에 다시 고개를 들고 마치 애원하는 듯한 눈빛으로 말을 이었다.

"아내의 시체를 병원에 팔았습니다. 할 수 없었습니다. 난 서적 월부 판매 외교원에 지나지 않습니다. 할 수 없었습니다. 돈 사천 원을 주더군요. 난 두 분을 만나기 얼마 전까지도 세브란스 병원 울타리 곁에 서 있었습니다. 아내가 누워 있을 시체실이 있는 건물을 알아보려고 했습니다만 어딘지 알 수 없었습니다. 그냥 울타리 곁에 앉아서 병원의 큰 굴뚝에서 나오는 희끄무레한 연기만 바라보고 있었습니다. 아내는 어떻게 될까요? 학생들이 해부 실습하느라고 톱으로 머리를 가르고 칼로 배를 찢고 한다는데 정말 그러겠지요?"

　우리는 입을 다물고 있을 수밖에 없었다. 사환이 단무지와 파가 담긴 접시를 갖다 놓고 나갔다.

　"기분 나쁜 얘길 해서 미안합니다. 다만 누구에게라도 얘기하지 않고서는 견딜 수 없었습니다. 한 가지만 의논해 보고 싶은데, 이 돈을 어떻게 하면 좋을까요? 저는 오늘 저녁에 다 써 버리고 싶은데요."

　"쓰십시오." 안이 얼른 대답했다.

　"이 돈이 다 없어질 때까지 함께 있어 주시겠어요?" 사내가 말했다. 우리는 얼른 대답하지 못했다. "함께 있어 주십시오." 사내가 말했다. 우리는 승낙했다.

　"멋있게 한번 써 봅시다."라고 사내는 우리와 만난 후 처음으로 웃으면서 그러나 여전히 힘없는 음성으로 말했다.

　중국집에서 거리로 나왔을 때는 우리는 모두 취해 있었고, 돈은 천 원이 없어졌고 사내는 한쪽 눈으로는 울고 다른 쪽 눈으로는 웃고 있었고, 안은 도망갈 궁리를 하기에도 지쳐 버렸다고 내게 말하고 있었고, 나는 "악센트 찍는 문제를 모두 틀려 버렸단 말야. 악센트 말야."라고 중얼거리고 있었고, 거리는 영화에서 본 식민지의 거리처럼 춥고 한산했고, 그러나 여전히 소주 광고는 부지런히, 약 광고는 게으름을 피우며 반짝이고 있었고, 전봇대의 아가씨는 '그저 그래요.'라고 웃고 있었다.

– 김승옥, 「서울 1964년 겨울」

* 선술집: 사람들이 간단하게 술을 마실 수 있도록 길거리에 임시로 만들어 놓은 장소.

〈보기〉는 작품 해설의 일부이다. 〈보기〉의 ①, ②에 들어갈 적절한 말을 제시문에서 찾아 쓰시오.

──── 〈보기〉 ────

「서울 1964년 겨울」에서 '나'와 안, 그리고 사내 세 사람은 (①)에서 처음 만나 대화를 나누면서 함께 시간을 보내게 된다. 하지만 이들의 대화는 서로 소통하면서 상대를 이해하는 과정에 있는 것이 아니라 피상적인 것에 불과하였다. 장소를 이동하여 (②)에서는 사내가 '나'와 안에게 오늘 자신의 아내가 죽었고, 그녀의 주검을 병원에 팔았다며 자신의 고뇌와 비애를 털어놓지만, '나'와 안은 사내의 소통 시도에도 형식적으로 답을 하며 사내의 불행을 공유하고 싶어 하지 않는 모습을 보여 준다. 이 작품에서 인물들이 주고받는 말들은 의사 전달 및 소통이라는 언어의 기본적인 기능마저 상실했음을 보여주는데, 작가는 이를 통해 현대인의 인간 소외감과 불안을 형상화하고 있다.

①: _____

②: _____

[문제 8] 다음 글을 읽고 물음에 답하시오.

산산이 부서진 이름이여!
허공중에 헤어진 이름이여!
불러도 주인 없는 이름이여!
부르다가 내가 죽을 이름이여!

심중에 남아 있는 말 한마디는
끝끝내 마저 하지 못하였구나.
사랑하던 그 사람이여!
사랑하던 그 사람이여!

㉠ 붉은 해는 서산 마루에 걸리었다.
㉡ 사슴이의 무리도 슬피 운다.
떨어져 나가 앉은 ㉢ 산 위에서
나는 그대의 이름을 부르노라.

설움에 겹도록 부르노라.
설움에 겹도록 부르노라.
부르는 소리는 비껴가지만
하늘과 땅 사이가 너무 넓구나.

선 채로 이 자리에 ㉣ 돌이 되어도
부르다가 내가 죽을 이름이여!
사랑하던 그 사람이여!
사랑하던 그 사람이여!

– 김소월, 「초혼(招魂)」

〈보기〉는 작품 해설의 일부이다. 제시문의 ㉠~㉢ 중 〈보기〉의 ①~③에 들어갈 기호를 찾아 쓰시오.

---- 〈보기〉 ----

「초혼(招魂)」은 죽은 사람의 이름을 세 번 부름으로써 그 사람을 소생하게 하려는 전통적인 의식을 배경으로 창작되었다. 이 시는 '망부석' 설화와도 관련이 있는데, 이는 (①)에서 잘 나타나고 있다. 또한, (②)은 임의 죽음을 자신만 슬퍼하기보다는 세상의 모든 존재들이 비통해 하는 것처럼 감정을 이입하여 표현하고 있다. 이승과 저승의 경계를 의미하는 하늘과 땅 사이의 물리적 거리를 극복하려는 의지는 (③)에 오르는 행위로 드러나며, 이를 통해 죽은 임에게 조금 더 가까이 가보려는 애절함을 드러내고 있다.

---

①: _____

②: _____

③: _____

[문제 9]

〈보기1〉은 음운의 변동에 대해 설명한 것이다. 〈보기2〉에 제시된 단어 중에서 〈보기1〉의 ㉠과 ㉡을 모두 만족하는 단어를 있는 대로 쓰시오.

---- 〈보기1〉 ----

음운 변동은 어떤 음운이 다른 음운으로 바뀌는 교체, 있던 음운이 없어지는 탈락, 없던 음운이 새로 생기는 첨가, 두 음운이 합쳐져 하나의 새로운 음운으로 줄어드는 축약 등 네 유형으로 나눌 수 있다. 그런데 ㉠ 한 단어에서 서로 다른 유형의 음운 변동이 일어나기도 하고, ㉡ 같은 유형의 음운 변동이 한 단어에서 두 번 이상 일어나기도 한다.

---- 〈보기2〉 ----

앞마당[암마당], 홑이불[혼니불], 닭다[닥:따], 짓밟히다[짇빨피다]

수학

[문제 10]

함수 $f(x) = \begin{cases} 3^{x+2} - 4 & (x \le 0) \\ \log_3(x+1) & (x > 0) \end{cases}$ 과 실수 a $(a > 0)$에 대하여 다음 조건을 만족시키는 실수 t가 존재하지 않도록 하는 a의 최솟값의 최솟값을 구하는 과정을 서술하시오.

(가) $t \le 0$

(나) $f(t) + f(a) = 0$

[문제 11]

두 함수 $f(x)=\sin\dfrac{x}{a}$, $g(x)=4\pi\cos 2x$가 있다. 다음은 $0<x<2\pi$에서 방정식 $(f\circ g)(x)=0$의 서로 다른 실근의 개수가 39일 때, a의 값을 구하는 과정을 나타낸 것이다. 빈칸에 알맞은 문자나 수식을 써넣어 풀이 과정을 완성하시오. (단, $a>0$)

$g(x)=4\pi\cos 2x$에서 $0<x<2\pi$일 때, $-1\le\cos 2x\le 1$이므로

$g(x)=t$라 하면 $\boxed{①}\le t\le\boxed{②}$이고

$(f\circ g)(x)=f(g(x))=f(t)=\sin\dfrac{t}{a}$ 이므로

$(f\circ g)(x)=0$에서 $\sin\dfrac{t}{a}=0$

$\therefore \dfrac{t}{a}=n\pi$ (단, n은 정수)

즉, $t=\boxed{③}$ 이므로 $4\pi\cos 2x=\boxed{③}$

$\therefore \cos 2x=\dfrac{an}{\boxed{④}}$ $\qquad\cdots\cdots$ ㉠

한편, $0<x<2\pi$에서 함수 $y=\cos 2x$의 그래프는 오른쪽 그림과 같다.
방정식 $(f\circ g)(x)=0$의 서로 다른 실근의 개수가 39이려면 함수
$y=\cos 2x$의 그래프와 직선 $y=\dfrac{an}{4}$의 교점의 개수가 39이어야 한다.

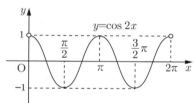

(i) $\dfrac{an}{4}=1$일 때

ㄱ에서 $\cos 2x=1$이므로 $x=\pi$, 즉 실근의 개수는 1이다.

(ii) $\dfrac{an}{4}=-1$일 때

㉠에서 $\cos 2x=-1$이므로 $x=\dfrac{\pi}{2}$ 또는 $x=\dfrac{3}{2}\pi$, 즉 실근의 개수는 2이다.

(iii) $-1<\dfrac{an}{4}<1$일 때

$\cos 2x=\dfrac{an}{4}$의 실근의 개수는 4이다.

(i), (ii)에서 $\left|\dfrac{an}{4}\right|=1$일 때 ㉠의 실근의 개수가 $\boxed{⑤}$ 이므로

(iii)에서 $\left|\dfrac{an}{4}\right|<1$일 때 ㉠의 실근의 개수가 $\boxed{⑥}$ 이어야 한다.

즉, $n=0$, $n=\pm 1$, $n=\pm 2$, $n=\pm 3$, $n=\pm 4$일 때 $\cos 2x=\dfrac{an}{4}$의 실근의 개수는 각각 $\boxed{⑦}$ 이므로

$n=5$일 때 $\cos 2x=\dfrac{an}{4}$의 실근의 개수가 $\boxed{⑧}$ 이어야 한다.

따라서 $\left|\dfrac{5a}{4}\right|=\boxed{⑨}$ 이어야 하므로 $a=\boxed{⑩}$ ($\because a>0$)

[문제 12]

그림과 같이 $\overline{OA} = \overline{OB} = 9$, $\angle AOB = \dfrac{\pi}{3}$인 부채꼴 AOB 내부에 호 AB와 두 선분 OA, OB에 모두 접하는 원을 C_1이라 하자. 원 C_1과 한 점에서 만나고 두 선분 OA, OB에 모두 접하는 원을 C_2라 하고, 이와 같은 방법으로 원 C_n과 한 점에서 만나고 두 선분 OA, OB에 모두 접하는 원을 C_{n+1}이라 하자. 원 C_n의 반지름의 길이를 a_n이라 할 때, 수열 $\{a_n\}$은 모든 자연수 n에 대하여 $a_1 = p$, $a_{n+1} = qa_n$을 만족시킨다. 다음은 $36(p+q)$의 값을 구하는 과정이다. 빈칸에 알맞은 문자나 수식을 써넣어 다음의 풀이 과정을 완성하시오. (단, $a_n > a_{n+1}$)

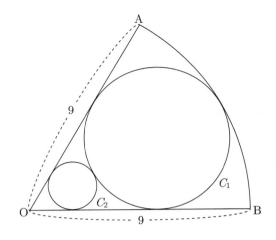

원 C_1의 중심을 O_1이라 하고, 점 O_1에서 선분 OB에 내린 수선의 발을 H_1이라 하자.

삼각형 O_1OH_1에서

$\overline{O_1H_1} = a_1$, $\overline{OO_1} = \boxed{①}$ 이고,

$\angle O_1OH_1 = \dfrac{\boxed{②}}{6}$ 이므로

$\sin\dfrac{\boxed{②}}{6} = \dfrac{\overline{O_1H_1}}{\overline{OO_1}}$ 에서 $\dfrac{\boxed{③}}{2} = \dfrac{a_1}{\boxed{①}}$

$\therefore a_1 = \boxed{④}$

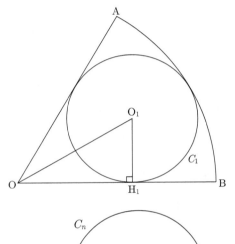

한편, 원 C_n의 중심을 O_n, 원 C_{n+1}의 중심을 O_{n+1}이라 하자. 또, 점 O_n에서 선분 OB에 내린 수선의 발을 H_n이라 하고, 점 O_{n+1}에서 선분 O_nH_n에 내린 수선의 발을 Q_n이라 하자.

삼각형 $O_nO_{n+1}Q_n$에서 $\overline{O_nO_{n+1}}$과 $\overline{O_nQ_n}$을 a_n과 a_{n+1}을 이용하여 나타내면

$\overline{O_nO_{n+1}} = \boxed{⑤}$, $\overline{O_nQ_n} = \boxed{⑥}$

이고 $\angle O_nO_{n+1}Q_n = \dfrac{\boxed{②}}{6}$ 이므로

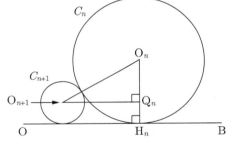

$\sin\dfrac{\boxed{②}}{6} = \dfrac{\overline{O_nQ_n}}{\overline{O_nO_{n+1}}}$ 에서 $\dfrac{\boxed{③}}{2} = \dfrac{\boxed{⑤}}{\boxed{⑥}}$

$\therefore a_{n+1} = \boxed{⑦} a_n$

따라서 $p = \boxed{④}$, $q = \boxed{⑦}$ 이므로 $36(p+q) = \boxed{⑨}$

삼차함수 $f(x)=x^3+x^2+ax+b$에 대하여 $\displaystyle\lim_{h\to 0}\frac{1}{h}\left\{-30+\sum_{k=1}^{6}f(1+2k^2h)\right\}=364$가 성립한다. 두 상수 a, b에 대하여 ab의 값을 구하는 과정을 서술하시오.

[문제 14]

함수 $f(x)=x^3+3ax^2+2ax-1$의 역함수가 존재하도록 하는 실수 a의 최댓값을 M, 최솟값을 m이라 하자. $24(M+m)$의 값을 구하는 과정을 서술하시오.

[문제 15]

실수 전체의 집합에서 연속인 함수 $f(x)$가 다음 조건을 만족시킬 때, $\displaystyle\int_{-3}^{9}f(x)dx=\frac{q}{p}$가 성립한다. 서로소인 두 자연수 p와 q에 대하여 $p+q$의 값을 구하는 과정을 서술하시오.

(가) 모든 실수 x에 대하여 $f(x+3)=f(x)+3$

(나) $\displaystyle\int_0^3 f(x)dx=-\frac{4}{5}$

꿈을 꾸기에 인생은 빛난다.

- 모차르트 -

가천대학교

제4회 실전 모의고사

지원 학과 : _____

성   명 : _____

문항 수	총 15 문항 (국어 9, 수학 6)	배점	각 문항 10점
시험 시간	80분	총점	150점 + 850점 (기본 점수)

제**4**회 인문 실전 모의고사

국어

[문제 1] 다음은 건축 연구원의 강연 장면이다. 물음에 답하시오.

> **건축 연구원 ○○○:** 안녕하세요? 진로 특강을 맡은 전통 목조 건축 연구원 ○○○입니다. 여러분은 전통 건축물의 뼈대가 목재로 짜여 있는 것을 보신 적이 있나요?
>
> **학생 1:** 얼마 전에 날씨가 좋아서 경복궁에 나들이를 다녀왔어요. 그때 목조 건물을 보았습니다.
>
> **건축 연구원 ○○○:** 즐거운 시간이었겠군요. 그렇다면, 아주 오래된 건물이 아직도 건재한 이유는 무엇일까요? 함께 알아보도록 하겠습니다. (자료 제시) 여기 화면에 세 개의 자료가 있습니다. 여기 보이는 목재는 '부재'라고 합니다. 그리고 화면의 자료들처럼 부재들을 짜 맞추는 것을 '결구'라고 합니다. 저는 오늘 여러분께 결구 방법에 대해 소개하고자 합니다. 결구 방법은 크게 '이음'과 '맞춤'으로 구분됩니다. (자료를 가리키며) 여기 있는 것들은 같은 방향으로 부재들을 길게 결구하였습니다. 이를 이음이라고 합니다. 위의 것은 부재들에 어떤 변형도 가하지 않고 두 부재를 이은 '맞댄이음'이고, 아래 것은 부재들에 홈을 만들고 그 홈에 나비 모양의 부재인 '나비장'을 끼워서 두 부재를 이은 '나비장이음'입니다. (자료를 가리키며) 여기 있는 것들은 맞춤의 예인데요, 이음과의 차이점을 아시겠나요?
>
> **학생 2:** 결구된 부재들이 놓인 방향이 달라 보여요.
>
> **건축 연구원 ○○○:** 네, 맞습니다. 여기 화면에 보이는 것처럼, 이음과 달리 맞춤은 다른 방향으로 교차하는 부재들을 결구하는 방법입니다. 홈에 끼워서 맞추는 것을 '장부맞춤'이라고 하고, 두 부재 단면의 한 부분을 반씩 걸어내어 결구한 것은 '반턱맞춤'이라고 합니다. 이제 구체적 사례를 살펴보겠습니다. (자료를 가리키며) 이것은 경복궁 근정전에 사용된 이음과 맞춤을 보여 줍니다. 여기 창방, 평방, 안초공, 원기둥이 있습니다. 원기둥을 보면, 홈이 있습니다. 이 홈에 창방과 하부 안초공을 결구합니다. 이것은 어떤 결구 방법일까요? 맞춤인 것을 잘 맞혀 주셨네요. 좌우에 있는 평방을 봐 주세요. 두 평방 모두 홈이 보이시죠. 두 평방이 결구되기 위해서는 무엇인가가 필요합니다. 이에 대해 묻기 위해 그것을 그리지 않았습니다.
>
> **학생 1:** 저요! 제가 답을 맞춰 볼게요. 나비장이음이에요!
>
> **건축 연구원 ○○○:** 네, 정답입니다. 이음과 맞춤으로 결구된 부재들은 서로 맞물려 잡아 주기 때문에 건축물의 구조적 안정성이 높아집니다. 이음과 맞춤에 주목해 여러 전통 건축물의 구조에 대해 이해하면 좋겠습니다. 여기서 강연을 마치겠습니다. 감사합니다.

〈보기〉는 강연에 참여한 학생이 작성한 소감문의 일부이다. 〈보기〉의 ㉠, ㉡이 반영된 문장을 제시문에서 찾아 각각의 첫 어절과 마지막 어절을 순서대로 쓰시오.

〈보기〉

이번 강연은 전통 목조 건축물을 다루었으며, '이음과 맞춤'에 대한 알 수 있는 뜻깊은 시간이었다. 강연자는 다소 지루할 수 있는 주제에 대해 질문을 통해 청중들의 경험을 이끌어내고 상호 작용하며 강연을 이어 나갔다. 또한, 강연에서는 ㉠ <u>결구의 방법</u>, 다양한 결구와 이음 방식, ㉡ <u>결구의 효과</u> 등에 대해 상세히 언급하였다.

㉠ 첫 어절: _____ , 마지막 어절: _____

㉡ 첫 어절: _____ , 마지막 어절: _____

[문제 2] 다음 글을 읽고 물음에 답하시오.

학습자는 지식을 습득하고 이를 지속적으로 기억하기 위해 다양한 전략을 사용한다. 이 과정에서 독서는 매우 중요한 역할을 한다. 이때의 독서는 단순히 글을 읽는 행위에 그치지 않고, 글의 체계와 구조를 이해하며, 동시에 저자가 전달하고자 하는 지식과 정보를 파악하는 것을 포함한다. 따라서 효과적인 학습을 위해서는 단순히 글을 읽는 것 이상으로, 글의 내용을 분석하고, 이를 통해 얻은 정보를 체계적으로 정리하는 능력이 필요하다. 글의 체계를 이해하는 것은 학습의 기본이다. 글이 어떤 논리적 구조를 가지고 있는지, 주제와 관련된 정보들이 어떻게 배열되어 있는지를 파악하여 글의 핵심 내용을 빠르게 파악하고, 정보 처리 능력을 통해 기억에 오래 남도록 해야 한다. 학습자는 새로운 지식을 기존의 지식 구조에 맞추어 재구성하는 과정을 통해 더 깊이 있는 이해를 할 수도 있다. 이 과정에서는 자신의 학습 과정을 스스로 점검하고 조절하는 능력도 중요하다. 또한, 학습자는 글을 읽으며 저자의 정서와 가치관도 함께 파악해야 한다. 이는 단순한 정보 습득을 넘어서 저자의 의도를 이해하고 글을 통해 전달하고자 하는 메시지를 온전히 받아들이는 데 필수적이다. 더 나아가 사회적 맥락을 통해 글의 맥락을 더 잘 파악한다면, 얻은 지식을 더 깊이 있게 이해할 수 있다.

독서를 잘하기 위해서는 다양한 전략이 필요하다. 그 중에서도 '예측하기', '메모하기', '시연하기', 그리고 '회상하기'는 매우 효과적인 방법들이다. 먼저, '예측하기'는 독서의 시작 단계에서 매우 중요한 역할을 한다. 독자는 글을 읽기 전에 제목, 목차, 그리고 서문 등을 통해 글의 내용을 예측해 본다. 이 과정에서 자신의 배경지식을 활용하여 글의 주제와 내용을 미리 예상해 보는 것은 독서의 이해도를 높이는 데 큰 도움을 준다. 예측을 통해 독자는 글의 구조와 주요 내용을 미리 파악할 수 있으며, 이는 글을 읽는 동안 중요한 정보에 더욱 집중할 수 있게 한다.

두 번째로, '메모하기'는 독서 중에 중요한 정보를 기록하는 과정이다. 독자는 읽으면서 중요한 문장이나 단어를 메모해 두고, 자신의 생각이나 느낀 점을 함께 기록한다. 이 과정은 단순히 정보를 기록하는 것을 넘어, 자신의 생각과 글의 내용을 연결시키는 데 도움이 된다. 메모한 내용을 나중에 다시 보면서 글의 주요 내용을 상기할 수 있는데, 이는 '시연하기' 전략에 도움을 준다. 세 번째, '시연하기'는 메모한 내용을 바탕으로 글의 내용을 이해하고, 이를 자신의 지식 체계와 연결하는 과정이다. 시연하기는 단순히 반복해서 읽는 것이 아니라, 정보 간의 유기성을 이해하고 이를 자신의 언어로 재구성하는 것이다. 이를 통해 독자는 글의 내용을 깊이 이해하게 되고, 장기 기억으로 남길 수 있다. 시연하기는 특히 복잡한 내용을 이해하는 데 큰 도움이 된다. 시연은 학습자가 적극적으로 질문하고, 답하는 과정을 통해 핵심 개념을 파악하며 메모를 할 때 형성된다. 이러한 과정은 한번으로 끝내는 것이 아니라 반복적으로 실시하는 것이 바람직한데, 글을 읽는 중간중간이나 글의 문단이 끝날 때마다 시연하는 것도 좋다.

마지막으로, '회상하기'는 글을 다 읽은 후에 글의 구조와 내용을 다시 떠올려 보는 과정이다. 독자는 글을 다 읽은 후에 글의 주요 내용을 다시 한 번 더 정리하고, 이를 회상해 본다. 이 과정에서는 글의 구조를 다시 상기하며, 중요 정보와 자신의 생각을 연결하는 것이 중요하다. 회상하기를 통해 독자는 글의 내용을 더욱 깊이 이해할 수 있고, 이를 자신의 지식 체계에 통합할 수도 있다. 학습한 내용을 잘 기억하기 위해 학습자들은 자신만의 방법으로 읽은 내용들을 상기하고, 범주화하는 과정을 거치고, 두문자를 활용하여 기억하는 방법 등을 사용한다.

결론적으로, 학습자는 독서를 통해 많은 것을 얻을 수 있다. 효과적인 학습을 위해서는 독서를 단순한 읽기 행위로 한정하지 않고, 글의 내용을 깊이 있게 분석하고, 이를 통해 얻은 정보를 적절하게 활용하려는 노력이 필요하다. '예측하기', '메모하기', '시연하기', 그리고 '회상하기'는 효과적 독서에 매우 중요한 전략들이다. 이러한 전략들뿐만 아니라 다양한 전략을 활용하여 학습자는 글의 내용을 깊이 이해해야 한다. 여가를 위한 독서와 학습을 위한 독서는 그 목적과 접근 방식에서 차이가 있다. 여가를 위한 독서는 주로 즐거움과 휴식을 위해 이루어지며, 독자가 흥미를 느끼는 주제를 자유롭게 선택한다. 반면, 학습을 위한 독서는 지식 습득과 이해를 목적으로 하며, 체계적이고 집중적인 노력이 필요하다. 따라서 학습을 위한 독서를 잘하기 위해 학습자는 독서 과정에 더욱 적합한 전략을 선택해야 할 것이다.

〈보기〉는 제시문을 요약한 것이다. ①, ②에 들어갈 적절한 말을 제시문에서 찾아 쓰시오.

—————————— 〈보기〉 ——————————

학습자는 독서를 통해 지식을 습득하고 기억하기 위해 글의 체계를 이해하고 정보를 체계적으로 정리해야 한다. 이를 위해 '예측하기', '메모하기', '시연하기', '회상하기'와 같은 전략을 활용한다. 예측하기는 글의 내용을 미리 파악하는 것이며, 메모하기는 중요한 정보를 기록하고 자신의 생각과 글의 내용을 연결하는 과정이다. (①   )은/는 메모한 내용을 바탕으로 정보를 재구성하며, (②   )은/는 다양한 방법으로 글의 체계적인 구조를 떠올리는 등 지식을 통합하는 것이다.

①: _____

②: _____

|3~4| 다음 글을 읽고 물음에 답하시오.

사회 심리학에서 동조 현상은 개인이 다른 사람들로부터 영향을 받아 자신의 행동, 태도, 신념 등을 변화시키는 현상을 의미하며, 개인이 자신의 행동이나 믿음을 집단의 기대에 맞추기 위해 변화시키는 것도 포함한다. 동조는 사회적 동화의 일종으로, 개인이 사회적 조화를 이루기 위해 자연스럽게 발생시키는 심리적 과정이다. 동조 현상은 일상적인 사회적 상호 작용 속에서 자주 관찰되며, 집단 내에서의 일체감과 안정성을 유지하는 데 중요한 역할을 한다. 또한, 이를 통해 개인은 소속감을 느끼게 된다.

동조 현상은 집단 규범과 밀접한 관련이 있다. 집단 규범은 특정 집단 내에서 공통적으로 받아들여지는 행동 기준이나 기대를 의미한다. 이러한 규범은 구성원들이 상호 작용하면서 자연스럽게 형성되며, 집단의 응집력과 정체성을 강화하는 역할을 한다. 또한, 동조 현상은 개인이 이러한 집단 규범을 준수하려는 과정에서 나타나는데, 이를 통해 개인은 집단 내에서의 지위와 역할을 확립하고, 집단의 일원이라는 소속감을 강화한다.

동조 현상이 발생하는 첫 번째 원인으로는 규범적 영향력을 들 수 있다. 규범적 영향력은 개인이 집단의 규범을 따르려는 경향에서 비롯된다. 이는 집단의 구성원으로부터 인정받고 사회적 수용을 얻고자 하는 욕구와 관련이 있다. 개인은 집단의 기대에 부응하지 않을 경우 받을 수 있는 비난이나 배제와 같은 부정적 결과를 피하기 위해 집단의 규범을 따르려고 한다. 예를 들어, 친구 그룹에서 특정한 옷차림이나 행동을 따르는 것은 그 그룹의 일원으로 인정받기 위한 규범적 동조의 일환이다. 이러한 동조는 집단 내에서의 긍정적 평가를 얻고자 하는 욕구와 밀접하게 관련되어 있는데, 집단의 규범과 기대가 명확할수록 개인이 이를 따르는 동기가 더 크게 작용한다.

두 번째 원인은 정보적 영향력이다. 이는 개인이 자신의 판단 근거가 되는 정보가 부족할 때 집단의 규범이나 의견을 따르는 것을 의미한다. 이는 행위의 결과 예측이 어려운 상황에서 다른 사람들의 행동이나 의견을 신뢰할 수 있는 정보로 간주하는 데서 비롯된다. 이러한 정보적 영향력은 특히 복잡하거나 모호한 문제 상황에서 강하게 작용한다. 즉, 새로운 환경에 처했을 때, 다른 사람들이 어떻게 행동하는지를 관찰하고 그에 따라 행동하는 것은 정보적 영향력의 한 사례이다. 예를 들어, 처음 방문한 식당에서 다른 손님들이 어떤 음식을 주문하는지 관찰하고 그들의 선택에 따라 주문하는 것은 정보적 동조의 한 예이다. 이러한 동조는 불확실한 상황에서 올바른 결정을 내리기 위한 합리적 행동으로 간주된다.

동조 현상은 사회적 상호 작용과 집단생활에서 필연적으로 나타나는데, 이를 통해 개인과 집단은 더 나은 조화를 이루고 사회적 기능을 유지할 수 있다. 규범적 영향력과 정보적 영향력은 이러한 동조 현상이 발생하는 주요 원인으로, 개인의 행동과 집단의 규범 사이의 복잡한 관계를 이해하는 데 중요한 단서를 제공한다.

[문제 3]

〈보기〉의 ①~③에 들어갈 적절한 말을 제시문에서 찾아 쓰시오.

─────── 〈보기〉 ───────

　동조 현상은 개인이 집단의 (　①　)을/를 따르려는 욕구와 관련이 있다. 이 욕구의 주된 동기는 (　②　)와/과 인정, 비난과 배제의 회피이다. 집단의 규범과 기대가 (　③　)하고 강한 상황에서 동기가 강하게 작용한다.

①: _____

②: _____

③: _____

[문제 4]

〈보기〉는 제시문의 요약문을 작성하기 위해 정리한 것이다. ㉠~㉣ 중 적절하지 <u>않은</u> 것 두 개를 찾아 기호를 쓰시오.

─────── 〈보기〉 ───────

　㉠ 정보적 영향력은 개인이 자신의 판단 근거가 되는 정보가 부족할 때, 집단의 규범이나 의견을 따르는 것을 의미한다.
　㉡ 동조 현상은 집단 내에서 특별한 지위를 획득하려는 욕구, 타인의 존경을 얻고자 하는 욕구에서 비롯된다.
　㉢ 규범적 영향력은 집단 내에서의 긍정적 평가를 얻고자 하는 욕구와 밀접하게 관련되어 있다.
　㉣ 동조 현상은 주로 개인의 독립적인 판단에 따라 발생한다.

①: _____

②: _____

| 5~6 | 다음 글을 읽고 물음에 답하시오.

합리적 이성주의 철학자인 데카르트는 모든 지식을 의심함으로써 확실한 기초를 세우고자 하였으며, 의심할 수 없는 확고한 지식을 파악하고자 하였다. 또한, 그는 고전적 연역법의 한계를 극복하기 위해 새롭게 연역법을 제시하였다. 그는 이를 통해 논리적이고 체계적으로 지식을 구축하고 인간의 ㉠ 이성적 사고를 강화하고자 하였다. 데카르트의 이러한 접근은 이후 서양 철학에 큰 영향을 미쳤으며, 과학적 방법론의 기초를 마련하는 데 중요한 역할을 하였다.

데카르트 철학의 핵심 요건은 명료하고 분명한 절대적인 지식을 추구하는 것이다. 또한, 그는 명료하고 분명한 개념을 사용하여 지식을 혼동없이 전달하고자 하였다. 따라서 그의 철학에서 명료함과 분명함은 중요한 개념이다. 먼저 명료함은 한 가지 개념이나 사물이 다른 것들과 혼동되지 않고, 그 자체로 선명하게 인식되는 상태를 의미한다. 반면, 분명함은 명료한 개념이 더욱 자세히 분석되어, 그 내면의 ㉡ 구조와 본질까지 이해하는 상태를 의미한다. 이를테면, 우리가 빨간 사과를 볼 때, 사과의 색깔이 빨간색이라는 사실을 분명하게 인식하는 것이 명료한 것이고, 사과가 빨간색이라는 것을 인식하고 사과가 빛의 특정 파장을 반사하기 때문에 빨간 것이라는 사실을 이해하는 것은 분명한 것이다.

데카르트는 기존의 모든 지식을 의심하는 방법을 통해 애매모호한 상태에서 벗어나 명료하고 분명한 절대적 지식을 찾고자 하였다. 그는 ㉢ 감각 경험이나 권위에 의존한 지식은 불확실하며, 오직 이성적인 사고를 통해서만 참된 지식을 얻을 수 있다고 주장하였다. 이를 위해 그는 '방법적 회의'라는 절차를 사용하였는데, 먼저 모든 기존 지식을 잠정적으로 의심하고, 그중 의심할 수 없는 ㉣ 확실한 명제를 찾아내는 과정을 거쳤다. 그는 이렇게 해서 얻어진 확실한 명제를 기반으로 새로운 지식을 연역해 나가면서, 체계적이고 일관된 지식 체계를 구축하였다.

데카르트의 연역법은 ㉤ 수학적 증명과 유사한 방식으로, 각 단계가 이전 단계의 명제를 기반으로 논리적으로 도출되는 구조를 가진다. 예를 들어, 사각형의 내각의 합이 360°라는 사실을 증명할 때, 삼각형의 내각의 합은 180°라는 절대적 명제로부터 이 결론을 도출해 냈다. 데카르트는 이러한 과정을 통해 지식의 일관성과 체계성을 유지하고자 하였다.

이성적 사고의 중요성을 강조한 데카르트의 연구 방법론은 과학적 연구와 철학적 탐구에 큰 영향을 미쳤다. 그는 불확실한 지식에 의존하지 않고, 확실하고 논리적인 기초 위에 지식을 구축하는 방법을 제시함으로써, 이후 연구자들에게 큰 영감을 주었다. 또한, 그는 철학적 탐구에 있어 명료함과 분명함을 추구하는 기준을 세워 지식의 본질과 구조를 더욱 깊이 이해할 수 있는 길을 열어 주었다.

[문제 5] 〈보기〉는 제시문을 읽고 내용을 정리한 것이다. 제시문의 ㉠~㉤ 중 〈보기〉의 ①, ②에 들어갈 적절한 기호를 쓰시오.

〈보기〉

데카르트의 연역법은 (①   )에서 출발하여 논리적이고 체계적으로 지식을 구축하고 확장하는 사고 과정을 포함한다. 그는 먼저 의심할 여지가 없는 확실하고 논리적인 기초를 찾고, 그 기초에서 다른 지식들을 추론하고 도출해 나가는 방식으로 연구를 진행하였다. 이는 (②   )과 비슷한 방식으로, 각 단계가 이전 단계의 명제를 기반으로 추론된다.

---

①: _____

②: _____

[문제 6] 〈보기〉는 제시문의 요약문을 작성하기 위해 정리한 것이다. ㉠~㉣ 중 적절하지 <u>않은</u> 것 두 개를 찾아 기호를 쓰시오.

〈보기〉

㉠ 데카르트는 불확실한 지식에 의존하지 않고, 확실하고 논리적인 기초 위에 지식을 구축하는 방법을 제시하였다.
㉡ 데카르트의 연역법이 철학과 과학의 탐구에 있어 명료함과 분명함을 추구하는 기준을 세웠다.
㉢ 데카르트의 연역법을 통해 얻어진 지식은 경험적 자료에 의존한 지식이다.
㉣ 데카르트는 감각적 경험뿐만 아니라 이성적 사고도 중시하였다.

---

①: _____

②: _____

| 7~8 | 다음 글을 읽고 물음에 답하시오.

(가)
푸른 하늘에 닿을 듯이
세월에 불타고 우뚝 남아 서서
차라리 봄도 꽃피진 말아라.

낡은 거미집 휘두르고
끝없는 꿈길에 혼자 설레이는
마음은 아예 뉘우침 아니라.

검은 그림자 쓸쓸하면
마침내 호수 속 깊이 거꾸러져
차마 바람도 흔들진 못해라.

– 이육사, 「교목」

(나)
어두운 방 안엔
바알간 숯불이 피고,

외로이 늙으신 할머니가
애처로이 잦아드는 어린 목숨을 지키고 계시었다.

이윽고 눈 속을
아버지가 약을 가지고 돌아오시었다.

아, 아버지가 눈을 헤치고 따 오신
그 붉은 산수유 열매—

나는 한 마리 어린 짐생,
젊은 아버지의 서느런 옷자락에
열로 상기한 볼을 말없이 부비는 것이었다.

이따금 뒷문을 눈이 치고 있었다.
그날 밤이 어쩌면 성탄제의 밤이었을지도 모른다.

어느새 나도
그때의 아버지만큼 나이를 먹었다.

옛것이라곤 찾아볼 길 없는
성탄제 가까운 도시에는
이제 반가운 그 옛날의 것이 내리는데,

서러운 서른 살 나의 이마에
불현듯 아버지의 서느런 옷자락을 느끼는 것은,

눈 속에 따오신 산수유 붉은 알알이
아직도 내 혈액 속에 녹아 흐르는 까닭일까.

- 김종길, 「성탄제」

[문제 7]

〈보기〉는 제시문 (가)와 (나)에 대한 해설의 일부이다. 〈보기〉의 ①, ②에 들어갈 적절한 말을 제시문에서 찾아 쓰시오. (①은 두가지 이상, ②는 2어절로 작성할 것)

─── 〈보기〉 ───

제시문 (가)는 (①)와/과 같은 부사어를 사용하며 현실에 굴하지 않는 화자의 굳은 의지를 강조하고 있다.
제시문 (나)의 화자는 과거에 느꼈던 감각이 드러나는 (②)을/를 반복하여 특정 대상을 연상하고 있다.

①: _____

②: _____

[문제 8]

〈보기〉는 제시문의 구조를 정리한 것이다. 〈보기〉의 ①, ②에 들어갈 적절한 단어를 쓰시오.

─── 〈보기〉 ───

과거의 화자		회상의 매개체		현재의 화자
열병을 앓던 '나'를 위해 아버지가 눈 속을 헤치고 산수유 열매를 구해오자 감동하고 있다.	→	눈	→	도시에 살고 있는 화자는 아버지의 헌신적인 (①)을/를 떠올리고 (②)을/를 느끼고 있다.

①: _____

②: _____

[문제 9]

〈보기1〉는 용언에 대한 설명이다. ㉮에 해당하는 예로 적절한 것을 〈보기2〉의 ㉠~㉣ 중에서 찾아 모두 쓰시오.

―――――――――――――――――― 〈보기1〉 ――――――――――――――――――

'용언'은 문장 안에서의 쓰임에 따라 '본용언'과 '보조 용언'으로 나뉜다. 본용언은 문장의 주체를 주되게 서술하면서 보조 용언의 도움을 받는 용언이고, 보조 용언은 본용언과 연결되어 그것의 뜻을 보충하는 역할을 하는 용언으로 문장에서 홀로 쓰이지 못하고 다른 용언 뒤에서 특정한 의미를 더해 주는 기능을 한다. 이때 ㉮ 본용언 + 보조 용언의 구성은 하나의 서술어처럼 기능하는데, 이때 본용언과 보조 용언은 띄어 씀을 원칙으로 하되, 경우에 따라 붙여 씀도 허용한다. 한편, 둘 이상의 말이 결합된 합성 용언은 단독으로 쓰이기도 하고, 본용언으로 쓰이기도 한다.

―――――――――――――――――― 〈보기2〉 ――――――――――――――――――

• 그릇을 ㉠ 깨뜨려버렸다.
• 두 사람이 밧줄을 ㉡ 잡아당겼다.
• 쓰레기를 함부로 버리지 ㉢ 말아 주세요.
• 골키퍼는 상대 팀의 슛을 온몸으로 ㉣ 막아 냈다.

―――――――――――――――――――

수학

[문제 10]

$\log_8 2^{2n+1}$이 3의 배수가 되도록 하는 200 이하의 자연수 n의 개수를 구하는 과정을 서술하시오.

[문제 11]

삼각형 ABC에서 $\overline{\text{BC}} = a$, $\overline{\text{CA}} = b$ $(a \neq b)$라 할 때, 등식

$$(a-b)\sin^2 C = a\sin^2 A - b\sin^2 B$$

가 성립한다. 삼각형 ABC의 외접원의 반지름의 길이가 $2\sqrt{3}$일 때, $\angle$C의 크기를 구하는 과정을 서술하시오.

[문제 12]

첫째항이 2이고 공차가 3인 등차수열 $\{a_n\}$에 대하여

$$\sum_{k=1}^{n} \frac{1}{\sqrt{a_{k+1}} + \sqrt{a_k}} = \frac{4\sqrt{2}}{3}$$

를 만족시키는 자연수 n의 값을 구하는 과정을 서술하시오.

[문제 13]

닫힌구간 $[0, 4]$에서 정의된 함수 $y = f(x)$의 그래프가 오른쪽 그림과 같다. 이차함수 $g(x)$에 대하여 함수 $h(x) = f(x)g(x)$가 닫힌구간 $[0, 4]$에서 연속이고 $h(1) + h(4) = -12$일 때, 함수 $g(x)$는 $x = k$에서 최솟값 m을 갖는다. 다음은 $k + m$의 값을 구하는 과정이다. 빈칸에 알맞은 문자나 수식을 써넣어 풀이 과정을 완성하시오. (단, k는 상수이다.)

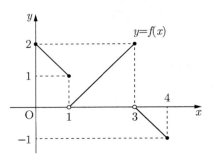

함수 $f(x)$가 $x = \boxed{①}$, $x = \boxed{②}$ (단, ① < ②)에서만 불연속이고, 함수 $g(x)$는 실수 전체의 집합에서 연속이다.

따라서 함수 $h(x)$가 $x = \boxed{①}$, $x = \boxed{②}$에서 연속이면 닫힌구간 $[0, 4]$에서 연속이다.

함수 $h(x)$가 $x = \boxed{①}$에서 연속이어야 하므로

$g(\boxed{①}) = \boxed{③}$ ······ ㉠

또한, 함수 $h(x)$가 $x = \boxed{②}$에서 연속이어야 하므로

$g(\boxed{②}) = \boxed{④}$ ······ ㉡

㉠, ㉡에 의해

$g(x) = a(\boxed{⑤})(\boxed{⑥})$ (단, a는 0이 아닌 상수)

으로 놓을 수 있다.

이때 $h(1) + h(4) = -12$이므로 $1 \times g(1) - 1 \times g(4) = -12$

$\therefore a = \boxed{⑦}$

따라서 함수 $g(x)$는 $x = \boxed{⑧}$에서 최솟값 $\boxed{⑨}$를 갖는다.

$\therefore k + m = \boxed{⑩}$

[문제 14]

다음 조건을 만족시키는 다항함수 $f(x)$에 대하여 $f(6)$의 최댓값을 구하는 과정을 서술하시오.

(가) $f(0) = 5$

(나) $0 < x < 6$인 모든 실수 x에 대하여 $f'(x) \le 3$이다.

[문제 15]

최고차항의 계수가 1인 삼차함수 $f(x)$가 다음 조건을 만족시킬 때, 곡선 $y = f(x)$와 직선 $y = 4\sqrt{2}$로 둘러싸인 부분의 넓이를 구하는 과정을 서술하시오.

(가) 모든 실수 a에 대하여 $\displaystyle\int_{-a}^{a} f(x)dx = 0$이다.

(나) 방정식 $|f(x)| = 4\sqrt{2}$는 서로 다른 4개의 실근을 갖는다.

남에게 이기는 방법의 하나는 예의범절로 이기는 것이다.

- 조쉬 빌링스 -

제5회 실전 모의고사

지원 학과 : _____

성 명 : _____

문항 수	총 15 문항 (국어 9, 수학 6)	배점	각 문항 10점
시험 시간	80분	총점	150점 + 850점 (기본 점수)

제**5**회 인문 **실전 모의고사**

국어

[문제 1] 다음은 의류 수거함에 관한 학생들 토의의 일부이다. 물음에 답하시오.

> **학생 1:** 이번 과제가 '공동체 문제의 해결을 위한 글을 써서 독자와 공유하기'잖아. 과제에 대해 생각 좀 해 봤어?
>
> **학생 2:** 의류 수거함에 대해 쓰려고 자료 찾아보고 있어. 너는?
>
> **학생 1:** 나도 의류 수거함 생각했는데. 잘 됐다. 찾은 자료 나한테 전자 우편으로 보내줄 수 있을까?
>
> **학생 2:** 응, 그럴게.
>
> **학생 1:** 그런데 넌 왜 의류 수거함에 대해 쓰려고 해?
>
> **학생 2:** 평소에도 문제가 많다고 생각했는데, 우리 학교 친구들도 수거함이 관리될 필요가 있다고 하더라고.
>
> **학생 1:** 나도 그렇게 생각해. 수거함이 망가진 채 방치된 데다가 수거함 주변에 옷들이 버려져 있잖아.
>
> **학생 2:** 맞아. 의류 수거함 주변이 쓰레기장이 되고 있어. 수거함에 수거 대상이 아닌 물품과 쓰레기들도 많고. 너는 수거함이 그렇게 된 원인이 뭐라고 생각해?
>
> **학생 1:** 얼마 전 신문 기사를 봤는데 ○○시에서도 비슷한 문제가 있었지만 시청이 적극 노력해서 잘 해결했다는 걸 보면 우리 시청의 대처가 미흡해서인 것 같아.
>
> **학생 2:** ○○시청은 어떤 노력을 한 거야?
>
> **학생 1:** 파손된 수거함을 수리하고 시민들에게 올바른 수거함 사용법을 알리는 캠페인도 했대.
>
> **학생 2:** 그러니까 네 말은 우리 시청이 적극적으로 나서지 않은 게 원인이라는 거지?
>
> **학생 1:** 맞아. 공공의 문제 해결에는 시청의 영향력이 크니까.
>
> **학생 2:** 그 말도 맞지만 이용자의 탓이 더 크다고 생각이 드는데, 아무리 시청이 관리를 잘 해도 이용자들이 함부로 사용하면 궁극적으로는 문제가 해결되지 않으니까.
>
> **학생 1:** 하지만 시청이 수거함의 올바른 이용 방식을 안내하는 게 먼저 아닐까? 안내대로 의류를 올바르게 배출하면 선별하는 데 드는 시간과 비용을 줄일 수 있잖아.
>
> **학생 2:** 나는 이 문제를 해결하려면 이용자부터 변화해야 한다고 생각하는데 너는 다르게 접근하는구나. 그럼 이 부분은 다음 회의 시간에 어느 방향이 더 좋을지 이야기 나눠보자.
>
> **학생 1:** 좋아. 나는 시청 누리집 게시판에 시청의 조치를 촉구하는 글의 가이드를 만들어 볼게.
>
> **학생 2:** 그러면 나는 우리 학교 학생을 대상으로 우리가 할 수 있는 방안을 구체적으로 생각해 볼게. 둘다 진행하기에는 조금 힘들 수 있으니 다음 시간에 더 좋은 안건이 무엇일지 고민해 보자!

〈보기〉는 토의를 진행한 학생이 작성한 소감문의 일부이다. 〈보기〉의 ㉠, ㉡이 반영된 문장을 제시문에서 찾아 각각의 첫 어절과 마지막 어절을 순서대로 쓰시오.

〈보기〉

　이번에 진행한 토의는 공동체 문제 해결을 위한 방안을 탐색할 수 있는 뜻깊은 시간이었다. 토의자 학생들은 의류 수거함의 운영 문제를 해결하기 위해 시청의 영향력에 대해서도 자세하게 의견을 교류하였다. 그러나 ㉠ 학생 1의 문제 원인과 ㉡ 학생 2의 문제 원인이 차이점을 보여 서로의 의견을 어떻게 조율해 나갈지가 토의 안건으로 남아있다.

㉠ 첫 어절: _____ , 마지막 어절: _____

㉡ 첫 어절: _____ , 마지막 어절: _____

| 2~3 | 다음 글을 읽고 물음에 답하시오.

음속에 관한 연구는 18세기 이전부터 꾸준히 지속되어 왔으나, 초반의 연구들은 음속과 관련된 영향들을 판단할 때 음속에 영향을 주지 않는 요소들을 관련 있는 것으로 연구하는 등의 오류가 있었다. 1708년에 더햄은 음속과 바람의 방향 관계를 연구하여 역풍은 음속을 느리게 하고 순풍은 음속을 빠르게 한다는 결과를 도출하였는데, 이는 현대의 과학으로 볼 때 옳은 판단이었다. 하지만 그는 공기 중의 수분 함량과 음속의 관계에 대한 연구에서 습도를 높이는 비와 안개가 나타날 경우 음속이 느려진다는 적절하지 않은 판단을 하였고, 이에 더해 온도와 음속의 관계를 연구할 때는 제대로 측정을 하지 않고 여름과 겨울에 음속은 동일하다고 발표하는 오류를 범하였다. 더햄이 범한 온도와 음속에 대한 오류는 1740년에 볼로냐의 의학 교수인 비안코니에 의해 정정되었다. 기온이 높아질수록 음속이 빨라진다는 결과가 증명된 것이다.

18세기 초에 뉴턴은 음속을 이론적으로 연구하여 당시 일반적으로 수용되었던 연구 데이터와는 전혀 다른 추정값을 얻었는데, 이 차이를 해명하고자 많은 연구자들이 다양한 대기 조건을 상정하고 음속을 측정하게 되었다. 골딩햄은 1820년부터 이듬해까지 음속을 측정하는 프로젝트를 진행하게 된다. 이는 거대한 자본과 대규모 인력이 동원된 장기 프로젝트로, 그는 이때 음속뿐만 아니라 음속을 측정할 당시의 주변 환경에 대해서도 꼼꼼하게 기록하였다. 이처럼 장기간 다양한 환경에서 측정된 음속 기록은 기존의 연구에서는 찾을 수 없는 것이었다. 골딩햄은 다양한 대기 조건이 음속에 미치는 영향을 연구하기 위해 다양한 조건에서 음속을 측정하고자 하였지만, 이것이 여의치 않자 대기 상태가 사계절 모두 변화한다는 것을 역으로 이용하여 다양한 대기 샘플을 획득하였다. 이에 더해 그는 음속에 미치는 풍향의 효과를 더욱 정확하게 증명하기 위하여 두 가지 다른 소리 전달 경로를 추가하였다. 하나는 세인트조지 요새에서 마드라스 천문대까지의 경로였고, 다른 하나는 세인트토머스 산에서 마드라스 천문대까지의 경로였다. 두 음원은 관측점을 사이에 두고 일직선상에 있지 않은 반대 방향에 위치하고 있었고, 관측점을 기점으로 떨어져 있는 거리에도 차이가 있었다. 이렇게 경로를 선택할 경우, 바람의 방향과 소리의 방향이 한 경로에서 일치하면 다른 경로에서는 반대 방향이 된다. 따라서 경로에 따라 차별화된 음속에 대한 풍향의 효과를 확인할 수 있게 된다.

정확한 음속 측정을 위해서는 소리가 발생한 지점과 관측 지점 사이의 거리를 정확하게 측정하는 작업이 선행되어야 한다. 이때 빛과 소리는 서로 다른 속도로 이동하므로 음원과 관측 지점은 빛과 소리의 전달 시간에 차이를 가져 올 정도로 충분히 멀리 떨어진 곳을 선택해야 한다. 만약 음원과 관측 지점이 너무 가까이 있다면, 빛과 소리의 전달 시간 차이가 미미해져서 측정이 어려워질 수 있다. 당시 영국은 광범위한 측량 대사업을 수행했는데, 골딩햄은 그 측정값을 그대로 활용하지 않고 자신이 측정한 음원과 관측점 사이의 거리와 다시금 비교하여 확정하였다. 이를 기반으로 18개월 동안 골딩햄은 800번 이상 음속을 측정하였는데, 동일한 컨디션을 유지하기 위해서 매일 계획된 시각에 대포를 쏘고 시간을 재는 과정을 반복하였다. 이 과정에는 당시 가장 정확도가 높은 시계인 아놀드 크로노미터가 시간 측정 도구로 사용되었다. 두 조수는 대포가 발사되는 시점에 불빛이 보인 순간부터 대포 소리가 들릴 때까지의 시간을 측정하여 기록하였는데, 정확도를 높이기 위해서 조수들은 각자 측정한 후 상의하지 않고 골딩햄에게 보고하였다. 골딩햄은 조수들의 기록과 연구를 진행했던 날의 기압, 기온, 습도, 풍향, 날씨도 함께 기록하였다. 한편, 그는 화약이 폭발할 때 발생하는 소리의 세기가 음속에 영향을 미치는 또 다른 변수로 작용하는지 확인하기 위해 화약의 양을 다르게 하여 측정을 시행하기도 하였는데, 이를 통해 화약의 양이 음속에 직접적으로 영향을 미치지 않는 것을 알아냈다. 일반적으로 음속은 매질의 물리적 특성에 의해 영향을 받고, 대부분의 경우 공기의 밀도, 온도, 습도 등과 같은 환경 요인에 의해 결정된다.

[문제 2]

〈보기〉는 골딩햄의 연구 과정을 정리한 것이다. 〈보기〉의 ①~③에 들어갈 적절한 말을 제시문에서 찾아 쓰시오.

─── 〈보기〉 ───

연구 과정을 표로 정리하면 다음과 같다.

단계	설명
실험 계획 수립	매일 800회 이상의 대포 소리 이동 시간을 측정하기로 결정
장소 설정 및 실험 장비	실험을 진행할 안전한 장소를 선택 후 대포 발사 장비 및 (　①　)와/과 같은 측정 장비 준비
실험 진행	매일 정해진 시각에 대포를 발사
시간 측정	발사되는 대포의 (　②　)을/를 본 순간부터 대포 (　③　)이/가 들릴 때까지의 시간을 측정하고 기록
환경 요소 기록	실험 결과에 영향을 줄 수 있는 기압, 기온, 습도, 풍향, 날씨 등의 환경 요소를 기록
결과 분석	측정된 데이터를 분석하고 환경 요소 간의 상관관계를 고려하여 음속에 대한 정확한 값을 도출

①: _____

②: _____

③: _____

[문제 3]

〈보기〉는 제시문의 요약문을 작성하기 위해 정리한 것이다. 〈보기〉의 ㉠~㉢ 중 적절한 것 두 개를 찾아 기호를 쓰시오.

─── 〈보기〉 ───

㉠ 화약의 양이 증가하면 대포 소리의 세기가 증가해 음속에 영향을 줄 수 있다.

㉡ 거대한 자본이 투자된 프로젝트가 아니면 다양한 대기 샘플을 얻는 것은 불가능하다.

㉢ 18세기 초의 음속 연구에서 더햄은 바람과 음속 관계는 옳게 판단했으나, 습도와 온도에 대한 연구에서는 오류가 있었다.

㉣ 일반적으로 음속은 공기의 밀도, 온도, 습도 등과 같은 환경 요소에 의해 결정되며, 이는 매질의 물리적 특성에 의해 영향을 받는다.

㉤ 세인트토머스 산에서 마드라스 천문대까지의 경로와 달리 세인트조지 요새에서 마드라스 천문대까지의 경로는 일직선상에 위치하고 있었다.

①: _____

②: _____

[문제 4] 다음 글을 읽고 물음에 답하시오.

> 깨진 그릇은
> 칼날이 된다.
>
> 절제(節制)와 균형(均衡)의 중심에서
> 빗나간 힘,
> 부서진 원은 모를 세우고
> 이성(理性)의 차가운
> 눈을 뜨게 한다.
>
> 맹목(盲目)의 사랑을 노리는
> 사금파리여,
> 지금 나는 맨발이다.
> 베어지기를 기다리는
> 살이다.
> 상처 깊숙이서 성숙하는 혼(魂)
>
> 깨진 그릇은
> 칼날이 된다.
> 무엇이나 깨진 것은
> 칼이 된다.
>
> — 오세영, 「그릇 · 1」

〈보기〉는 해설의 일부이다. 〈보기〉의 ①, ②에 들어갈 적절한 말을 제시문에서 찾아 쓰시오.

──────── 〈보기〉 ────────

「그릇 · 1」에서 화자는 자신의 취약한 상태를 (①)(으)로 표현하고, 위험한 상황에 직면한 자신을 '베어지기를 기다리는 살'로 표현하고 있다. 둥글었던 그릇이 깨지면 칼날로 변하는데, (②)은/는 칼의 날카로운 끝부분을 의미하며, 이것은 상처를 줄 수 있는 공격성을 지닌다. 하지만 이것은 '이성의 차가운 눈을 뜨게' 하므로 '성숙한 존재로 거듭나게 하는 힘'으로 볼 수도 있다. 이 작품은 사물에 대한 인식을 바탕으로 고통과 상처를 통해 성숙해 가는 인간의 모습을 나타내고 있으며, 존재론적 의미를 고찰하고 인간의 실존적 고뇌를 형상화하고 있다.

①: _____

②: _____

[문제 5] 다음 글을 읽고 물음에 답하시오.

인간의 의사소통을 위한 가장 기본적인 도구인 언어는 사회의 발달과 함께 진화해 왔다. 언어는 단순한 기호나 소리의 집합이 아니다. 인간은 언어를 통해 자신의 정체성을 확인하고, 타인과의 관계를 형성하며, 사회적 규범과 가치를 전달한다. 언어는 인간의 사고를 구조화하고, 인식의 틀을 제공하는 역할도 수행한다. 따라서 문화, 역사, 사고방식 등이 포함된 복합적인 체계인 언어를 이해하는 것은 인간의 사고방식과 사회 구조를 이해하는 데 필수적이다. 이러한 언어의 본질은 고정적이면서도 유동적이며, 시대와 문화에 따라 변형되고 발전한다.

춘추 전국 시대는 새로운 질서 형성의 길을 찾아 사상계가 활발한 움직임을 보였던 시기로, 이 시기의 주요 사상가에는 ㉠ 공자, ㉡ 순자, ㉢ 노자, ㉣ 장자가 있다. 이들은 각자의 철학적 입장에서 언어의 개념과 역할, 중요성을 논하였다. 공자는 '정명(正名)'을 강조하며, 언어를 명확하게 사용하는 것이 사회 질서를 바로잡는 데 필수적이라고 보았다. 순자는 사람들 간의 귀천을 밝히고 역할과 책임을 구별하는 언어의 '사회적 기능'을 강조하며, 사회 질서를 유지하는 데 언어가 필요하다고 생각하였다. 반면, 노자는 언어가 대상의 본질을 담을 수 없으며, 본질은 언어로 표현되기 이전의 개념이라고 보았다. 장자는 언어가 상대적으로 유한하기에 대상의 본질을 전달하는 수단에 불과하다고 주장하였다.

공자와 순자는 언어가 사회 질서를 유지하는 데 필수적이라는 점에 동의하였다. 공자는 군신, 부자에게는 그에 어울리는 윤리와 질서가 존재하므로 모든 사회 구성원은 각자의 명분에 맞게 행동해야 올바른 질서가 유지되는 정명 사회가 된다고 주장하였다. 공자의 이러한 정명 사상은 순자에 이르러 더욱 구체적이고 명확한 인식으로 나타난다. 순자는 인간과 동물의 근본적 차이를 '구별하는 능력'으로 보고, 인간이 욕망에 따라 서로 다투는 데서 사회적 혼란이 일어나므로 이러한 문제를 해결하기 위해 언어 개념을 명확히 할 것을 주장하였다.

노자와 장자는 언어에 대해 비판적이고 반권위적인 시각을 가지고 있었다. 이들은 예(禮)를 통해 세상을 교화하려 한 유가의 폐단과 인간의 위선을 고발하며 만물의 근원인 자연으로 돌아갈 것을 역설하였다. 특히, 노자는 언어가 대상의 본질을 제한하고 왜곡할 수 있다고 주장하며, 언어를 통한 표현보다는 직관적 이해를 중시하였다. 반면, 장자는 언어가 본질을 완전히 표현할 수는 없지만, 언어를 통해 상대적 진리를 전달할 수 있다고 생각하였다. 언어의 한계를 인정하면서도 언어를 통해 진리를 추구하는 노력을 중시한 것이다.

이와 같이 다양한 사상가들의 언어 개념에 대한 논의는 언어의 복잡성과 다층적인 역할을 이해하는 데 중요한 단서를 제공한다. 언어는 단순히 의사소통의 도구를 넘어, 인간의 사고와 사회 구조를 형성하는 중요한 요소로써, 시대와 문화를 초월하여 다양한 논의와 해석이 이루어져 왔다. 이러한 논의들은 현대 사회에서도 유효하며, 언어의 중요성을 재조명하는 데 기여하고 있다.

〈보기〉는 제시문을 읽고 내용을 정리한 것이다. 〈보기〉의 ①~③에 들어갈 적절한 말을 제시문에서 찾아 쓰시오.

─────── 〈보기〉 ───────

㉠은 언어의 (①)을/를 중시한 반면, 각자가 자신의 역할에 맞는 언어를 사용해야 사회적 혼란을 피할 수 있다고 보았다. ㉡은 언어의 사회적 기능을 강조하였다. 그는 언어가 사회적 계층과 질서를 유지하는 데 중요한 역할을 한다고 보았으며, 사람들 간의 (②)을/를 밝히고, 서로의 역할과 책임을 명확히 구별할 수 있다고 생각하였다. ㉢은 언어의 한계를 강조하면서도 직관적 이해를 중시하였다. 그는 언어가 대상의 본질을 완전히 표현할 수 없다고 보았으며, 언어를 통한 (③)이/가 더 중요하다고 판단하였다.

①: _____

②: _____

③: _____

| 6~7 | 다음 글을 읽고 물음에 답하시오.

현대 사회는 전통적 가치관이 붕괴되고, 가정이 해체되는 등 기존의 사고방식이 더 이상 통용되지 않는 시대로 평가된다. 공동체주의자들은 기존의 사고방식이 통용되지 않게 된 책임을 개인의 자아를 임의대로 이해한 자유주의자들에게 돌렸다. 자유주의자들이 개인주의적 입장에서 자유를 그 어떤 가치보다 우선시하였고, 선택의 자유를 추구하였다. 아울러 이들은 작은 정부를 지향하면서 국가는 군사적·정치적·경제적 중립성을 유지해야 한다고 주장하였다. 반면, 공동체주의자들은 자유는 '자치에 대한 참여'로 이어져야 한다고 생각하였다. 자치에 대한 참여는 국가나 지역 내에서 시민들이 정치적·사회적·경제적 다양한 결정에 참여하는 것을 의미한다. 이는 공동선을 추구하려는 노력의 일환이자 미래 사회의 가장 합리적인 선택을 위한 참여 과정이다. 그러나 자치에 대한 참여를 하기 위해서는 먼저 시민으로서의 자질을 갖추어야 하는데, 시민으로서의 자질은 개인의 힘으로 갖추는 데는 한계가 있다. 따라서 개인이 시민의 자질을 습득할 수 있도록 국가가 적절한 역할을 수행해야 한다. 이와 같은 이유로 공동체주의자들은 국가는 중립적인 위치일 수는 없다고 말한다.

현대의 공동체주의 대표 학자인 샌델은, 개인을 공동체에서 분리하여 독립적인 자아로 인식하고 있는 자유주의자들이 공동체의 구성원으로서 수행해야 하는 책무를 인정하지 않고 이를 자신과는 관련이 없는 일로 생각한다고 보았다. 이러한 관점에서 샌델은 자유주의자들의 자아 인식은 개인의 자유는 지킬 수 있을지언정 공동체의 자유는 지킬 수 없을 것이라고 비판하였다. 이와 같은 비판에 대해 자유주의자들은 자아는 사적 자아와 공적 자아로 나뉘고, 공적 영역에서 요구되는 역할에 대해서는 공적 자아의 정체성이 발현되므로 개인은 상호 존중에 기반하여 충분히 협력적인 관계로 살아갈 수 있다고 주장하였다. 이는 정치적 영역에 한해서는 특정 철학이나 가치관에 얽매이지 않고 민주주의 방식을 통한 합의가 가능하다고 말하는 롤스의 주장과 맥을 같이한다. 하지만 샌델은 사회 구성원들은 서로 다른 가치관과 신념을 가지고 있으므로, 이를 조율하는 정치적 문제에는 특정 도덕적·철학적 가치관이 개입될 수밖에 없다고 보았고, 따라서 정치적 문제는 합의에 의해 민주적 결정이 가능하다는 자유주의자들의 입장은 한계가 있다고 보았다.

자유주의자들의 견해에 대해 공동체주의자들은 "자유주의자들이 강조하는 개인의 자유와 다수가 자유를 누리기 위해 필요한 문화적 전통과 관행을 보호하는 일이 병존하는 것은 가능한가?"라는 질문을 던진다. 자유는 분명 개개인이 원하는 방향으로 삶을 영위하는 데에 필수적인 요소이다. 그러나 각자가 원하는 삶의 방향은 다르므로 개인이 추구하는 자유 역시 동일하지 않다. 하지만 사람들이 영위하는 삶은 '문화적 전통과 관행'으로 유기적으로 연결되어 있는데, 이러한 문화적 전통과 관행의 명맥이 이어지기 위해서는 사회적 지원이 필요하다. 그러나 자유주의자들은 개별적인 자율성을 높게 평가하기에 특정 문화와 전통을 지원하는 것은 형평을 그르치는 일이라고 보고, 문화적 전통과 관행을 보호하기 위한 지원이 필요하다는 공동체주의자들의 의견에 반대한다.

[문제 6]

〈보기〉는 제시문을 읽고 요약한 내용이다. 〈보기〉의 ①, ②에 들어갈 적절한 말을 제시문에서 찾아 쓰시오.

〈보기〉

	추구하는 가치	국가의 중립성에 대한 입장
(①)	– 개인의 선택의 자유 중시 – 상호 존중에 기반한 협력 도모 가능 주장	국가의 중립성 유지 찬성
(②)	– 자치에 대한 참여 필요성 강조 – 시민적 자질 습득을 위한 국가의 역할 강조	국가의 중립성 유지 반대

①: _____

②: _____

[문제 7]

〈보기〉는 제시문을 읽고 내용을 정리한 것이다. 〈보기〉의 ⓐ, ⓑ는 제시문의 내용과 일치하지 않는다. ⓐ, ⓑ를 올바르게 수정하려고 할 때, 적절한 말을 제시문에서 찾아 쓰시오.

〈보기〉

- 샌델은 사회 구성원들의 다양한 가치관을 포용하는 것이 국가의 역할이지만, 공공선을 유지하기 위해서는 특정 가치관의 ⓐ 배제는 필연적이라고 주장한다.
- 샌델은 자유주의자들이 주장하는 개인의 자유와 공동체의 유대를 ⓑ 융합하여, 공공의 과제에 대한 참여를 회피하는 현상을 지적하였다.

① ⓐ를 올바르게 수정한 것: _____

② ⓑ를 올바르게 수정한 것: _____

[문제 8] 다음 글을 읽고 물음에 답하시오.

(가)
마음이 어린 후이니 하는 일이 다 어리다
만중운산(萬重雲山)에 어느 님 오리마는
지는 잎 부는 바람에 행여 그인가 하노라

– 서경덕

(나)
연(蓮) 심어 실을 뽑아 긴 노끈 비비어 걸었다가
사랑이 그쳐갈 제 찬찬 감아 매오리다
우리는 마음으로 맺었으니 그칠 줄이 있으랴

– 김영

(다)
마음이 지척이면 천리라도 지척이오
마음이 천리오면 지척도 천리로다
우리는 각재(各在) 천리오나 지척인가 하노라

– 작자 미상

(라)
가슴에 구멍을 둥시렇게 뚫고 왼새끼*를 눈 길게 너슷너슷* 꼬아
그 구멍에 그 새끼줄 넣고 두 놈이 두 끝 마주 잡아 이리로 훌근 저리로 훌적 훌근훌적 할 적에는 나나 남이나 다 그는 아무쪼록 견디려니와
아마도 임 여의고 살라면 그는 그리 못하리라

– 작자 미상

* 왼새끼: 왼쪽으로 꼰 새끼.
* 너슷너슷: 느슨하게.

〈보기〉는 문학 작품의 표현상 특징에 대한 설명이다. 제시문 (가)~(라) 중 〈보기〉의 ①, ②에 들어갈 적절한 작품 찾아 기호로 쓰시오.

〈보기〉

문학 작품 속에서 반복적으로 나타나거나 연속적으로 이어지는 행동은 여러 가지 의미를 가진다. 이를 통해 작가는 시적 화자나 시적 대상의 인내심과 충실한 모습을 드러내기도 하고, 시적 대상에 대한 영원한 사랑과 깊은 신뢰를 보여 주기도 한다. 특정 행위를 지속하기 위해 끊임없이 노력하고 있다는 점을 드러내어 어떠한 유혹에도 흔들리지 않는 결의를 나타내기도 하며 반복되는 행동은 시간의 흐름과 변화를 초월하여, 사랑이 영원히 계속되기를 희망하는 마음의 표현으로 볼 수 있다. 따라서 (①)와 (②)는 모두 유사한 행동을 반복하며, 임과의 사랑이 지속되기를 바라는 마음을 표현하고 있다.

---

①: _____

②: _____

[문제 9]

〈보기〉는 음운 변동에 대한 학습 활동이다. ①, ②에 일어나는 음운 현상을 〈보기〉에서 찾아 모두 쓰시오.

〈보기〉

우리말의 음운 변동에는 유음화, 비음화, 구개음화, 자음군 단순화, 'ㅎ' 탈락, 'ㄴ' 첨가, 된소리되기, 거센소리되기 등이 있다. ①, ②를 발음할 때 일어나는 음운 변동을 알아보자.

| ① 광한루, ② 굳히다 |

---

①: _____

②: _____ , _____

수학

[문제 10]

함수 $f(x) = \log_3 x$의 역함수를 $g(x)$라 하자. 그림과 같이 이 함수 $y = f(x)$의 그래프 위의 점 A와 함수 $y = g(x)$의 그래프 위의 점 B에 대하여 직선 AB와 직선 $y = x$가 수직으로 만난다. 점 B의 y좌표가 27일 때, 삼각형 OAB의 넓이를 구하는 과정을 서술하시오. (단, O는 원점이다.)

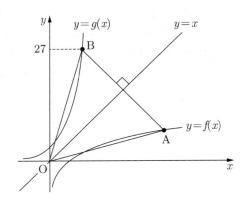

[문제 11]

그림과 같이 중심이 O이고 중심각의 크기가 θ인 부채꼴 OAB가 있다. 반직선 AO의 연장선 위에 $\overline{OA} = 4\overline{OC}$가 되도록 점 C를 잡는다. 부채꼴 OAB의 넓이가 삼각형 COB의 넓이의 12배일 때, $\dfrac{\theta}{\sin\theta}$의 값을 구하는 과정을 서술하시오. (단, $0 < \theta < \pi$)

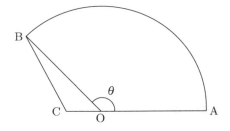

[문제 12]

수열 $\{a_n\}$의 첫째항부터 제n항까지의 합을 S_n이라 하자. 두 수열 $\{a_n\}$, $\{S_n\}$이 다음 조건을 만족시킬 때, $25 \times a_{21} \times a_{22}$의 값을 구하는 과정을 서술하시오.

(가) $S_1 = 2$, $S_2 = 5$, $S_{20} = 10$, $S_{22} = 13$
(나) $\displaystyle\sum_{k=1}^{20} \dfrac{a_{k+2} - a_k}{a_k a_{k+2}} = -\dfrac{1}{6}$

[문제 13]

함수 $f(x)=(x-1)^3(x-5)$에 대하여 함수 $g(x)=\begin{cases} ax^2+bx+c & (\{x|x는\ f(x)\le 0\}) \\ \dfrac{dx+1}{x-1} & (\{x|x는\ f(x)>0\}) \end{cases}$ 이 실수 전체의 집합에서 연속

이고 함수 $g(x)$의 최댓값이 19일 때, 다음은 $g(2)$의 값을 구하는 과정이다. 빈칸에 알맞은 문자나 수식을 써넣어 풀이 과정을 완성하시오. (단, a, b, c, d는 상수이다.)

부등식 $f(x)\le 0$을 만족하는 x의 값의 범위는 $\boxed{①}$ $\le x \le$ $\boxed{②}$ 이고,

$f(x)>0$을 만족하는 x의 값의 범위는 $x<$ $\boxed{①}$ 또는 $x>$ $\boxed{②}$ 이다.

따라서 함수 $g(x)$는

$g(x)=\begin{cases} ax^2+bx+c & (\ \boxed{①}\ \le x \le\ \boxed{②}\ ) \\ \dfrac{dx+1}{x-1} & (x<\ \boxed{①}\ ,\ x>\ \boxed{②}\ ) \end{cases}$

함수 $g(x)$가 실수 전체의 집합에서 연속이므로

$\displaystyle\lim_{x\to \boxed{①}^-} g(x)=g(\boxed{①}),\quad \lim_{x\to \boxed{②}^+} g(x)=g(\boxed{②})$

$\displaystyle\lim_{x\to \boxed{①}^-} g(x)=\lim_{x\to \boxed{①}^-}\frac{dx+1}{x-1}=a+b+c$에서 $x\to \boxed{①}-$일 때 (분모)$\to 0$이고 극한값이 존재하므로 (분자)$\to 0$이어야 한다.

즉, $\displaystyle\lim_{x\to \boxed{①}}(dx+1)=\boxed{③}$에서 $d=\boxed{④}$

$x<\boxed{①}$ 또는 $x>\boxed{②}$에서 $g(x)=\dfrac{\boxed{④}\,x+1}{x-1}=\boxed{⑤}$

따라서 $g(1)=g(5)$이고, $\boxed{①}\le x \le \boxed{②}$에서 $g(x)$는 이차함수이므로 $x=\boxed{⑥}$에 대칭이다.

한편, 닫힌구간 $[1,\ 5]$에서 $g(1)=g(5)=\boxed{⑤}$이므로

$g(x)=a(\boxed{⑦})(\boxed{⑧})+\boxed{⑤}$라 할 수 있다.

이때 함수 $g(x)$의 최댓값이 19이므로 $a=\boxed{⑨}$

따라서

$g(x)=\begin{cases} \boxed{⑨}(\boxed{⑦})(\boxed{⑧})+\boxed{⑤} & (\boxed{①}\le x \le \boxed{②}) \\ \boxed{⑤} & (x<\boxed{①},\ x>\boxed{②}) \end{cases}$

이므로 $g(2)=\boxed{⑩}$

[문제 14]

양의 실수 x에 대하여 부등식

$$2\left(x^3+\frac{1}{x^3}\right)-48\left(x+\frac{1}{x}\right)+116>n$$

을 만족시키는 모든 자연수 n의 값의 합을 구하는 과정을 서술하시오.

[문제 15]

삼차함수 $f(x)=\frac{2}{3}x^3+\frac{1}{2}ax^2+bx$ 가 $x=1$에서 극솟값을 갖고, $4\displaystyle\int_{-1}^{1}f(x)dx+5\int_{-1}^{1}xf(x)dx=0$ 일 때, $f(3)$의 값을 구하는 과정을 서술하시오.

가천대학교

제6회 실전 모의고사

지원 학과 : _____

성   명 : _____

문항 수	총 15 문항 (국어 9, 수학 6)	배점	각 문항 10점
시험 시간	80분	총점	150점 + 850점 (기본 점수)

제**6**회 인문 **실전 모의고사**

국어

[문제 1] 제시문 (가)는 시정 소식지에 실린 글이고, 제시문 (나)는 소식지 발행 이후에 개최된 협상이다. 물음에 답하시오.

(가)

시정 소식지 8월호(발행일: 20△△. 8. 1.)

신설 주민 복지 센터의 공간 활용을 위한 의견 수렴 실시

우리 시에서는 새로 건립되는 주민 복지 센터의 공간 활용 방안에 대해 Y동과 Z동 주민들을 대상으로 의견 수렴을 실시한다. 이번 의견 수렴은 사전에 선정된 몇 가지 방안에 대한 주민들의 선호도 파악을 목적으로 하며, 8월 9일부터 16일 사이에 시청 누리집 '시민 게시판'에 접속해서 참여할 수 있다.

지금까지 Y동과 Z동은 인근 세 개의 동과 주민 복지 센터를 함께 이용해 왔다. 그러나 Y동과 Z동은 다른 동들에 비해 기존의 주민 복지 센터와의 거리가 멀어서 이용에 어려움이 있었다. 또한, 해당 두 동의 인구 증가로 현재의 주민 복지 센터로는 이용량을 감당하기 힘든 실정이다. 게다가 현재로서는 기존 주민 복지 센터를 확장하는 것이 불가능한 상황이다. 이러한 문제들 때문에 시청에서는 두 동을 위한 주민 복지 센터 신설을 추진해 왔다.

건립을 추진하면서 시청에서 Y동의 부지 한 곳과 Z동의 부지 한 곳을 후보지로 뽑자, 둘 중 어느 곳이 건립 부지로 더 적절한지에 대해 주민들 간에 의견 차이가 발생하기도 하였다. 이에 시에서는 양측의 주민 대표와 함께 첫 협상의 자리를 가졌고, 부지의 면적, 인구 규모를 고려하여 Z동 부지에 새 주민 복지 센터를 건립하기로 결정하였다. 양보를 한 Y동 주민들을 위해서는 새 주민 복지 센터로 연결되는 버스 노선을 신설하기로 하였다.

시는 3층 규모의 해당 센터를 노인 복지 공간(1층), 육아 지원 공간(2층)으로 구성할 예정이다. 주민의 요구가 다양한 3층 공간은 의견 수렴을 통해 도서관, 주민 영화관, 체육 시설 중 주민 선호도를 파악하여 활용 방안을 결정한다. 두 동의 의견 수렴 결과가 불일치할 경우에는 이달 30일에 후속 협상을 진행하여 3층 공간 활용 방안을 결정할 계획이며, 의견 수렴 결과는 두 동 대표에게 전달된다.

(나)

시청 담당자: 오늘은 Z동에 신축할 주민 복지 센터 3층 공간 활용에 대해 협상을 진행하겠습니다. 첫 협상에 이어 후속 협상에도 참여해 주신 Y동 대표님과 Z동 대표님께 감사드립니다.

Y동 대표: 우리 동은 학령인구의 비율이 높지만 아이들이 책을 읽고 공부할 수 있는 공간이 부족합니다. 그래서 도서관 건립을 지속적으로 건의해 왔습니다. 시청의 선호도 조사에서도 우리 동 주민들의 1순위는 도서관이었습니다. Z동에 주민 복지 센터가 지어지는 만큼 3층 공간에 대해서는 우리 동의 의견을 따라 주시면 좋겠습니다.

Z동 대표: 우리 동에서도 도서관을 선호하는 의견은 있었습니다. 하지만 우리 동은 중장년층 인구 비율이 높아 체육 시설의 필요성이 더 큽니다. 선호도 조사에서도 체육 시설을 가장 선호하는 것으로 나타났습니다. 이 점을 고려하여 체육 시설을 마련하면 좋겠습니다.

Y동 대표: 저희도 Z동의 상황을 알고 있습니다. 현재 진행 중인 저희 동의 체육 시설 확장 공사가 마무리되면 Z동의 중장년층 주민들도 편리하게 이용할 수 있을 것입니다. 그러니 주민 복지 센터에 도서관을 만들면 두 동에 필요한 시설을 다 갖추게 되어 모두에게 이득이 되지 않을까요?

Z동 대표: 물론 두 시설을 다 이용할 수 있으면 좋습니다. 하지만 Y동의 체육 시설과 우리 동 사이의 거리가 멀고 교통편도 불편합니다. 주민 복지 센터로 연결되는 신설버스 노선이 체육 시설에도 연결되도록 조정하는 추가 조치도 있어야 합니다.

시청 담당자: 그 문제는 버스 회사와 협의해야 하는 문제이고, 조정도 쉽지 않습니다.

Z동 대표: 그러면 체육 시설을 통한 수익 증가가 예상되는 Y동에서 비용을 부담해 주시는 것은 어떻습니까?

Y동 대표: 이번 협상을 준비하면서 우리 동에서 양보할 수 있는 부분에 대해 주민들과 의견을 나누었습니다. 우리 체육 시설에서 운영하는 무료 셔틀버스를 Z동까지 운행하는 것은 가능합니다.

Z동 대표: 그뿐만 아니라 Y동의 체육 시설 이용료는 기존 복지 센터 내 체육 시설 이용료보다 비쌉니다. Y동 입장에서는 이용자 증가로 더 큰 수익을 얻을 수 있지만, 우리 동 주민들은 체육 시설 이용에 대한 부담이 더 커질 것이므로 요금에 대한 부담을 낮춰 주십시오.

Y동 대표: 도서관을 설치하는 것에 동의해 주신다면 Z동 주민에게 우리 동 주민과 동일한 수준의 요금 할인을 적용하겠습니다.

Z동 대표: 네, 동의하겠습니다.

시청 담당자: 그럼 3층에 도서관을 설치하는 것으로 협상이 타결되었습니다. 세부 추진 방법은 차후에 논의하겠습니다. 참여해 주셔서 감사합니다.

〈보기〉는 협상에 사용되는 협상 전략에 대한 설명의 일부이다. 〈보기〉의 ㉠, ㉡이 반영된 문장을 제시문에서 찾아 각각의 첫 어절과 마지막 어절을 순서대로 쓰시오.

─── 〈보기〉 ───

일반적으로 협상은 '시작 단계-조정 단계-해결 단계'를 거친다. 시작 단계에서는 양측이 구체적인 요구 사항을 제시한다. 그 후 현실적인 문제와 서로의 우선순위를 고려하여 조정하는 단계를 거치게 된다. 특히 조정 단계에서는 자신의 의견만을 고집하기보다는, ㉠ 서로의 의견이 최대한 고루 반영될 수 있도록 양보하며 해결 방안을 찾게 된다. 이렇게 ㉡ 상대방의 요구 사항을 수용하고, 나의 요구 사항도 타결시키며 입장 차이를 조정해 결국 문제를 해결하는 것이다.

㉠ 첫 어절: _____, 마지막 어절: _____

㉡ 첫 어절: _____, 마지막 어절: _____

|2~3| 다음 글을 읽고 물음에 답하시오.

현대 사회는 디지털 기술의 비약적인 발전으로 인해 언제 어디서나 인터넷에 접속할 수 있는 초연결 사회로 진입하였다. 초연결 사회는 언제 어디서나 쉽게 정보에 접근할 수 있는 환경을 조성한다. 이러한 환경은 우리의 일상생활을 편리하게 해주는 등 장점이 있지만, 동시에 여러 부정적인 영향도 미칠 수 있다. 디지털 미디어의 과도한 사용은 집중력의 약화를 초래하고, 우리의 사고를 단편적으로 만들 위험이 있다. 또한, 디지털 미디어는 정보의 과부하를 초래하여 중요한 정보를 선별하고 이해하는 데 어려움을 겪게 만들고, 비판적 사고력과 창의적 문제 해결 능력과 창의적 사고를 저해하는 원인이 되기도 한다. 이러한 문제점들로 인해 디지털 기기에 대한 의존성이 높아지면, 개인의 자립성이 저하될 수 있으며, 이는 결국 개인의 성장과 발전을 방해할 수 있다. 일각에서는 초연결 사회에서 현대인이 겪는 다양한 문제를 해결하기 위한 방법의 하나로 책 읽기를 제안하는 움직임이 있다.

디지털 미디어는 주로 간결하고 즉각적인 반응을 유도하는 콘텐츠를 제공하는데, 이는 독자의 깊이 있는 분석과 사고를 방해하고 집중력을 약화시킨다. 반면, 장편 소설과 같이 긴 글을 읽을 때 독자는 다양한 인물과 사건을 기억하고, 이를 바탕으로 전체 이야기를 이해해야 한다. 이는 자연스럽게 독자의 집중력을 길러주며, 이렇게 길러진 집중력은 업무 효율성을 높이고, 학습 능력을 향상시키는 등 다른 활동에도 긍정적인 영향을 미친다. 또한, 책을 읽으며 독자는 타인의 감정과 경험을 이해하게 되고, 이를 통해 공감하는 능력을 향상할 수도 있다.

철학 서적이나 역사책을 읽는 과정에서 다양한 관점과 이론을 접하게 되는 독자는 저자가 제공하는 정보와 지식을 바탕으로 자신만의 관점을 형성할 수 있다. 그리고 이렇게 형성한 관점을 토대로 자신의 사고를 더욱 깊이 있고 폭넓게 발전시킬 수 있다. 이는 현대 사회에서 독립적이고 비판적인 사고를 하는 데 중요한 역할을 한다.

현대인들은 스스로 문제의 해결 방안을 찾거나 대안을 모색하기보다는 인터넷을 통해 즉각적으로 답을 찾으려고 하는 경향이 강하다. 이는 개인의 독립성을 저하시킬 뿐만 아니라 창의적 사고를 방해한다. 그러나 책 읽기는 디지털 미디어에 대한 의존적인 성향을 극복하는 데 큰 도움을 줄 수 있다. 책을 읽는 과정에서 독자는 다양한 정보를 종합하여 판단하는 능력과 주체적인 사고력을 기를 수 있다. 또한, 책을 읽는 과정은 독자로 하여금 자신의 생각을 정리하고, 논리적으로 표현할 수 있도록 돕는다. 이는 디지털 미디어에 대한 의존성을 낮추고, 문제 해결 능력을 고양하며 개인의 자립성을 높이는 데 도움이 된다.

책 읽기는 단순한 취미를 넘어서 현대 사회의 다양한 문제를 해결할 수 있는 강력한 도구이다. 초연결 사회가 내포하고 있는 문제점을 해결하기 위해서는 디지털 미디어와 자발적으로 거리를 두고 책을 통해 문제를 해결해 나가는 것이 중요하다. 이는 개인의 삶의 질을 높일 뿐만 아니라 사회 전반에 긍정적인 영향을 미칠 것이다. 책 읽기를 통해 공감하고, 사고하고, 집중하며, 자립적인 인간으로 성장하는 길을 선택하는 것은 현대 사회에서 우리가 할 수 있는 가장 현명한 선택 중 하나일 것이다.

[문제 2]

〈보기〉는 제시문에 대한 해설의 일부이다. 〈보기〉의 ①, ②에 들어갈 적절한 말을 제시문에서 찾아 쓰시오. (②는 2 어절로 작성할 것)

─────── 〈보기〉 ───────

초연결 사회는 많은 편리함을 제공하지만, 동시에 집중력을 약화시키고 (①) 성향이 되도록 하는 등의 부정적인 영향을 미친다. 책 읽기는 이러한 문제를 해결하기 위한 집중력과 (②)을/를 길러준다.

①: _____

②: _____

[문제 3]

〈보기〉는 제시문의 요약문을 작성하기 위해 정리한 것이다. ㉠~㉤ 중 적절하지 <u>않은</u> 것 세 개를 찾아 기호를 쓰시오.

─────── 〈보기〉 ───────

㉠ 현대 사회는 디지털 기술의 발전으로 인해 초연결 사회가 되었다.
㉡ 책 읽기는 현대인들이 겪는 다양한 문제를 해결하는 데 중요한 역할을 한다.
㉢ 디지털 미디어는 현대인의 사고력을 다각도로 증진시키며 집중력을 향상시킨다.
㉣ 책 읽기와 디지털 미디어의 상호 보완을 통해 개인의 자립성을 증진시킬 수 있다.
㉤ 초연결 사회는 다양한 매체를 활용함으로써 사람들에게 문제 해결 능력과 공감 능력을 길러 준다.

①: _____

②: _____

③: _____

| 4~5 | 다음 글을 읽고 물음에 답하시오.

대중 사회란 무엇인가? 대중 사회는 현대 산업 사회의 산물로, 대규모로 조직된 사회 체계 속에서 개인이 익명성과 고립성을 경험하는 사회를 의미한다. 리스먼은 그의 저서에서 미국 사회를 대상으로 대중 사회를 심층적으로 분석하였다. 그는 현대 미국 사회가 거대한 군중의 모습을 띠고 있으면서도 동시에 고독한 개인들로 이루어져 있다고 말한다. 이러한 이중성은 대중 사회의 본질적인 특징 중 하나이다. 대중 사회는 개인이 사회적 규범과 타인의 시선에 지배받는 구조를 가지며, 이는 개인의 자율성을 침해하고 불안을 야기한다. 리스먼의 분석에 따르면, 대중 사회에서 개인은 혼자일 때는 고독을 느끼지만, 군중 속에서는 오히려 더 큰 소외감을 느끼게 된다. 리스먼은 이러한 대중 사회의 이중성이 현대인의 정신적·사회적 문제의 근원이 된다고 지적한다.

리스먼은 역사적 단계와 함께 나타나는 사회적 유형을 전통 지향적인 사회, 내면 지향적인 사회, 타인 지향적인 사회로 구분하고, 각각의 특성과 장단점에 대해 설명하였다. 전통 지향적인 사회에서는 과거의 전통과 관습이 개인의 행동과 사고를 지배한다. 이러한 사회에서 개인은 전통적 규범과 가치에 따라 행동하며, 이는 사회의 안정성과 연속성을 유지하는 데 기여한다. 그러나 개인의 창의성과 자율성은 제한된다.

내면 지향적인 사회에서는 개인의 내면적 신념과 양심이 중요한 역할을 한다. 이러한 사회에서는 사람들이 자신의 내면적 기준과 도덕적 원칙에 따라 행동하며, 자율성과 독립성을 중시한다. 내면 지향적인 사회는 개인의 자율성과 창의성을 촉진하지만, 사회적 일체감은 약화될 수 있다. 따라서 개인이 자신의 내면적 신념에 따라 행동하면서도 사회적 조화를 이루는 것이 중요한 과제가 된다.

타인 지향적인 사회에서는 개인이 타인의 시선과 평가에 끊임없이 신경 쓰며 이에 따라 행동을 조절한다. 타인 지향적인 사회에는 사회적 일체감은 강화되지만, 타인의 기대와 사회적 기준에 부응하려는 경향이 강해지는데, 이는 개인의 자율성과 독립성을 저해한다. 또한, 개인이 자신의 내면적 신념보다 타인의 평가에 더 큰 비중을 두게 되는데, 이는 개인의 불안과 스트레스를 증가시키며, 자아 정체성을 약화시킨다. 타인의 시선을 의식하며 살아가는 현대인은 자신의 진정한 욕구와 가치를 발견하기 어렵게 되고, 이는 개인의 정신적 건강에도 부정적인 영향을 미친다.

현대 사회는 타인 지향적인 사회의 특징을 보인다. 리스먼은 이러한 사회 구조가 개인의 자율성과 독립성을 약화시키며, 인간관계의 본질을 왜곡시킨다고 지적한다. 타인의 시선에 끊임없이 신경 쓰는 현대인은 자신의 내면적 신념과 가치를 무시하게 되고, 이는 결국 자신의 삶에 대한 주체적인 통제력을 잃게 만든다. 타인 지향적인 사회에서는 개인의 행동이 타인의 기대와 사회적 기준에 의해 결정되기 때문에, 사람들은 자신의 진정한 욕구와 필요를 발견하기 어렵다. 이는 개인의 삶에 대한 만족도와 행복감을 저하시킨다. 또한, 타인의 평가에 의존하는 사람들은 자주 불안을 느끼는데, 이는 스트레스의 주요 원인이 된다. 이러한 문제는 현대 사회에서 점점 더 심각해지고 있다.

리스먼은 타인 지향적인 사회의 문제점을 해결하기 위해 자율형 인간성의 중요성을 강조한다. 자율형 인간성은 개인이 자신의 내면적 신념과 가치를 존중하고, 타인의 시선에 의존하지 않으며, 자신의 삶에 대한 주체적인 통제력을 가지는 것을 의미한다. 자율형 인간성은 현대 사회에서 개인의 정신적 건강과 삶의 질을 향상시키는 데 중요한 역할을 한다. 인간의 고유성을 회복하기 위해서는 개인이 자신의 내면적 신념과 가치를 발견하고, 이를 바탕으로 행동하는 것이 필요하다. 이는 자아 정체성을 확립하고, 삶에 대한 주체적인 통제력을 가지는 데 도움이 된다. 리스먼의 분석은 현대 사회에서 타인의 시선에 집착하며 자율성을 상실하는 문제를 지적하고, 인간의 고유성을 회복하는 방향으로 나아가야 한다는 중요한 메시지를 전달한다. 이는 현대 사회의 문제를 해결하고, 보다 건강한 사회로 나아가는 데 있어 중요한 시사점을 제공한다.

[문제 4]

〈보기1〉에서 학생 A, B, C는 타인 지향적인 사회와 관련된 발표 수업을 준비하고 있다. 이를 참고하여, 〈보기2〉의 ①, ②에 들어갈 적절한 말을 제시문에서 찾아 쓰시오. (②는 2어절로 작성할 것)

〈보기1〉

학생 A: 소셜 미디어에서 인기 있는 사진을 찍기 위해 끊임없이 노력하는 사람들. 이들은 다른 사람들의 '좋아요'와 댓글에 신경 쓰며, 타인의 시선에 맞추어 자신의 행동을 조절한다.

학생 B: 학업 성취도보다 친구들의 평가와 인기 여부에 더 신경 쓰는 학생들. 이들은 시험 성적보다는 친구들의 반응에 더 큰 비중을 두고, 친구들의 기대에 부응하려고 노력한다.

학생 C: 직장에서 상사의 평가와 동료들의 인정을 받기 위해 자신의 의견을 억누르고, 회사의 규범에 맞추어 행동하는 직원들. 이들은 자율적으로 생각하고 행동하기보다는 타인의 평가에 의존한다.

〈보기2〉

A, B, C 학생이 조사한 사례는 모두 타인의 시선과 평가에 끊임없이 신경 쓰며, 이에 따라 행동을 조절하는 모습을 보인다. 이들은 소셜 미디어에서 타인의 '좋아요'와 같은 타인의 평가에 (①)하는 모습을 보인다. 타인에 의해 자신의 의견을 억누르면 불안과 스트레스는 증가하고 개인의 (②)은/는 저해되며 자아 정체성은 약화된다.

---

①: _____

②: _____

[문제 5]

〈보기〉는 제시문을 읽고 요약한 내용이다. 〈보기〉의 ①~③에 들어갈 적절한 말을 제시문에서 찾아 쓰시오.

〈보기〉

	전통 지향적인 사회	내면 지향적인 사회	타인 지향적인 사회
행동의 기준	(①)	개인의 내면적 신념과 양심	(②)
장점	사회의 안정성과 연속성 유지	자율성과 창의성 촉진	사회적 일체감 강화
단점	개인의 창의성과 자율성 제한	(③)	불안과 스트레스 증가

---

①: _____

②: _____

③: _____

[문제 6] 다음 글을 읽고 물음에 답하시오.

연역법과 귀납법은 철학적 논증의 대표적인 두 가지 방법이다. 연역법은 일반적인 원리나 법칙으로부터 특정한 결론을 도출하는 방식이다. '모든 사람은 죽는다. 소크라테스는 사람이다. 따라서 소크라테스는 죽는다.'와 같은 형태의 논증을 예로 들 수 있다. 연역법은 경험에 의하지 않고 논리상 필연적인 결론을 내게 하는 것으로, 하나 또는 둘 이상의 명제를 전제로 하여 명확히 규정된 논리적 형식에 의해 새로운 명제를 결론으로 이끌어 낸다. 이처럼 세 단계를 거치기 때문에 '삼단 논법'이라고도 한다. 연역법의 강점은 논리적 일관성과 확실성이다. 만약, 전제가 참이라면 결론도 반드시 참이 된다. 반면, 귀납법은 특정 사례들로부터 일반적인 결론을 도출하는 방식이다. 예를 들어, '이 백조는 하얗다. 저 백조도 하얗다. 그러므로 모든 백조는 하얗다.'와 같은 논증이다. 귀납법의 강점은 경험적 데이터를 바탕으로 새로운 지식을 생성할 수 있다는 점이다. 그러나 귀납법은 전제가 결론의 필연성을 논리적으로 확립해 주지 못한다는 한계를 지닌다. 귀납적 추리는 근본적으로 관찰과 실험에서 얻은 부분적이고 특수한 사례를 근거로 전체에 적용시키는 이른바 '귀납적 비약'을 통해 이루어진다. 따라서 귀납에서 얻어진 결론은 필연적인 것이 아니라 단지 일정한 개연성을 지닌 일반적 명제 내지는 가설에 지나지 않는다. 따라서 모든 사례를 관찰하지 않는 한 절대적인 확실성을 가질 수 없다. 이러한 귀납법의 한계를 극복하기 위해 베이컨은 새로운 귀납법을 구상하게 된다.

베이컨은 기존의 귀납법과 같이 단순히 여러 사례를 나열하고 그로부터 일반적인 결론을 도출하는 방식으로는 충분히 신뢰할 수 있는 과학적 지식을 얻을 수 없다고 보았다. 따라서 베이컨은 더 복잡하고 정교한 논리 과정을 통해 참의 정도를 강화하고자 하였다. 베이컨이 새로운 귀납법을 구상하게 된 배경에는 그의 경험주의 철학이 자리하고 있다. 그는 자연 현상에 대한 관찰과 실험을 통해 새로운 지식을 얻고자 하였으며, 이를 위해 기존의 논증 방법을 개선할 필요성을 느꼈다. 베이컨은 연역법이 새로운 지식을 창출하는 데 한계가 있다고 보았으며, 귀납법을 통해 더 많은 경험적 데이터를 바탕으로 일반적인 법칙을 도출할 수 있다고 믿었다. 베이컨은 새로운 논증 방식을 열의 개념을 도출하는 연구에 도입하였다. 그는 우선 '동물의 몸에서 열이 발생한다'는 사례를 통해 열의 개념을 구체화하였다. 그는 이 사례를 바탕으로 열의 증감 성질을 비교하고, 열의 성질에서 제외할 요소들을 분석하여 열의 범위를 좁혀 나갔다. 그리고 다양한 사례를 분석하고 비교함으로써 열의 본질을 파악하고자 하였다. 그다음 동물의 몸, 태양, 불 등 다양한 열의 발생 원인을 분석하고, 이들 간의 공통점을 찾아내어 열의 개념을 정의하였다. 이를 통해 베이컨은 단순한 귀납적 접근법보다는 더 정교한 방법을 통해 참에 가까운 결론을 도출할 수 있었다. 이는 그의 새로운 귀납법이 가지는 강점을 잘 보여준다.

베이컨이 제시한 새로운 귀납법은 기존의 귀납법에 비해 여러 가지 우수성을 가지고 있다. 첫째, 그의 새로운 귀납법은 단순히 사례를 나열하는 것이 아니라, 더 복잡한 논리 과정을 통해 참의 정도를 강화한다. 이는 귀납법이 가지는 확률적 한계를 극복하고, 더 신뢰할 수 있는 결론을 도출할 수 있게 한다. 둘째, 경험적 데이터를 바탕으로 새로운 지식을 창출하는 데 유용하다. 베이컨은 자연 현상에 대한 관찰과 실험을 통해 데이터를 수집하고, 이를 바탕으로 일반적인 법칙을 도출하였다. 이는 과학적 방법론의 기초를 마련한 것으로 평가된다. 셋째, 과학적 탐구의 중요성을 강조한다. 그는 자연 현상에 대한 철저한 관찰과 실험을 통해 새로운 지식을 얻고자 하였으며, 이를 위해 기존의 논증 방법을 개선하고자 하였다. 이는 현대 과학의 기본 원칙 중 하나인 경험주의의 기초를 마련한 것으로 볼 수 있다. 그의 새로운 귀납법은 과학적 방법론의 발전에 중요한 기여를 하였으며, 오늘날에도 여전히 중요한 의미를 가지고 있다. 베이컨의 업적은 그의 철학적 사상과 과학적 탐구가 어떻게 상호 작용하여 새로운 지식을 창출하는 데 기여할 수 있는지를 잘 보여 준다.

〈보기〉는 다양한 탐구 방법이 적용된 과학적 연구 사례이다. 〈보기〉의 ㉠~㉢ 중 베이컨의 귀납법과 유사한 과정으로 연구가 진행된 사례를 쓰시오.

〈보기〉

㉠ 다윈은 남아메리카 해안을 항해하며 여러 생물 화석과 다양한 생물의 관찰 일지 등 수 많은 자료를 수집하여 분석한 후 '모든 생물은 진화한다.'는 진화론을 발표하였다.

㉡ 학자 A는 다양한 철을 관찰한 사례를 바탕으로 '모든 자석은 자성을 갖고 있다.'는 특성을 도출하였다. 그리고 이에 그치지 않고 자석의 자성이 온도 변화에 따라 어떻게 변화하는지를 비교하고, 자석성을 가진 물질 중에서 자성이 발생하지 않는 예외 조건을 분석하여 자석성의 범위를 좁혀 나가면서 신뢰할 수 있는 과학적 지식을 얻고자 하였다.

㉢ 파스퇴르는 '백신을 맞으면 면역 효과가 발생한다.'는 원리를 토대로 자신이 개발한 탄저병 백신의 효능을 검증하기 위해 건강한 양을 탄저병 백신을 주사한 실험군과 백신을 주사하지 않은 대조군으로 나누어 탄저균을 감염시켰다. 백신을 접종한 실험군의 생존율이 대조군에 비해 월등히 높았고, 이를 통해 탄저병 백신이 효과적임을 입증하였다.

|7~8| 다음 글을 읽고 물음에 답하시오.

(가)
덧셈은 끝났다
밥과 잠을 줄이고
㉠ 뺄셈을 시작해야 한다
남은 것이라곤
㉡ 때 묻은 문패와 해어진 옷가지
이것이 나의 모든 재산일까
돋보기안경을 코에 걸치고
아직도 옛날 서류를 뒤적거리고
㉢ 낡은 사전을 들추어 보는 것은
품위 없는 짓
찾았다가 잃어버리고
만났다가 헤어지는 것 또한
부질없는 일
이제는 ㉣ 정물처럼 창가에 앉아
㉤ 바깥의 저녁을 바라보면서
뺄셈을 한다
혹시 모자라지 않을까
그래도 무엇인가 남을까

― 김광규, 「뺄셈」

(나)
'언제나 나무 있는 뜰 안을 거닐며 살아 보나' 하던 소원이 이루어지매, 그때는 나무마다 벌레 먹은 잎사귀 하나 가지에 남지 않은 쓸쓸한 겨울이었다. 그래서 어서 봄이 되었으면 하고 조석(朝夕)으로 아쉽던 그 봄, 요즘은 그 봄이어서 아침마다 훤하면 일어나 뜰을 거닌다.

진달래나무 앞에 가서 한참, 개나리 나무 옆에 가서 한참, 살구나무 밑에 가서 한참. 그러다가 거리에 나올 시간이 닥쳐 밥상을 대하면 눈엔 아직 붉고 누른 꽃만 보이었다. 눈만 아니라 코에도 아직 꽃향기였다.

그러던 꽃이 다 졌다. 며칠 동안 그림 구경하듯 아침저녁으로 한참씩 돌아가며 바라보던 꽃이 간밤 비에 다 떨어져 흩어졌다. 살구꽃은 잎잎이 흩어졌고 진달래와 개나리는 송이째 떨어져 엎어도 지고 자빠도 졌다. 그중에도 엎어진 꽃이 더욱 마음을 찔렀다.

가만히 보면 엎어진 꽃만 아니라 모두가 쓸쓸한 모양이었다. 가지에 달려서는 소곤거리지 않는 송이가 없는 것 같더니, 떨어진 걸 보니 모두 침묵이요, 적막이요, 슬픔이다.

그러나 거기에는 조그만큼도 죽음은 느껴지지 않았다. 오직 삶도 아니요, 죽음도 아닌 마음에 사무칠 따름이었다.

낙화(落花)의 적막! 다른 봄에도 낙화를 보았겠지만 이번처럼 마음을 찔려 본 적은 없었다.

나는 낙화는 생각도 하지 못했다. 그래서 꽃이 열릴 나뭇가지는 자주 손질을 하였으나 꽃이 떨어질 자리는 한 번도 보살펴 주지 못했다. 이제 그들의 놓일 자리가 거칠음을 볼 때 적지 않은 죄송함과 '나도 꽃을 사랑하는 사람인가?' 하고 스스로 부끄러움을 누를 수 없다.

낙화는 꽃이 아니냐 하는 옛 말씀도 있거니와 낙화야말로 더욱 볼만한 꽃인가 싶다. 그는 의지할 데 없는 몸이라 가지에 달려서 보다 더욱 박명(薄命)은 하리라. 그러나 떨어진 꽃의 그 적막함, 우리 동양인의 심기로 그 적멸*의 경지에서처럼 위대한 예술감이 어디서 일어날 것인가. 낙화는 한번 보되 그 지리에서 천고(千古)를 보는 양. 우리 심경에 영원한 감촉을 남기는 것인가 한다.

그런 낙화를 위해 나무 아래의 거칠음을 나는 한 번도 생각하지 못하였다. 다시금 부끄럽다.

- 이태준, 「낙화의 적막」

* 적멸: 세계를 영원히 벗어남. 또는 그런 경지.

[문제 7]

〈보기〉는 제시문 (가)와 (나)에 대한 해설의 일부이다. 〈보기1〉의 ①~③에 들어갈 적절한 말을 〈보기2〉에서 찾아 쓰시오.

──────── 〈보기1〉 ────────

제시문 (가)와 (나)는 모두 (①) 태도가 드러난다. 제시문 (가)는 (②)에 삶의 자세를 빗대어 채우는 삶에 대한 반성과 비우는 삶을 살겠다는 다짐을 드러내고 있고, 제시문 (나)는 낙화의 진정한 아름다움을 제대로 인식하지 못했던 과거의 삶의 태도를 (③)하고 있다.

──────── 〈보기2〉 ────────

객관적, 나무, 단순화, 덧셈, 무상함, 반성적, 성찰, 셈법, 예찬적, 의지적, 정리

①: _____

②: _____

③: _____

[문제 8]

〈보기〉는 제시문 (가)에 대한 해설의 일부이다. 제시문의 ㉠~㉤ 중 〈보기〉의 ①, ②에 들어갈 적절한 기호를 찾아 쓰시오.

〈보기〉

(①)은/는 화자가 살아온 삶의 모습이 드러나는 소재로, 자신의 삶을 되돌아보도록 하는 소재이다. (②)은/는 화자가 추구하던 과거의 삶의 방식이 형상화된 표현으로, 화자가 버리고자 하는 삶의 방식을 드러낸다.

---

①: _____

②: _____

[문제 9]

〈보기1〉은 표준어 규정의 일부이다. 〈보기2〉의 단어를 발음할 때, 공통적으로 적용되는 규정을 〈보기1〉에서 찾아 쓰시오.

〈보기1〉

[제10항] 겹받침 'ㄳ', 'ㄵ', 'ㄼ, ㄽ, ㄾ', 'ㅄ'은 어말 또는 자음 앞에서 각각 [ㄱ, ㄴ, ㄹ, ㅂ]으로 발음한다.

> **예** 외곬[외골], 핥다[할따], 값[갑]

[제11항] 겹받침 'ㄺ, ㄻ, ㄿ'은 어말 또는 자음 앞에서 각각 [ㄱ, ㅁ, ㅂ]으로 발음한다.

> **예** 닭[닥], 젊다[점ː따], 읊다[읍따]

[제23항] 받침 'ㄱ(ㄲ, ㅋ, ㄳ, ㄺ), ㄷ(ㅅ, ㅆ, ㅈ, ㅊ, ㅌ), ㅂ(ㅍ, ㄼ, ㄿ, ㅄ)' 뒤에 연결되는 'ㄱ, ㄷ, ㅂ, ㅅ, ㅈ'은 된소리로 발음한다.

> **예** 닭장[닥짱], 꽃다발[꼳따발], 낯설다[낟썰다]

[제24항] 어간 받침 'ㄴ(ㄵ), ㅁ(ㄻ)' 뒤에 결합되는 어미의 첫소리 'ㄱ, ㄷ, ㅅ, ㅈ'은 된소리로 발음한다.

> **예** 껴안다[껴안따], 앉고[안꼬], 얹다[언따]

〈보기2〉

삯돈, 값지다

---

①: _____

②: _____

수학

[문제 10]

$x > 0$에서 정의된 함수 $f(x) = x\sqrt[3]{x}$ 에 대하여 $f(f(n))$의 값이 1보다 큰 자연수가 되도록 하는 자연수 n의 최솟값을 구하는 과정을 서술하시오.

[문제 11]

그림과 같이 두 점 $A\left(-3\sqrt{2}, -3\sqrt{2}\right)$, $B\left(3\sqrt{2}, 3\sqrt{2}\right)$에서 원 $x^2 + y^2 = 9$에 그은 두 접선의 접점을 각각 C, D라 할 때, 호 CD의 길이는 $a\pi$이다. a의 값을 구하는 과정을 서술하시오.

(단, 호 CD는 제4사분면에 존재한다.)

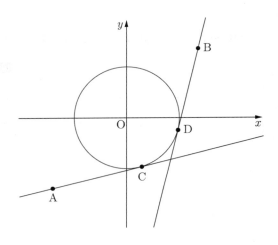

[문제 12]

모든 항이 정수인 등차수열 $\{a_n\}$이 다음 조건을 만족시킬 때, a_{10}이 될 수 있는 모든 값의 합을 구하는 과정을 서술하시오.

(가) 모든 자연수 n에 대하여 $a_n < a_{n+1}$이다.

(나) $a_4 \times a_5 = a_3^{\,2} + 5$

[문제 13]

두 함수 $f(x)$, $g(x)$가 다음 조건을 만족시킨다.

> (가) $\displaystyle\lim_{x \to 1}\frac{f(x)-2}{x-1}=4$
>
> (나) 모든 실수 x에 대하여 $g(x-1)\{f(x)-2\}=(x-1)^2\{f(x)+6\}$

다음은 $\displaystyle\lim_{x \to 1}\frac{6(x-1)g(x-1)+f(x)g(x-1)}{2x-2+g(x-1)}$ 의 값을 구하는 과정이다. 빈칸에 알맞은 문자나 수식을 써넣어 풀이 과정을 완성하시오.

조건 (가)에서 $x \to 1$일 때, (분모) $\to 0$이고 극한값이 존재하므로 (분자) $\to$ ⑤ ① 이어야 한다.

즉, $\displaystyle\lim_{x \to 1}\{f(x)-2\}=$ ① 에서 $\displaystyle\lim_{x \to 1}f(x)=$ ②

조건 (나)에서 $x \neq 1$이고 $f(x) \neq 2$일 때,

$\dfrac{g(x-1)}{x-1}=\dfrac{(x-1)\{\boxed{\quad ③ \quad}\}}{f(x)-2}$ 이므로

$\displaystyle\lim_{x \to 1}\frac{g(x-1)}{x-1}=\lim_{x \to 1}\frac{\boxed{\quad ③ \quad}}{\dfrac{f(x)-2}{x-1}}=$ ④

$\displaystyle\lim_{x \to 1}\frac{g(x-1)}{x-1}=$ ④ 에서 $x \to 1$일 때, (분모) $\to 0$이고 극한값이 존재하므로 (분자) $\to$ ① 이어야 한다.

즉, $\displaystyle\lim_{x \to 1}g(x-1)=$ ①

$\therefore \displaystyle\lim_{x \to 1}\frac{6(x-1)g(x-1)+f(x)g(x-1)}{2x-2+g(x-1)}=\lim_{x \to 1}\frac{6g(x-1)+f(x)\times\dfrac{g(x-1)}{x-1}}{2+\dfrac{g(x-1)}{x-1}}$

$\qquad\qquad\qquad\qquad\qquad\qquad\qquad\qquad = $ ⑤

[문제 14]

실수 전체의 집합에서 미분가능한 함수 $f(x)$에 대하여 $f(2) = -1$, $f(7) = 9$이다. x의 값이 2에서 7까지 변할 때의 $f(x)$의 평균변화율을 p라 하고, 곡선 $y = f(x)$ 위의 점 $(3, f(3))$에서의 접선의 기울기를 q라 하자. $p = q$일 때, $\lim\limits_{h \to 0} \dfrac{f(3+h) - f(3-h)}{h}$ 의 값을 구하는 과정을 서술하시오.

[문제 15]

다항함수 $f(x)$에 대하여 $\displaystyle\int_a^x f(t)dt = 2x^2 + 3x - 5$를 만족할 때, 양수 a에 대하여 $f(a) + f'(a)$의 값을 구하는 과정을 서술하시오.

제7회 실전 모의고사

지원 학과 : _____

성   명 : _____

문항 수	총 15 문항 (국어 9, 수학 6)	배점	각 문항 10점
시험 시간	80분	총점	150점 + 850점 (기본 점수)

제**7**회 인문 **실전 모의고사**

국어

[문제 1] 다음은 학생이 작성한 논설문이다. 물음에 답하시오

■ **작문 상황**

　도시 낙엽으로 인해 발생하는 문제와 이에 대한 해결 방안을 다룬 글을 ○○시 지역 신문 독자 기고란에 실으려 함.

■ **학생의 글**

　가을철 낙엽은 우리에게 아름다운 정취를 느끼게 한다. 그런데 특별한 처리 과정을 거치지 않아도 자연 순환되는 숲속 낙엽과 달리 도시 가로수들이 만들어 내는 도시 낙엽은 처리 과정에서 여러 가지 문제를 발생시킨다. 먼저, 도시 낙엽이 쌓이면 도로 위 보행자들이 미끄러지는 안전사고가 발생하거나 우천 시 하수구가 막혀 침수 피해가 발생하기도 한다. 그래서 지자체에서는 사람들이 많이 다니는 장소 위주로 도시 낙엽을 치우고 있지만, 처리 인력과 시간 등이 부족하여 제때 치우지 못한 낙엽이 발생하고 있는 실정이다. 다음으로, 수거된 도시 낙엽을 소각 처리하는 과정에서 추가 비용과 환경 오염 문제가 발생한다. 수거된 도시 낙엽은 다른 일반 쓰레기와 달리 폐기할 때 대부분 소각 처리를 하기 때문에 소각 비용이 추가로 들고, 대기 오염을 유발하는 유해 물질을 발생시킨다. 마지막으로, 도시 낙엽의 경제적 가치에 대한 인식이 부족하여, 수거된 도시 낙엽을 경제적 자원으로 활용하지 못하고 있는 실정이다. 지자체들이 수거된 도시 낙엽의 가치를 인식하고 활용 방안을 마련하기보다는 주로 폐기하는 방법으로 처리하고 있어 도시 낙엽의 문제가 더욱 심각해지고 있다. 도시 낙엽으로 인해 발생하는 문제점을 해결하기 위해서는 다음과 같은 노력이 필요하다.

　첫째, 지자체의 손길이 닿지 못하는 곳에 남은 도시 낙엽을 치우기 위해 시민들의 협조가 필요하다. 지자체에서는 도시 낙엽을 치워야 하는 이유를 캠페인 활동을 통해 시민들에게 알려 자발적인 참여를 유도해야 한다. 둘째, 도시 낙엽을 소각 처리하는 과정에서 발생하는 비용과 유해 물질을 줄이기 위해 낙엽 수거 전용 봉투의 사용을 확대할 필요가 있다. 일반 쓰레기가 섞이지 않게 낙엽 수거 전용 봉투를 사용하면 농가에서 낙엽을 축사 바닥 깔개나 보온재로 사용하는 등의 다양한 용도로 재사용할 수 있어 소각되는 도시 낙엽의 양을 줄일 수 있기 때문이다. 셋째, 지자체에서는 도시 낙엽을 경제적 자원으로 인식하고 재활용을 통해 가치를 창출할 수 있는 방안을 모색해야 한다. 도시 낙엽을 퇴비로 가공한 뒤 판매하는 것은 좋은 예가 될 수 있다. 더 나아가 도시 가로수의 주된 수종과 특성을 파악하여 낙엽을 경제적 자원으로 재활용하는 적합하고 효율적인 방안에 대한 연구도 활성화되어야 할 것이다.

〈보기〉는 제시문을 작성하기 전에 수립한 글쓰기 계획이다. 〈보기〉의 ①, ②가 반영된 문장을 제시문에서 찾아 각각의 첫 어절과 마지막 어절을 순서대로 쓰시오.

〈보기〉
---

① 낙엽을 치우지 않으면 안전상 어떤 문제점들이 생기는지를 작성해 경각심을 일으켜야겠어.
② 낙엽을 퇴비로 활용하는 경제적 가치를 알려줄 수 있는 구체적인 사례를 활용해 설명해야겠어.

① 첫 어절: _____ , 마지막 어절: _____

② 첫 어절: _____ , 마지막 어절: _____

| 2~3 | 다음 글을 읽고 물음에 답하시오.

주로 정치 철학과 윤리학 분야에서 활동한 20세기 사회 철학자 노직은 자유에 대한 권리나 재산에 대한 권리 등 개인의 권리는 국가와 같은 권력 등이 위협해서는 안 되는 절대적인 것으로 보는 자유주의적인 사회 및 정치 체계를 옹호하면서 개인의 권리와 자유를 보호하는 방법의 필요성을 인식하였다. 하지만 국가가 존재하지 않는 자연 상태에서는 다른 개인으로부터 부당하게 권리를 침해당할 수도 있고, 개인 간의 충돌로 분쟁이 발생할 수도 있기에, 노직은 안전하게 살 수 있는 환경을 조성하려면 부당하게 타인의 권리를 침해한 자를 처벌하고 대중을 보호하는 국가가 필요하다고 보았다. 즉, 노직은 국가가 모든 사람에 대한 보호 서비스를 제공해야 하고, 강제력의 독점 시스템을 갖추어야 한다고 본 것이다. 이러한 생각에 기반하여 노직은 자연 상태에서부터 최소 국가가 형성되는 일련의 과정을 『무정부, 국가 그리고 유토피아(Anarchy, State, and Utopia)』에서 서술하였다.

국가의 형태가 형성되지 않은 자연 상태에서 개인은 자발적으로 '보호 협회'를 결성하여 분쟁을 방지하고 협력을 통해 서로를 보호하고자 하였다. 하지만 이는 구성원들끼리 상호 협력하여 자신들의 권리와 자유를 보호하는 구조이기에 협회에 속하지 않는 자로 인한 피해에는 대처하기 어려웠다. 이러한 문제를 해결하기 위해 '상업적 보호 협회'가 탄생하게 되는데, 이 협회는 대가를 받고 보호 서비스를 제공받을 수 있는 구조를 가지고 있다. 상업적 보호 협회는 계약을 체결한 당사자들만을 보호하는데, 그 수요에 따라 여러 협회들이 생겨나면서 경쟁을 하게 되고, 경쟁에서 살아남은 협회들은 '지배적 보호 협회'로 성장한다. 몇몇 기업이 어떤 상품 시장의 대부분을 지배하는 상태를 의미하는 '올리고폴리(oligopoly)'에 해당하는 지배적 보호 협회는, 보호 서비스 시장에서 지배적인 위치에 있기는 하지만 여전히 다른 협회의 등장과 성장을 제한할 정도의 배타적인 특성을 가질 수는 없었다. 그러나 점차 한 협회로 세력이 형성되며 권력의 독점을 주장하고, 사법 조직을 설립함으로써 비로소 온전한 독점의 구조를 가지는 협회가 등장하게 되었다. 노직은 이러한 지배적인 보호 협회를 '극소 국가'라 명명하였다. 하지만 이러한 극소 국가는 힘의 독점이라는 측면에서는 국가의 요건을 갖추고 있지만, 보호 비용을 부담하지 않은 자는 보호하지 않으므로 노직이 제시한 진정한 국가의 요건을 충족하지는 못한다.

노직은 극소 국가가 '최소 국가'로 나아간다고 주장하였다. 최소 국가는 폭력, 절도, 사기 등으로부터 영토 내에 거주하는 모든 사람들을 보호하는 기능과 계약을 이행케 하는 기능을 수행한다. 국가가 제공하는 국방, 법과 질서의 유지, 그리고 기타 필수적인 공공 서비스를 국가 내 모든 구성원이 누릴 수 있어야 개인이 자유롭게 선택하고 행동할 수 있는 환경이 조성된다고 본 것이다. 또한, 노직에 의하면 최소 국가는 정당화될 수 있는 국가로서는 가장 포괄적인 국가이다. 따라서 최소 국가의 기능을 넘어서는 기능을 수행하는 국가는 정당화될 수 없다.

노직은 이상적인 국가란 기본적인 질서가 유지되고 있다면, 보호 서비스는 최소의 보호 능력 이상으로 확장되지 않아야 하며 국가와 국민의 거리는 여전히 멀리 있어야 한다고 보았다. 이러한 노직의 주장은 국가의 역할을 부정적으로만 인식하여 국가의 목적과 공공성을 무시한다는 비판을 받기도 하고, 최소 국가는 실제 공적인 성격의 국가이기보다는 보호 서비스 기능이 특화된 협회의 모습에 가깝다는 지적을 받기도 한다. 그러나 노직의 이론은 개인의 권리를 경시하던 입장을 비판하고 개인에 대한 존중을 바탕으로 이상적인 국가를 이루고자 하였다는 점에서 의의가 있다.

[문제 2]

〈보기1〉은 제시문을 읽고 탐구 활동을 실시한 것이다. ㉠의 입장에서 〈보기1〉의 사례를 이해하여, 〈보기2〉의 ①~③에 들어갈 적절한 말을 제시문에서 찾아 쓰시오.

─────── 〈보기1〉 ───────

㉠ 홉스의 이론에 따르면, '만인의 투쟁 상태'는 자연 상태에서의 인간의 삶을 묘사하는 개념이다. 인간은 부족한 자원과 이기적인 욕구로 인해 서로 경쟁하고 갈등하는 상태에 놓여 있는데, 이를 해결하기 위해 홉스는 사회 계약을 제안하였다. 중앙 집권적인 국가를 형성하고, 법과 질서를 통해 평화와 안정을 확보하면 문제를 해결할 수 있다고 보았기 때문이다.

─────── 〈보기2〉 ───────

노직과 ㉠은 (①   )에서는 개인의 권리와 자유를 보호하기 어렵다는 공통된 의견을 가지고 있다. 하지만 ㉠은 중앙 집권적인 강력한 국가가 자연 상태의 혼란을 잠재울 수 있다고 주장하였지만, 노직은 국가가 (②   )의 독점 시스템과 처벌을 할 수 있는 권위를 유지하며, 국방, 법과 질서 유지, 기타 필수적인 공공 서비스를 제공하면서도 개인의 권리와 (③   )을/를 침해해서는 안 된다고 역설하였다.

①: _____

②: _____

③: _____

[문제 3]

〈보기〉는 제시문의 내용을 정리한 것이다. 〈보기〉의 ①, ②에 들어갈 적절한 말을 제시문에서 찾아 쓰시오.

─────── 〈보기〉 ───────

	(①)	(②)
강제력의 독점성	○	○
보호 범위	비용을 지불한 사람만 보호	모든 국민을 보호

①: _____

②: _____

| 4~5 | 다음 글을 읽고 물음에 답하시오.

인간의 몸은 수십 조에서 수백 조의 세포들로 구성되어 있으며, 이러한 세포들은 조직과 장기를 형성한다. 세포들이 성장하고 증식하는 동안 돌연변이가 생기기도 하는데 이는 일반적으로 세포 분열 중에 발생하며, 유전자에 변화가 생겨 정상적인 세포 기능을 방해하거나 변형시킨다. 몇몇 돌연변이는 침윤성 성장을 보이는데, 과도하게 성장하여 원래 부위를 벗어나 다른 부위로 전이되어 생명을 위협하기도 한다. 침윤성 종양은 과대 성장을 통해 체내 각 부위에 확산되고 인접한 조직이나 기관에 침입하면서 그 부분의 기능을 저해하거나 손상시키기도 하며, 원격 전이와 같이 종양 세포가 혈류나 림프관을 통해 몸의 다른 부위로 이동하여 새로운 종양을 형성하기도 한다. 이러한 종양 중 악성 종양인 암은 일반적으로 세포 주기의 제어가 손상된 결과로 발생한다.

정상적인 세포는 성장하고 분열할 때 필요한 경우 자연적으로 손상된 부분들이 소멸된다. 세포가 자라고 분열하는 과정인 세포 주기는 G_1기 → S기 → G_2기 → M기로 구분된다. G_1기는 세포 내부의 구성 요소 및 단백질 등이 증식하고 세포의 크기가 증가하는 단계이다. 세포는 외부 신호에 반응하여 성장 및 기능을 조절하며 분열을 위한 준비를 한다. S기에는 DNA를 복제하는 데 필요한 다양한 단백질과 효소를 생산하는 등 DNA 복제를 위한 준비를 하고, 준비가 완료되면 세포는 DNA 이중 나선 구조를 분리하는 것으로 복제를 시작한다. DNA 이중 나선 구조의 각 단위는 염기쌍으로 이루어져 있으며, 염기쌍은 상보적으로 결합되어 새로운 가닥을 생성하고, 그 결과 두 개의 완전히 동일한 DNA 분자가 생성된다. 이 과정은 DNA 복제 포크라고 알려진 구조체가 DNA 가닥을 따라 이동하면서 매우 정확하게 조절한다. DNA 복제가 완료되면 세포는 두 배로 증식된 DNA를 가지고, 이후 단계인 G_2기로 진입하여 다음 단계인 세포 분열을 준비한다. G_2기에서는 이전 단계에서 복제된 DNA를 확인하고, 세포가 계속해서 성장하고 분열하기 위한 준비를 더욱 강화한다. 즉, G_2기는 새로운 세포가 분열을 시작하기 전에 이러한 복제 과정의 정확성을 확인하고 추가적인 준비를 수행하는 시기라고 볼 수 있다. M기에는 세포핵과 세포질의 분열을 포함하는 두 부분으로 나뉘며 분열한다. G_2기에서 준비된 염색체들이 분리되고 딸세포로 분배되면서 세포핵 분열이 일어나고, 세포질 분열 역시 물질 및 구조물의 분배가 일어나고 두 개의 딸세포가 형성된다. 이렇게 세포 주기는 순환하면서 계속해서 성장하고 복제되는데, 이는 세포의 생존 및 기능 유지에 필수적인 과정이다.

하지만 돌연변이로 인해 세포 주기의 제어 메커니즘이 손상되어 정상적인 조절이 되지 않으면 세포가 지나치게 빠르게 성장하거나 계속 분열한다. 예를 들어, 세포가 G_1기에서 제대로 성장하고 준비되지 않은 상태에서 S기로 진입한다면 이는 세포가 정상적으로 복제되기에는 준비가 되지 않았음에도 불구하고 DNA 복제가 시작되었음을 의미하는 것이다. 또한, 세포가 M기에서 제대로 분열되지 않은 채 세포 주기가 계속해서 진행되는 경우도 있는데, 이렇게 비정상적인 세포 주기의 진행은 종양이 형성되고 암이 발생하는 원인이 된다.

암은 단순히 세포의 증식 과정상의 이상에 의해서만 발생하는 것이 아니라 '세포 자살 프로그램'을 활성화시키는 등 세포를 조절하는 기능이 손상되어 발병하기도 한다. 세포 자살은 일반적으로 세포가 DNA 손상, 세포 내부의 비정상적인 단백질 생성, 외부 신호에 의한 세포 사멸 요구 등의 상황에서 자신을 파괴하도록 한다. 하지만 암 세포는 세포 자살 프로그램을 무력화하는 유전적 변이를 가져와 세포 스스로가 손상을 회복하고 자살을 피하게 하고, 세포 자살을 유발하는 신호 경로를 억제하거나 반대로 세포 생존을 촉진하는 신호 경로를 활성화해 계속해서 증식하기도 한다.

[문제 4]

〈보기〉는 제시문에 대한 실험 보고서이다. 〈보기〉에 해당하는 세포 주기를 제시문에서 찾아 쓰시오.

─────────────────────── 〈보기〉 ───────────────────────

- **실험 보고서**: (   )기에서의 DNA 복제 관찰

- **실험 방법**
1. 세포 배양: 실험 대상 세포를 배양하여 안정화시킴
2. 라벨링: DNA를 복제하는 동안 실시간으로 관찰하기 위해 세포에 DNA 라벨링 제분을 추가
3. 현미경 관찰: 현미경을 사용하여 세포의 DNA 복제 현상을 관찰하고 기록

- **관찰 내용**
1. DNA 복제: DNA 가닥이 분리되고 새로운 염기가 추가되는 과정을 관찰
2. 복제 속도: DNA 복제 속도가 빠르고 정확함을 확인. 모든 염색체가 정확히 복제되어 새로운 세포로 균일하게 분배됨
3. DNA 라벨링: 라벨링된 DNA의 분포를 관찰하여 복제된 DNA가 새로운 세포로 균일하게 분배되는 것을 확인

*실험 결과: (   )기가 완료되면, 세포는 두 배로 증식된 DNA를 가지고 있음을 확인 가능

───

[문제 5]

〈보기〉는 제시문을 읽고 내용을 정리한 것인데, 〈보기〉의 ⓐ, ⓑ는 제시문의 내용과 일치하지 않는다. ⓐ, ⓑ를 올바르게 수정하려고 할 때 적절한 말을 제시문에서 찾아 쓰시오.

─────────────────────── 〈보기〉 ───────────────────────

- 세포는 G_2기에서 복제된 DNA의 정확성을 확인하고 분열하기 위한 준비를 강화하는 과정을 거친다. 이 단계에서 세포는 외부 환경의 신호를 받아들이고 조절하여 적절한 시기에 분열을 시작할 준비를 한다. 마지막으로, ⓐ G_2기에서 세포는 분열 과정을 완료하고 두 개의 딸세포로 분리되어 새로운 세포 주기를 시작한다.
- ⓑ 복제는 세포가 손상되거나 비정상적인 상태에 놓일 때 세포를 파괴하여 조직의 건전성을 유지하고, 질병 발생을 예방하는 중요한 메커니즘으로서 신체 조직의 전체적인 유지와 복원을 돕는다.

───

① ⓐ를 올바르게 수정한 것: _____

② ⓑ를 올바르게 수정한 것: _____

[문제 6] 다음 글을 읽고 물음에 답하시오.

공정 거래법은 법률 시장을 지배할 수 있는 기업가의 지위가 남용되거나 과도한 경제력이 집중되는 것을 방지하고, 부당한 공동 행위 및 부정 거래 행위를 규제하도록 규정한 법률이다. 이 법은 공정하고 자유로운 경쟁을 촉진하고 균형 있는 국민 경제의 발전을 도모하는 것을 목적으로 하며, 기업들이 카르텔 형성이나 독점적 행위를 통해 시장을 지배하는 것을 방지해 소비자들이 다양한 제품과 서비스를 저렴한 가격에 이용할 수 있도록 한다. 공정 거래법의 정식 명칭은 '독점 규제 및 공정 거래에 관한 법률'인데, 이 법은 자율적인 판매 활동과 가격 경쟁을 촉진하기 위해 다음과 같은 몇 가지 행위를 금지하고 있다. 사업자들 간의 부당한 경쟁 제한, 사업자 수의 제한, 사업체의 가격 제한 및 재판매 가격 유지 행위가 그것이다. 또한, 정상적인 거래 관행에 비추어 과도한 거래를 제공하는 것 역시 '부당 고객 유인 행위'로 금지하고 있다.

일부 소매업자들은 여러 제품들 중에서 고객들의 관심을 끌기 위해서, 유인 염매*를 실시하여 시장의 질서를 어지럽힌다. 유인 염매는 제품이나 서비스를 홍보하거나 판매하기 위해 소비자를 유인하고 꾀어내는 제품 판매 방식으로, 소비자를 속이거나 혜택을 거짓으로 약속하는 양상이 나타나는 경우가 있다. 이 경우, 최종적으로 해당 제품을 생산하는 기업이 피해를 받고 상표 이미지가 손상될 수 있다. 이를 예방하기 위해 제조업자는 재판매 가격 유지 행위를 실시한다. 재판매 가격 유지 행위는 제조업체나 유통업체가 거래 가격을 결정하여 소매업체에게 상품을 특정한 가격으로 판매하도록 약정하거나 강요하는 것이다. 그러나 현실적으로 공정 거래법에서는 이를 금지하고 있는데, 정당한 경쟁을 방해하고 소비자가 비싼 값에 제품을 소비해야 하는 결과를 초래하기 때문이다.

그러나 일부에서는 재판매 가격 유지 행위가 서비스나 품질의 차이에 의한 경쟁을 촉진한다는 주장을 제기한다. 이러한 주장에 따르면, 제조업체나 유통업체가 소매업체에게 특정 가격을 유지하도록 요구함으로써, 제품의 가격을 일정하게 유지할 수 있으며, 이는 가격 경쟁보다는 서비스나 품질의 차이에 따른 경쟁을 더욱 촉진한다.

제조업체나 유통업체가 소매업체에게 특정 상품이나 서비스에 가격의 상한선을 설정하는 최고 가격제도 있다. 가격 상한선 이상으로 판매할 수 없기에 소매업자의 이윤을 줄이고 소비자에게 이익을 제공할 것이라고 보는 시각도 있지만, 해당 제품을 고정된 가격으로 판매해야 하는 소매업자들은 자신이 손해를 보지 않기 위해서는 최고 가격을 고수하게 될 것이다. 따라서 이 역시 소매업자의 선택권을 줄어들게 하고, 바람직한 경쟁이 이뤄지지 않아 장기적으로 소비자는 다양한 제품 선택권을 상실하게 될 것이다. 한편, 고정된 기준이 없는 권장 소비자 가격 또는 희망 소매가격의 경우 제조업체나 유통업체가 거래 상대방에게 희망하는 재판매 가격을 표시한다. 제조업체의 희망 소매가격은 어디까지나 권장 사항이라 강제성이 없다.

공정 거래를 유도하는 또 다른 방안으로는 상표 제도와 제품 규격화가 있다. 상표는 특정 기업이나 제품을 식별하는 기호, 로고, 명칭 등으로 소비자에게 제품의 출처와 품질을 신뢰할 수 있는 신호의 역할을 한다. 제조업체가 특정 상표를 등록함으로써 자신의 제품을 다른 제품과 구별할 수 있고, 소비자에게 신뢰감 있는 표준화된 서비스를 제공할 수 있다. 한편, 제품 규격화는 특정 제품이나 서비스를 표준화된 일정한 기준에 따라 평가하고 보증하는 과정이다. 제조업체가 특정 표준에 따라 제품을 생산하도록 유도하며, 이는 일관된 품질과 안전성을 갖춘 제품을 안정적이게 시장으로 공급하고, 소비자가 안정적인 가격으로 소비를 하여 공정한 기회를 얻을 수 있도록 기여한다.

* 유인 염매: 소비자를 유인하거나 꾀어내어 부정한 방법으로 상품이나 서비스를 판매하려는 행위.

〈보기〉는 제시문의 일부 내용을 정리한 내용이다. 〈보기〉의 ①, ②에 들어갈 적절한 말을 제시문에서 찾아 쓰시오.

〈보기〉

(①)은/는 제조업자가 자신의 상품 또는 용역의 거래 가격을 정하여 그 다음 거래 단계별 상대방에게 정해 놓은 가격대로 판매할 것을 강제하는 행위를 말한다. 일부에서는 재판매 가격 유지 행위가 제품의 가격을 일정하게 유지할 수 있으며, (②)의 부담을 줄여주고, 서비스나 품질의 차이에 따른 경쟁을 더욱 촉진한다고 본다. 그러나 이는 공정 거래법에서 금지한 행위이다.

---

①: _____

②: _____

[문제 7] 다음 글을 읽고 물음에 답하시오.

어찌 생긴 몸이 이토록 우활*한가
우활도 우활할샤 그토록 우활할샤
이봐 벗님네야 우활한 말 들어 보소
이내 젊었을 때 우활함이 그지없어
이 몸 생겨남이 금수와 다르므로
㉠ 애친경형* 충군제장* 내 분수로 여겼더니
하나도 못 이루고 세월이 늦어지니
평생 우활은 날 따라 길어 간다
㉡ 아침이 부족한들 저녁을 근심하며
한 칸 초가집이 비 새는 줄 알았던가
현순백결(懸鶉百結)*이 부끄러움 어이 알며
어리석고 미친 말이 미움받을 줄 알았던가
우활도 우활할샤 그토록 우활할샤
봄 산의 꽃을 보고 돌아올 줄 어이 알며
여름 정자에 잠을 들어 꿈 깰 줄 어이 알며
가을 하늘에 달 맞아 밤드는 줄 어이 알며
겨울 눈에 시흥(詩興) 겨워 추움을 어이 알리
사시가경에 어찌할 줄 모르도다
말로(末路)에 버린 몸이 무슨 일을 염려할까
세속의 시비 듣도 보도 못하거든
이 몸의 처지에 백년을 근심할까
우활할샤 우활할샤 그토록 우활할샤
아침에 누웠고 낮에도 그러하니
하늘이 준 우활을 내 설마 어이하리
그래도 애달프다 고쳐 앉아 생각하니
이 몸이 늦게 태어나 애달픈 일 많고 많다
일백 번 다시 죽어 옛사람 되고 싶네
㉢ 태평성대에 잠깐이나 놀아 보면
요순* 일월(日月)을 잠시나마 쬘 것을
순박한 풍속이 경박하게 되었도다
번잡한 정회(情懷)를 누구에게 이르려는가
태산에 올라가 온 세상이나 다 바라보고 싶네
성현 살던 세상 두루 살펴 학업 닦던 자취 보고 싶네
주공(周公)*은 어디 가고 꿈에도 뵈지 않는가
매우 심한 나의 삶을 슬퍼한들 어이하리
만리에 눈뜨고 태고에 뜻을 두니
우활한 마음이 가고 아니 오는구나

세상에 혼자 깨어 누구에게 말을 할까
㉣ 축타*의 말솜씨를 이제 배워 어이하며

송조*의 미모를 얽은 낯에 잘할는가
산에 나는 풀과 열매* 어디서 얻어먹으려뇨
미움받고 사랑받지 못함이 다 우활의 탓이로다
이리 헤아리고 저리 헤아리고 다시 헤아리니
평생의 모든 일이 우활 아닌 일 없도다
이 우활 거느리고 백년을 어이하리
아이야 잔 가득 부어라 취하여 내 우활 잊자

－ 정훈, 「우활가」

* 우활: 사리에 어둡고 세상 물정을 잘 모름.
* 애친경형: 어버이를 사랑하고 형을 공경함.
* 충군제장: 임금에게 충성하고 어른에게 공손함.
* 현순백결: 옷이 해어져 백 군데나 기웠다는 뜻.
* 요순: 요순시대를 이름.
* 주공: 주나라 문왕의 아들이자 무왕의 동생. 주나라 건국 초기에 큰 공을 세운 충신.
* 축타: 위나라의 대부로서 종묘 제사를 관장하는 벼슬을 지낸 사람. 교묘한 말솜씨로 유명함.
* 송조: 송나라의 공자. 엄청난 미남으로 알려짐.
* 산에 나는 풀과 열매: 원문은 '우첨산초실'임. 우첨산초(右詹山草)는 옥황상제의 딸이 변한 것으로, 이 열매를 먹으면 다른 사람이 나를 좋아할 수 있게 만든다고 함.

〈보기〉는 제시문에 대한 해제이다. 〈보기〉의 ⓐ, ⓑ에 해당되는 것을 제시문 ㉠~㉤ 중에서 찾아 쓰시오.

───── 〈보기〉 ─────

이 작품의 주인공은 관직을 얻지 못하고, 향촌에서 사족으로 살아가는 인물이다. 우활하다 하는 것은 자신의 어리석음을 비판한다기보다는 자신을 받아들이지 않는 사회에 대해 비판하는 것이 이면적 의미이다. 그래서 외적으로는 화자의 어리석음을 말하는 것 같지만, 내적으로는 사회 비판과 현실에 타협하지 못하는 자신의 고고함을 더욱 돋보이게 하고 싶은 이중적 심리가 깔려 있다. 이러한 심리는 ⓐ 자신의 불우한 처지에 대한 한탄을 자연에 대한 애착으로 치환하는 모습을 통해 드러나거나 ⓑ 유교적 이념이나 가치관을 고수하는 태도를 통해 강조된다.

ⓐ: _____

ⓑ: _____

[문제 8] 다음 글을 읽고 물음에 답하시오.

현은 집을 팔지는 않았다. 구라파에서 제이 전선이 아직 전개되지 않았고 태평양에서는 일본군이 아직 라바울을 지킨다고는 하나 멀어야 이삼 년이겠지 하는 심산으로 집을 최대한도로 잡혀만 가지고 서울을 떠난 것이다. 그곳 공의(公醫)*를 아는 것이 반연으로 강원도 어느 산읍이었다. 철도에서 팔십 리를 버스로 들어오는 곳이요, 예전엔 현감이 있던 곳이나 지금은 면소와 주재소뿐의 한적한 구읍이다. 어느 시골서나 공의는 관리들과 무관하니* 무엇보다 그 덕으로 징용이나 면할까 함이요, 다음으로 잡곡의 소산지니 식량 해결을 위해서요, 그러고는 가까이 임진강 상류가 있어 낚시질로 세월을 기다릴 수 있음도 현이 그곳을 택한 이유의 하나였다.

그러나 와서 실정에 부딪쳐 보니 이 세 가지는 하나도 탐탁한 것은 아니었다. 면사무소엔 상장(賞狀)이 십여 개나 걸려 있는 모범 면장으로 나라에선 상을 타나 백성에겐 그만치 원망을 사는 이 시대의 모순을 이 면장이라고 예외일 리 없어 성미가 강직해 바른말을 잘 쏘는 공의와는 사이가 일찍부터 틀린 데다가, 공의는 육 개월이나 장기간 강습으로 이내 서울 가 버리고 말았으니 징용 면할 길이 보장되지 못했고 그 외에 아는 사람이라고는 공의의 소개로 처음 지면한* 향교 직원으로 있는 분인데 일 년에 단 두 번 춘추 제향 때나 고을 사람들의 기억에서 살아나는 '김 직원님'으로는 친구네 양식은커녕 자기 식구 때문에도 손이 흰, 현실적으로는 현이나 마찬가지의, 아직도 상투가 있는 구식 노인인 선비였다.

낚시터도 처음 와 볼 때는 지척 같더니 자주 다니기엔 거의 십 리나 되는 고달픈 길일 뿐 아니라 하필 주재소 앞을 지나야 나가게 되었고 부장님이나 순사 나리의 눈을 피하려면 길도 없는 산등성이 하나를 넘어야 되는데 하루는 우편국 모퉁이에서 넌지시 살펴보니 가네무라라는 조선 순사가 눈에 띄었다. 현은 낚시 도구부터 질겁을 해 뒤로 감추며 한 걸음 물러서 바라보니 촌사람들이 무슨 나무껍질 벗겨 온 것을 면서기들과 함께 점검하는 모양이다. 웃통은 속옷 바람이나 다리는 각반*을 치고 칼을 차고 회초리를 들고 이 사람 저 사람에게 거드름을 부리고 있었다. 날래 끝날 것 같지 않아 현은 이번도 다시 돌아서 뒷산등을 넘기로 하였다. / 길도 없는 가닥숲을 젖히며 비 뒤의 미끄러운 비탈을 한참이나 헤매어서 비로소 펑퍼짐한 중턱에 올라설 때다. 멀지 않은 시야에 곰처럼 시커먼 것이 우뚝 마주 서는 것은 순사 부장이다. 현은 산짐승에게보다 더 놀라 들었던 두 손의 낚시 도구를 이번에는 펄썩 놓아 버리었다.

"당신 어데 가오?" / 현의 눈에 부장은 눈까지 부릅뜨는 것으로 보였다. / "네, 바람 좀 쏘이러요."

그제야 현은 대팻밥모자를 벗으며 인사를 하였으나 부장은 이미 딴 쪽을 바라보는 때였다. 부장이 바라보는 쪽에는 면장도 서 있었고 자세 보니 남향하여 큰 정구 코트만치 장방형으로 새끼줄이 치어져 있는데 부장과 면장의 대화로 보아 신사(神社) 터를 잡는 눈치였다. 현은 말뚝처럼 우뚝 섰을 뿐 어찌해야 좋을지 몰랐다. 놓아 버린 낚시 도구를 집어 올릴 용기도 없거니와 집어 올린댔자 새끼줄을 두 번이나 넘으면서 신사 터를 지나갈 용기는 더욱 없었다. 게다가 부장도 면장도 무어라고 쑤군거리며 가끔 현을 돌아다본다. 꽃이라도 있으면 한 가지 꺾어 드는 체하겠는데 패랭이꽃 한 송이 눈에 띄지 않는다. 얼마 만에야 부장과 면장이 일시에 딴 쪽을 향하는 틈을 타서 수갑에 채였던 것 같던 현의 손은 날쌔게 그 시국에 태만한 증거물들을 집어 들고 허둥지둥 그만 집으로 내려오고 만 것이다.

"아버지 왜 낚시질 안 가구 도루 오슈?"

현은 아이들에게 대답할 말이 미처 생각나지도 않았거니와 그보다 먼저 현의 뒤를 따라온 듯한 이웃집 아이 한 녀석이, / "너이 아버지 부장한테 들켜서 도루 온단다." / 하는 것이었다.

낚시질을 못 가는 날은 현은 책을 보거나 그렇지 않으면 김 직원을 찾아갔고 김 직원도 현이 강에 나가지 않았음직한 날은 으레 찾아왔다. 상종한다기보다 모시어 볼수록 깨끗한 노인이요, 이 고을에선 엄연히 존경을 받아야 옳을 유일한 인격자요 지사였다. 현은 가끔 기인여옥(其人如玉)*이란 이런 이를 가리킴이라 느꼈다. 기미년 삼일 운동 때 감옥살이로 서울에 끌려왔었을 뿐, 조선이 망한 이후 한 번도 자의로는 총독부가 생긴 서울엔 오기를 피한 이다. 창씨를 안 하고 견디는 것은 물론, 감옥에서 나오는 날부터 다시 상투요 갓이었다. 현과는 워낙 수십 년 연장인 데다 현이 한문이 부치어 그분이 지은 시를 알지 못하고 그분이 신문학에 무관심하여 현대 문학을 논담*하지 못하는 것엔 서로 유감일 뿐, 불행한 족속으로서 억천 암흑 속에 일루의 광명을 향해 남몰래 더듬는 그 간곡한 심정의 촉수만은 말하지 않아도 서로 굳게 잡히고도 남아 한두 번 만남으로 서로 간담을 비추는 사이가 되었다.

하룻저녁은 주름 잡히었으나 정채* 돋는 두 눈에 눈물이 마르지 않은 채 찾아왔다. 현은 아끼는 촛불을 켜고 맞았다. /

"내 오늘 다 큰 조카자식을 행길에서 매질을 했소."

김 직원은 그저 손이 부들부들 떨며 있었다. 조카 하나가 면서기로 다니는데 그의 매부, 즉 이분의 조카사위 되는 청년이 일본으로 징용당해 가던 도중에 도망해 왔다. 몸을 피해 처가에 온 것을 이곳 면장이 알고 그 처남더러 잡아 오라 했다. 이 기미를 안 매부 청년은 산으로 뛰어올라 갔다. 처남 청년은 경방단의 응원을 얻어 산을 에워싸고 토끼 잡듯 붙들어다 주재소로 넘기었다는 것이다.

"강박한 처남이로군!" / 현도 탄식하였다.

"잡아 오지 못하면 네가 대신 가야 한다고 다짐을 받았답디다만 대신 가기루서 제집으로 피해 온 명색이 매부 녀석을 경방단들을 끌구 올라가 돌풀매질을 하면서꺼정 붙들어다 함정에 넣어야 옳소? 지금 젊은 놈들은 쓸개가 없습넨다!" / "그러니 지금 세상에 부모기로니 그걸 어떻게 공공연히 책망하십니까?"

"분해 견딜 수가 있소! 면소서 나오는 놈을 노상이면 어떻소. 잠자코 한참 대설대가 끊어져 나가도록 패주었지요. 맞는 제 놈도 까닭을 알 게고 보는 사람들도 아는 놈은 알았겠지만 알면 대사요."

– 이태준, 「해방 전후」

* 공의: 의사가 부족한 지역에 파견되는 공공업무를 수행하는 의사.
* 무관하니: 서로 허물없이 가까우니.
* 지면한: 처음 만나서 서로 알게 된.
* 각반: 걸음을 걸을 때 발목 부분을 가뜬하게 하기 위하여 발목에서부터 무릎 아래까지 돌려 감거나 싸는 띠.
* 기인여옥: 인품이 옥과 같이 맑고 깨끗한 사람.
* 논담: 사물의 옳고 그름 따위를 논하여 말함.
* 정채: 정묘하고 아름다운 빛깔.

〈보기〉는 제시문에 대한 해설의 일부이다. ㉠이 드러나는 부분을 제시문에서 찾아 첫 어절과 마지막 어절을 순서대로 쓰시오.

──────── 〈보기〉 ────────

이 작품은 1946년 6월에 발표된 자전적 소설로, 일제 강점기의 탄압과 해방 이후의 변화를 다루고 있다. '현'은 징용을 피하기 위해 서울을 떠나 강원도에 와 있는 인물이다. 김 직원은 구한말의 마지막 선비로서 일제 강점기부터 해방 이후까지 지조를 지키는 항일 의식이 강한 노인이다. '현'은 김 직원의 ㉠ 인품과 지사적 면모에 대한 존경심을 가지고 있다.

첫 어절: _____ , 마지막 어절: _____

[문제 9]

〈보기2〉는 〈보기1〉의 자음 체계표를 바탕으로 표준 발음을 설명한 것이다. ①, ②에 들어갈 적절한 말을 〈보기2〉의 예에서 모두 찾아 쓰시오.

〈보기1〉

조음 방법	조음 위치	입술소리	잇몸소리	센입천장소리	여린입천장소리	목청소리
파열음	예사소리	ㅂ	ㄷ		ㄱ	
	된소리	ㅃ	ㄸ		ㄲ	
	거센소리	ㅍ	ㅌ		ㅋ	
파찰음	예사소리			ㅈ		
	된소리			ㅉ		
	거센소리			ㅊ		
마찰음	예사소리		ㅅ			
	된소리		ㅆ			ㅎ
	거센소리					
비음		ㅁ	ㄴ		ㅇ	
유음				ㄹ		

〈보기2〉

(①)은/는 서로 인접한 두 자음 중 앞 자음이 뒤 자음의 조음 방법과 같아진다. (②)은/는 서로 인접한 두 자음 중 뒤 자음이 앞 자음의 조음 방법과 같아진다.

예 천리, 법학, 항로, 문법

①: _____

②: _____

[문제 10]

이차함수 $y=f(x)$의 그래프와 일차함수 $y=g(x)$의 그래프가 그림과 같을 때, 방정식

$$\log\{f(x)+3\}=\log\frac{f(x)\{g(x)\}^2+27}{\{f(x)\}^2-3f(x)+9}$$

의 서로 다른 실근의 개수를 구하는 과정을 서술하시오.

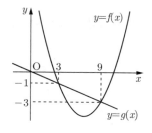

(단, $f(3)=g(3)=-1$, $f(9)=g(9)=-3$)

[문제 11]

양의 실수 a, b에 대하여 두 함수 $f(x)=a\sin\pi\left(x+\dfrac{1}{2}\right)+b$와 $g(x)=b\cos\pi x+3a$의 최솟값이 같고, $f(1)+g(1)=1$이다. 이때 함수 $h(x)=\tan ab\pi x$의 주기를 구하는 과정을 서술하시오.

[문제 12]

다음은 모든 자연수 n에 대하여

$$\sum_{k=1}^{n} k \times 2^{n-k+1} = 2^{n+2} - 2(n+2) \qquad \cdots\cdots \ (*)$$

가 성립함을 수학적 귀납법으로 증명한 것이다. 빈칸에 알맞은 문자나 수식을 써넣어 다음의 증명 과정을 완성하시오.

(i) $n=1$일 때

(좌변)$= 1 \times 2^{1-1+1} = 2$, (우변)$= 2^3 - 2 \times 3 = 2$이므로 $(*)$이 성립한다.

(ii) $n=m$일 때, $(*)$이 성립한다고 가정하면

$$\sum_{k=1}^{m} k \times 2^{m-k+1} = 2^{\boxed{①}} - 2\left(\boxed{①}\right)$$

이므로

$$\begin{aligned}
\sum_{k=1}^{m+1} k \times 2^{(m+1)-k+1} &= \sum_{k=1}^{m} k \times 2^{(m+1)-k+1} + \boxed{②} \\
&= 2 \times \left\{ 2^{\boxed{①}} - 2\left(\boxed{①}\right) \right\} + \boxed{②} \\
&= 2^{\boxed{③}} - 2\left(\boxed{③}\right)
\end{aligned}$$

즉, $n=\boxed{②}$일 때도 $(*)$이 성립한다.

(i), (ii)에 의하여 모든 자연수 n에 대하여 $(*)$이 성립한다.

[문제 13]

실수 전체의 집합에서 정의된 두 함수 $f(x)$와 $g(x)$가 다음 조건을 만족시킨다.

(가) $x<1$일 때, $f(x)+g(x) = 2x^2+3$이고, $x>1$일 때, $f(x)-g(x) = x^2+3x+11$이다.

(나) 함수 $f(x)$가 $x=1$에서 연속이다.

$\lim\limits_{x \to 1-} g(x) - \lim\limits_{x \to 1+} g(x) = 2$일 때, $f(1)$의 값을 구하는 과정을 서술하시오.

[문제 14]

수직선 위를 움직이는 점 P의 시각 t $(t \geq 0)$에서의 위치 $x(t)$는 $x(t) = \frac{1}{2}t^4 - 3t^2 + (7 - 2m)t$이다. 점 P가 시각 $t = 0$일 때 원점을 출발한 후, 운동 방향이 두 번 바뀌도록 하는 모든 정수 m의 개수를 a, 그 값의 합을 b라 하자. 이때 ab의 값을 구하는 과정을 서술하시오.

[문제 15]

그림과 같이 x축과 서로 다른 세 점 $(a, 0)$, $(0, 0)$, $(b, 0)$에서 만나는 최고차항의 계수가 양수인 삼차함수 $y = f(x)$의 그래프와 x축 및 직선 $x = c$에 의해 만들어지는 세 부분의 넓이를 각각 A, B, C라 하자. A, B, C가 이 순서대로 등차수열을 이루고 $5\int_a^c |f(x)|dx - 3\int_a^c f(x)dx = 60$일 때, $\int_a^c |f(x)|dx$의 값을 구하는 과정을 서술하시오. (단, $a < 0 < b < c$)

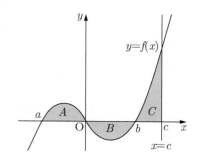

수고하셨습니다

시대에듀와 함께해요!

대학으로 가는
합격 필수 시리즈!

심층 구술면접 대입전략 필독서!

SKY 합격을 위한 구술면접의 공식

▶ 2024~2015학년도 역대 핵심 기출문제 예시 답안 수록!

▶ 서울대 · 연세대 · 고려대 출제 유형 예상 문제로 최종 점검!

교대 · 사대 최종 합격 필독서!

교대사대 구술면접

▶ 2024~2020학년도 5년간 구술면접 기출문제 분석!

▶ 교직 소양, 교육이슈 등 면접 필수 이론 수록!

2025 대입 구술면접 대비!

대학으로 가는 구술면접 380제

▶ 2024~2020학년도 대학별 실제 기출 면접 질문 총정리!

▶ 면접 준비를 위한 알짜 Q&A

2025 대입 논술 · 구술면접 대비!

대학으로 가는 논술 · 구술 필수상식

▶ 2024~2020학년도 대학별 논술 · 구술면접 기출 질문 총정리!

▶ 논술 · 구술면접 상식용어부터 최신 시사이슈 완벽 분석!

나에게 딱 맞는 한능검 교재를 선택하고 합격하자!

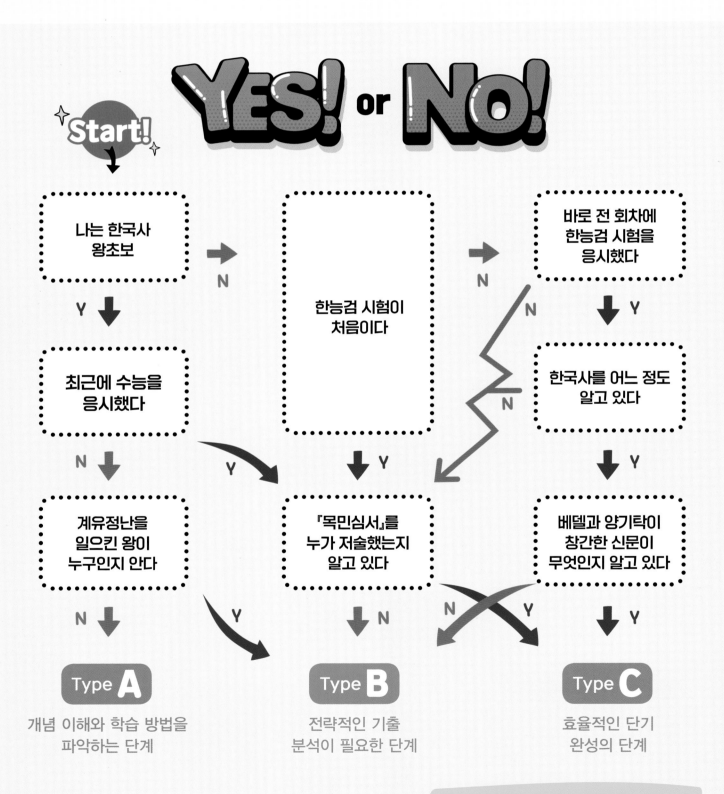

Start! YES! or NO!

나는 한국사 왕초보 → N

Y ↓

최근에 수능을 응시했다

N ↓ → Y

계유정난을 일으킨 왕이 누구인지 안다

N ↓ → Y

한능검 시험이 처음이다

↓ Y

『목민심서』를 누가 저술했는지 알고 있다

↓ N → N / Y

바로 전 회차에 한능검 시험을 응시했다 → N / N

↓ Y

한국사를 어느 정도 알고 있다

↓ Y

베델과 양기탁이 창간한 신문이 무엇인지 알고 있다

↓ Y

Type A
개념 이해와 학습 방법을 파악하는 단계

Type B
전략적인 기출 분석이 필요한 단계

Type C
효율적인 단기 완성의 단계

옆 페이지로 커리큘럼 계획하러 가기

2025 가천대학교 논술고사 완벽 대비

가천대학교

인문 계열(국어 + 수학)

논술고사

실전
모의고사

편저 | 오지연 · 이규정

정답 및 해설

시대에듀

Contents

가천대학교

정답 및 해설

인문 계열

제1회 인문 계열 정답 및 해설

국어

[문제 1]

🔖 문항 출제 기준

- **출제 범위**: 국어 (작문, 소감문, 글쓰기 계획)

- **출제 의도**
  고등학교 교육과정에서 소감 등 정서를 표현하는 글쓰기 방법을 이해하고, 소감문을 작성하여 자신의 생각을 효과적으로 전달할 수 있는 능력을 평가하고자 출제하였다.

- **출제 근거**
  `12화작01-01` 사회적 의사소통 행위로서 화법과 작문의 특성을 이해한다.
  `12화작03-08` 대상에 대한 생각이나 느낌을 바탕으로 하여 정서를 진솔하게 표현하는 글을 쓴다.

도서명	쪽수/번
창비 화법과 작문	204~205쪽
2024 고3(6월) 학력평가	38~42번

💡 문제해결의 TIP

제시된 글의 1문단에서 학생은 '이번~하였다.'와 같이 토론의 논제를 선정한 이유를 우선 설명하는 것으로 소감문을 시작하며 자신의 견해와 생각을 드러내고 있다.

또한, 3문단의 '이를~있었다.'에서 사람들 앞에서 말할 때 긴장하는 태도를 극복하고자 실전처럼 말하는 연습을 반복하며 말하기 불안을 해결하기 위해 노력하였음을 나타내었다.

📝 예시 답안

답안	배점
①: 이번, 하였다.	5
②: 이를, 있었다.	5

- ①, ② 각각 첫 어절과 마지막 어절을 순서대로 정확하게 쓴 경우만 정답으로 인정함.

[문제 2]

🔖 문항 출제 기준

- **출제 범위**: 문법 (음운 변동, 자음군 단순화, 된소리되기)

- **출제 의도**
  고등학교 교육과정에서 음운 변동의 특성을 이해하고, 실제 사례에 적용하여 분석할 수 있는 능력을 평가하고자 출제하였다.

- **출제 근거**
  `10국04-02` 음운의 변동을 탐구하여 올바르게 발음하고 표기한다.
  `10국04-03` 문법 요소의 특성을 탐구하고 상황에 맞게 사용한다.

도서명	쪽수/번
미래엔 국어	198쪽
지학사 국어	147쪽

💡 문제해결의 TIP

'닭장'은 [닥짱]으로 발음되는데, 이때 일어난 음운 변동은 '자음군 단순화'와 '된소리되기'이다.

📝 예시 답안

답안	배점
①: 자음군 단순화	5
②: 된소리되기	5

- ①, ②를 정확하게 쓴 경우만 정답으로 인정함.
- 순서대로 작성하지 않은 경우 오답으로 처리함.

음운 변동 현상의 이해
① 개념: 음운의 변동이란 한 음운이 일정한 환경에서 변하는 현상으로, 발음을 좀 더 쉽고 간편하게 하거나 표현의 강화 효과를 위해 일어난다.
② 종류

교체	하나의 음운이 다른 음운으로 바뀌는 현상 **예** 음절 끝소리 규칙, 비음화, 유음화, 구개음화, 된소리되기
탈락	원래 있던 음운이 없어지는 현상 **예** 자음군 단순화, 자음 탈락, 모음 탈락
첨가	없던 음운이 새로 생기는 현상 **예** 'ㄴ' 첨가, 반모음 첨가
축약	두 음운이 하나로 합쳐지는 현상 **예** 거센소리되기

| 3~4 |

문항 출제 기준

- **출제 범위:** 독서 (추론적 이해, 과학·기술 분야 글 읽기)

- **출제 의도**
  고등학교 교육과정에서 제시문에 드러난 정보를 바탕으로 이론을 분석하는 능력과 생략된 내용을 추론해 낼 수 있는 능력을 평가하고자 출제하였다.

- **출제 근거**
  12독서02-02 글에 드러나지 않은 정보를 예측하여 필자의 의도나 글의 목적, 숨겨진 주제, 생략된 내용을 추론하며 읽는다.
  12독서03-03 과학·기술 분야의 글을 읽으며 제재에 담긴 지식과 정보의 객관성, 논거의 입증 과정과 타당성, 과학적 원리의 응용과 한계 등을 비판적으로 이해한다.

도서명	쪽수/번
2025 수능특강 독서	259쪽

[문제 3]

문제해결의 TIP

제시된 글의 1문단과 2문단에 의하면, 토마스 쿤은 과학이 합리적이고 점진적인 발전이 아니라, '패러다임 전환'과 같은 혁명적인 변화를 거친다고 주장하였다. 쿤은 과학자들이 관찰을 통해 이론을 도출하는 것이 아니라, 이론을 통해 관찰을 결정하기 때문에

과학은 귀납적인 것이 아니라고 설명하였다.
3문단에 의하면, 과학 혁명이 일어나 세계관이 변화하면, 동일한 사실도 다른 관점에서 바라보게 된다. 따라서 서로 다른 패러다임에 속한 과학자들은 동일한 대상이라도 서로 다른 관점에서 바라보게 되므로 동일한 기준 아래 소통하는 것이 불가능한 '통약 불가능성'이 나타난다.

예시 답안

- ①~②를 정확하게 쓴 경우만 정답으로 인정함.

답안	배점
①: 귀납	5
②: 통약 불가능성	5

[문제 4]

문제해결의 TIP

〈보기1〉은 과학 이론의 선택에 대한 포퍼와 파이어아벤트의 입장을 정리한 것이다. 제시문을 토대로 〈보기1〉을 보았을 때, 두 학자 모두 과학 이론이 '패러다임'에 의해 변화한다는 것을 인정하고 있음을 추론해 볼 수 있다.
포퍼는 패러다임의 변화를 기존의 이론보다 더 나은 '합리적인' 선택의 과정으로 이해하였다. 반면, 파이어아벤트는 과학 이론의 선택은 합리적으로 이루어지는 것이 아니며, 고유한 특성을 지니고 있는 각각의 과학 이론에는 우위가 존재하지 않는다고 보았다.

예시 답안

- ①, ②를 정확하게 쓴 경우만 정답으로 인정함.
- ②는 '합리적', '합리적인' 둘 다 정답으로 인정함.

답안	배점
①: 패러다임	5
②: 합리적(인)	5

교과서 속 개념 확인

- 귀납적 추론: 개별적인 특수한 사실이나 원리로부터 일반적이고 보편적인 명제 및 법칙을 유도해 내는 추론 방식

- 연역적 추론: 일반적인 사실이나 원리를 전제로 하여 개별적인 사실이나 보다 특수한 다른 원리를 이끌어 내는 추론 방식

- 위성: 행성의 인력에 의하여 그 둘레를 도는 천체
  예 지구의 '달', 목성의 '가니메데', 토성의 '타이탄' 등

- 행성: 별의 강한 인력의 영향으로 타원 궤도를 그리며 중심 별의 주위를 도는 천체(스스로 빛을 내지 못하고, 중심 별의 빛을 받아 반사함.)
  예 수성, 금성, 지구, 화성 등

작품 분석

「쿤의 과학 혁명」

■ 해제

이 글은 쿤이 주장한 과학 혁명의 과정을 설명하고, 패러다임 변화에 따른 과학 연구 방법의 변화와 통약 불가능성에 대해 설명하고 있다. 새로운 패러다임이 등장하면 과학자들은 동일한 대상에 대해 새로운 관점을 가지게 되는데, 이때 사용하는 용어의 의미도 달라진다. 쿤은 이를 통약 불가능성으로 설명한다. 통약 불가능성에 따르면, 서로 다른 패러다임은 비교가 불가능하며, 어떤 패러다임이 더 합리적인지를 평가하는 것 역시 불가능하다.

■ 주제

과학 혁명의 과정과 통약 불가능성

| 5~6 |

문항 출제 기준

- 출제 범위: 독서 (사실적 이해, 인문·예술 분야 글 읽기)

- 출제 의도
고등학교 교육과정에서 인문·예술 분야의 글을 읽고, 글에 드러난 내용을 사실적으로 이해할 수 있는 능력을 평가하고자 출제하였다. 또한, 문항에서 요구하는 사항을 분석적으로 판단한 후 필자의 의도를 정확하게 적용할 수 있는 능력을 평가하고자 출제하였다.

- 출제 근거
  12독서02-01 글에 드러난 정보를 바탕으로 중심 내용, 주제, 글의 구조와 전개 방식 등 사실적 내용을 파악하며 읽는다.
  12독서03-01 인문·예술 분야의 글을 읽으며 제재에 담긴 인문학적 세계관, 예술과 삶의 문제를 대하는 인간의 태도, 인간에 대한 성찰 등을 비판적으로 이해한다.

도서명	쪽수/번
지학사 독서	52~53, 116~117쪽
2025 수능특강 독서	76~77쪽

[문제 5]

 **문제해결의 TIP**

제시된 글의 4문단에 의하면, '동질 발생'은 비슷한 경험과 배경을 공유하는 사람들 사이에서 주체성이 형성될 때 발생한다. '이질 발생'은 다양한 경험과 배경을 통해 주체성이 형성될 때 발생한다.

예시 답안

- ①, ②를 정확하게 쓴 경우만 정답으로 인정함.

답안	배점
①: 동질 발생	5
②: 이질 발생	5

[문제 6]

 문제해결의 TIP

제시된 글의 2문단에 의하면, 사회 생태주의는 경제적·사회적 기반이 취약한 집단의 이익과 권리를 보호하고 지원하는 것을 강조하고, 반자본주의 투쟁을 기반으로 사회적 공평성을 중요시하는 '인간 공동체'를 형성하여 환경 문제를 종식시켜야 한다고 본다.

5문단에 의하면, 과타리는 '다르게 되기'라는 개념을 제시하여, 새로운 사회적 관계와 인간–자연 관계를 형성하는 것이 중요하다고 강조하였다.

 예시 답안

- ①, ②를 정확하게 쓴 경우만 정답으로 인정함.
- 2어절의 띄어쓰기가 분명하게 나타나야 정답으로 인정함.

답안	배점
①: 인간 공동체	5
②: 다르게 되기	5

교과서 속 개념 확인

인문 · 예술 분야 글의 특성
(1) 개념: 인류의 사상, 지혜와 아름다움, 창조 등을 탐구하는 내용의 글이다.
(2) 세부 분야: 종교, 언어, 철학, 역사, 문학, 미술, 음악, 연극, 무용, 건축
(3) 방법
  ① 글에 담긴 인간과 세계에 대한 관점을 파악하며 읽는다.
  ② 배경지식을 적극적으로 활용하며 읽는다.
  ③ 구체적인 현실, 작품과 연계하며 읽는다.

작품 분석

「과타리의 생태 철학」

■ 해제
이 글은 환경 관리주의, 사회 생태주의, 근본 생태주의 입장에서 환경 오염을 해결하기 위한 방법을 제시하였다. 과타리는 이러한 세 관점만으로는 환경 오염을 해소할 수 없다고 판단하고, 세 관점을 융합하여 새로운 철학적 개념인 '생태 철학'을 주장한다. 과타리는 새로운 주체성을 형성해야 인간은 자연과 인간의 거대한 유기체적인 흐름 속에서 조화롭게 살아갈 수 있으며, 특정 사회 체제에 매몰되지 않는 독립과 해방의 삶을 영위할 수 있다고 강조한다.

■ 주제
환경 문제 해결을 위한 과타리의 생태 철학

[문제 7]

문항 출제 기준

- 출제 범위: 독서 (추론적 읽기, 인문 · 예술 분야의 글 읽기)

- 출제 의도
  고등학교 교육과정에서 인문 · 예술 분야의 글을 읽고 명확히 이해한 후, 빈칸의 내용을 유추할 수 있는 능력과 글의 사례를 실제로 적용할 수 있는 추론적 이해 능력을 평가하고자 출제하였다.

- 출제 근거
  `12독서02-02` 글에 드러나지 않은 정보를 예측하여 필자의 의도나 글의 목적, 숨겨진 주제, 생략된 내용을 추론하며 읽는다.
  `12독서03-01` 인문 · 예술 분야의 글을 읽으며 제재에 담긴 인문학적 세계관, 예술과 삶의 문제를 대하는 인간의 태도, 인간에 대한 성찰 등을 비판적으로 이해한다.

도서명	쪽수/번
지학사 독서	62~63쪽
2025 수능특강 독서	27쪽

문제해결의 TIP

제시된 글의 2문단에 의하면, '질료'는 대상을 만들 수 있는 가능성의 상태를 의미한다. 질료가 형상을 갖추게 되면 현실태가 된다. 이를 〈보기1〉에 제시된 미켈란젤로의 작품에 적용하면, 다비드라는 조각상은 대리석이라는 '질료'에 다비드의 형상이 결합하여 '현실태'가 되었다는 것을 알 수 있다.

예시 답안

- ①, ②를 정확하게 쓴 경우만 정답으로 인정함.

답안	배점
①: 질료	5
②: 현실태	5

작품 분석

「토마스 아퀴나스의 미학」

■ 해제
이 글은 중세 스콜라 철학의 대표적 학자인 토마스 아퀴나스의 미학에 제시된 '미'의 본질과 그 의미를 설명하고 있다. 예술 작품의 아름다움은 작품을 만든 인간의 아름다움에서 비롯되었고, 인간은 신이 만든 창조물이므로 결국 '미'는 신이 반영된 대상으로 실재한다. 그는 사물의 '미'는 신의 창조물로 질료와 형상의 복합물로 이루어져 있으며, 이를 통해 순수 형상인 신의 존재를 인식할 수 있다고 보았다. 또한, 아름다움은 완전성, 비례성, 명료성의 기준을 충족해야 하며, 인간은 이러한 아름다움을 추구하고자 하는 본능을 가지고 있다고 주장하였다. 최종적으로 미를 통해 진과 선의 선험적 정의에 다다를 수 있다고 보았다.

■ 주제
토마스 아퀴나스의 미가 인식한 본질과 의미

| 8~9 |

문항 출제 기준

• 출제 범위: 문학 (현대 소설, 소설의 시점, 소재의 상징적 의미)

• 출제 의도
고등학교 교육과정에서 소설의 서술 방식 중 시점을 이해하는 능력과 상징적 요소의 의미를 파악하며 작품을 감상할 수 있는 능력을 평가하고자 출제하였다.

• 출제 근거
12문학01-01 문학이 인간과 세계에 대한 이해를 돕고, 삶의 의미를 깨닫게 하며, 정서적·미적으로 삶을 고양함을 이해한다.
12문학02-01 문학 작품은 내용과 형식이 긴밀하게 연관되어 이루어짐을 이해하고 작품을 감상한다.

도서명	쪽수/번
천재(정) 문학	53~65쪽
2025 수능특강 문학	164~166쪽

[문제 8]

문제해결의 TIP

제시된 글에서 장돌뱅이가 '게다가 머리를 깎으면 형장네들 모양으로 '내지어(內地語)'도 할 줄 알고 시체학문(時體學問)도 있어야지 않겠나요.' 하고 말하는 부분을 통해 대화의 상대인 '나'는 내지어를 하는 지식인임을 알 수 있다. 내지어는 일제 강점기의 일본어를 의미한다.

또한, 두 사람의 대화를 통해 장돌뱅이는 아직 개화를 하지 않은 조선인임이 드러난다. 그는 복장과 머리 모양을 바꾸더라도 일본어를 하지 못하면 관청에 가거나 순사를 만났을 때 곤란한 일을 겪게 된다는 것을 언급하며, '요보'라고 불리며 천대를 받는 것이 얻어맞는 것보다 낫다고 여기고 있다.

예시 답안

– ①, ②를 정확하게 쓴 경우만 정답으로 인정함.

답안	배점
①: ㉡	5
②: ㉢	5

[문제 9]

문제해결의 TIP

〈보기〉에서는 소설의 시점을 '1인칭 주인공 시점', '1인칭 관찰자 시점', '작가 관찰자 시점', '전지적 작가 시점'이라는 네 가지 유형으로 제시하였다.
①은 1인칭 주인공 시점을 가장 잘 보여 주고 있는 소설이다. 고국을 떠나 동경으로 돌아간 '나'가 좌절하고 절망하는 과정을 1인칭 주인공 시점을 통해 세밀하게 묘사하고 있다.
②는 1인칭 관찰자 시점의 대표작으로 어린 아이의 시선으로 서술하고 있다. 관찰자의 제한된 시야에 포착된 이야기만 서술되므로 1인칭 주인공 시점보다는 정확한 심리 표현은 어렵다.
③은 전지적 작가 시점을 활용하여 등장 인물의 내면 심리와 의식은 물론, 행동과 대화의 외연적 의미까지 상세히 설명하고 있다. 이를 통해 작가는 독자에게 생생한 이야기를 전달하고 깊이 있는 이해를 제공한다.

예시 답안

– 답안을 정확하게 쓴 경우만 정답으로 인정함.
– 답안의 작성 순서는 상관없음.

답안	배점
1인칭 주인공 시점	5
①	5

소설의 시점

(1) 개념: 서술자가 서술 대상을 바라보는 각도나 위치를 말한다.

(2) 종류
  ① 1인칭 주인공 시점: 주인공인 '나'가 자기 자신의 이야기를 서술하는 방식이다.
  ② 1인칭 관찰자 시점: 작품 속에 등장하는 '나'가 주인공에 대해 서술하는 방식이다.
  ③ 전지적 작가 시점: 서술자가 전지전능한 위치에서 인물이나 사건을 서술하는 방식이다.
  ④ 작가 관찰자 시점: 서술자가 외부 관찰자의 위치에서 이야기를 서술하는 방식이다.

작품 분석

염상섭, 「만세전」

■ 해제

이 작품은 3·1 운동 전의 암울한 시대 상황을 사실적으로 형상화하고 있는 중편 소설로, 주인공 '나'(이인화)의 상념을 통해 식민지 시대에 우리 민족이 처한 암담한 현실을 사실적으로 그려 내고 있다. '나'는 동경에서 서울에 이르는 과정에서 식민지 조선의 현실을 목도한 후 고뇌하고 분노하지만, 결국은 도피를 선택함으로써 현실을 극복할 의지가 없는 무기력한 지식인의 모습을 보여 주고 있다.

■ 주제

나약한 지식인의 눈으로 본 식민지 현실에 대한 고발과 비판

■ 줄거리

동경 유학 중인 '나'(이인화)는 아내가 위독하다는 전보를 받고 귀국한다. 귀국하는 배 안에서 '나'는 일본인이 조선인을 멸시하는 것을 보면서 분개하게 되고, 조선 민족이 처한 비참한 현실을 인식하게 된다. 조선에 도착해 기차를 타고 고향으로 가는 과정에 굴종적인 태도로 피폐하게 살아가는 조선 백성의 모습을 목격하고 분개한다. 그리고 서울에 도착해 간단한 수술로 나을 수 있는 아내가 부친의 고집 때문에 빈사 상태에 이른 것을 보고 질식할 것 같이 답답해한다. '나'는 아내의 죽음 또한 구태의연한 인습에 의한 것이라고 생각하고, 구더기가 들끓는 공동묘지와 같은 조선의 현실에서 도망치듯 동경으로 떠난다.

수학

[문제 10]

문항 출제 기준

- **출제 범위**: 수학 Ⅰ (거듭제곱근의 뜻과 성질)

- **출제 의도**
거듭제곱근의 정의를 이해하고 이를 활용할 수 있는지 평가한다.

- **출제 근거**
  12수학Ⅰ01-03 지수법칙을 이해하고, 이를 이용하여 식을 간단히 나타낼 수 있다.

도서명	쪽수/번
2025 수능특강 수학영역 수학 Ⅰ	5쪽 유제 2번

문제해결의 TIP

본 문항은 수학 Ⅰ 과목의 지수함수와 로그함수 단원에서 거듭제곱근과 지수법칙에 관한 문항이다. 따라서 실수 a의 거듭제곱근이 a의 값에 따라 어떤 값을 가지는지 이해하고 문제를 해결할 수 있는지를 평가하고 있다.

예시 답안

실수 a의 n제곱근은 방정식 $x^n = a$의 근임을 이용하자.

8의 세제곱근은 방정식 $x^3 = 8$의 근이다.

이 방정식을 풀면

$x^3 - 8 = 0$에서

$(x-2)(x^2 + 2x + 4) = 0$

이때 이차방정식 $x^2 + 2x + 4 = 0$의 판별식을 D라 하면

$D = 2^2 - 4 \times 4 = -12 < 0$

이므로 이 이차방정식은 서로 다른 두 허근을 갖는다.

따라서 $\alpha = 2$이고, β, γ는 이차방정식 $x^2 + 2x + 4 = 0$의 근이다.

이차방정식의 근과 계수와의 관계에 의하여

$\beta + \gamma = -2$, $\beta\gamma = 4$

이므로

$$\beta^3 + \gamma^3 = (\beta + \gamma)^3 - 3\beta\gamma(\beta + \gamma)$$
$$= (-2)^3 - 3 \times 4 \times (-2) = 16$$

$$\therefore \frac{\beta^3 + \gamma^3}{\alpha} = \frac{16}{2} = 8$$

교과서 속 개념 확인

$\sqrt[n]{a}$ (n제곱근 a)

실수 a의 n제곱근 중 실수인 것은 기호 $\sqrt[n]{a}$ 를 이용하여 다음과 같이 나타낸다.

	$a > 0$	$a = 0$	$a < 0$
n이 홀수	$\sqrt[n]{a} > 0$	$\sqrt[n]{0} = 0$	$\sqrt[n]{a} < 0$
n이 짝수	$\sqrt[n]{a} > 0,\ -\sqrt[n]{a} < 0$	$\sqrt[n]{0} = 0$	없다.

[문제 11]

문항 출제 기준

- 출제 범위: 수학 Ⅰ (삼각함수의 그래프와 그 성질)

- 출제 의도
삼각함수의 그래프를 이해하고 이를 활용할 수 있는지 평가한다.

- 출제 근거
12수학Ⅰ02-02 삼각함수의 뜻을 알고, 사인함수, 코사인함수, 탄젠트함수의 그래프를 그릴 수 있다.

도서명	쪽수/번
EBS 수능완성 수학영역 수학 Ⅰ	19쪽 10번

문제해결의 TIP

본 문항은 수학 Ⅰ 과목의 삼각함수 단원에서 삼각함수의 그래프와 성질에 관한 문항이다. 따라서 코사인함수의 그래프의 개형과 주기, 최댓값, 최솟값을 이용하여 미지수의 값을 구해 문제를 해결할 수 있는지를 평가하고 있다.

예시 답안

함수 $f(x) = 2a\cos 3bx + c$ 의 그래프에서 최댓값이 7, 최솟값이 1이므로

$|2a| + c = 7,\ -|2a| + c = 1$

$a > 0$이므로

$2a + c = 7,\ -2a + c = 1$

위의 두 식을 연립하여 풀면

$a = \dfrac{3}{2},\ c = 4$

한편, 함수 $f(x)$의 주기가 4π이므로

$\dfrac{2\pi}{|3b|} = 4\pi$

이때 $b > 0$이므로 $\dfrac{2\pi}{3b} = 4\pi$

$\therefore b = \dfrac{1}{6}$

따라서

$a + b + c = \dfrac{3}{2} + \dfrac{1}{6} + 4 = \dfrac{9 + 1 + 24}{6} = \dfrac{34}{6} = \dfrac{17}{3}$

이므로

$p = 3,\ q = 17$

$\therefore p + q = 3 + 17 = 20$

 교과서 속 개념 확인

삼각함수의 그래프의 주기

0이 아닌 두 상수 a, b에 대하여 세 함수 $y = a\sin bx$, $y = a\cos bx$, $y = a\tan bx$의 주기는 각각 $\dfrac{2\pi}{|b|}$, $\dfrac{2\pi}{|b|}$, $\dfrac{\pi}{|b|}$이다.

[문제 12]

문항 출제 기준

- 출제 범위: 수학 Ⅰ (합의 기호$\sum$)

- 출제 의도
합의 기호 $\sum$ 의 뜻을 이해하고 이를 활용할 수 있는지 평가한다.

- 출제 근거
12수학Ⅰ03-04 $\sum$의 뜻을 알고, 그 성질을 이해하고, 이를 활용할 수 있다.

도서명	쪽수/번
2025 수능특강 수학영역 수학 Ⅰ	100쪽 Level2 3번

문제해결의 TIP

본 문항은 수학 Ⅰ 과목의 수열 단원에서 합의 기호 $\sum$ 의 뜻에 관한 문항이다. 따라서 이차함수의 그래프와 직선이 만나는 점의 x좌표에 대한 방정식을 구한 후, 이차방정식의 근과 계수의 관계를 이용하여 n에 대한 식으로 나타낸다. 이 식에 합의 기호 $\sum$와 로그의 성질을 이용하여 문제를 해결할 수 있는지를 평가하고 있다.

이차함수 $y = x^2 - 3nx - 1$의 그래프와 직선 $y = 2x - 3n$이 만나는 서로 다른 두 점의 x좌표는 이차방정식

$x^2 - 3nx - 1 = 2x - 3n$의 해이다.

따라서 $x^2 - (3n+2)x + 3n - 1 = 0$에서 이차방정식의 근과 계수의 관계에 의하여

$\alpha_n + \beta_n = 3n + 2$, $\alpha_n \beta_n = 3n - 1$

$$\therefore \sum_{n=1}^{20} \log\left(\frac{1}{\alpha_n} + \frac{1}{\beta_n}\right)$$

$$= \sum_{n=1}^{20} \log \frac{\alpha_n + \beta_n}{\alpha_n \beta_n}$$

$$= \sum_{n=1}^{20} \log \frac{3n+2}{3n-1}$$

$$= \log \frac{5}{2} + \log \frac{8}{5} + \log \frac{11}{8} + \cdots + \log \frac{62}{59}$$

$$= \log\left(\frac{5}{2} \times \frac{8}{5} \times \frac{11}{8} \times \cdots \times \frac{62}{59}\right)$$

$$= \log \frac{62}{2} = \log 31$$

[문제 13]

문항 출제 기준

- 출제 범위: 수학 Ⅱ (함수의 극한에 대한 성질)

- 출제 의도
  수렴하는 함수의 극한에 대한 성질을 이해하고 이를 활용할 수 있는지 평가한다.

- 출제 근거
  12수학Ⅱ 01-02 함수의 극한에 대한 성질을 이해하고, 함수의 극한값을 구할 수 있다.

도서명	쪽수/번
2025 수능특강 수학영역 수학 Ⅱ	7쪽 유제 4번

문제해결의 TIP

본 문항은 수학 Ⅱ 과목의 함수의 극한과 연속 단원에서 수렴하는 함수의 극한에 대한 성질에 관한 문항이다. 따라서 함수의 극한에 대한 성질을 이해하고, 함수식을 변형하여 함수의 극한값을 구할 수 있는지를 평가하고 있다.

$$\lim_{x \to a} \frac{g(x)}{f(x)} = \lim_{x \to a} \frac{\{\sqrt[3]{g(x)}\}^3}{\{\sqrt{f(x)}\}^2}$$

$$= \lim_{x \to a} \frac{\{\sqrt[3]{g(x)}\}^3 \times \sqrt{f(x)}}{\{\sqrt{f(x)}\}^2 \times \sqrt{f(x)}}$$

$$= \lim_{x \to a} \frac{\{\sqrt[3]{g(x)}\}^3 \sqrt{f(x)}}{\{\sqrt{f(x)}\}^3}$$

$$= \lim_{x \to a} \frac{\{\sqrt[3]{g(x)}\}^3}{\{\sqrt{f(x)}\}^3} \times \lim_{x \to a} \sqrt{f(x)}$$

$$= 4^3 \times \sqrt{9} = 192$$

교과서 속 개념 확인

함수의 극한에 대한 성질

두 함수 $f(x)$, $g(x)$에 대하여 $\lim\limits_{x \to a} f(x) = \alpha$, $\lim\limits_{x \to a} g(x) = \beta$ (α, β는 실수)일 때

(1) $\lim\limits_{x \to a} cf(x) = c \lim\limits_{x \to a} f(x) = c\alpha$ (단, c는 상수)

(2) $\lim\limits_{x \to a} \{f(x) + g(x)\} = \lim\limits_{x \to a} f(x) + \lim\limits_{x \to a} g(x) = \alpha + \beta$

(3) $\lim\limits_{x \to a} \{f(x) - g(x)\} = \lim\limits_{x \to a} f(x) - \lim\limits_{x \to a} g(x) = \alpha - \beta$

(4) $\lim\limits_{x \to a} f(x)g(x) = \lim\limits_{x \to a} f(x) \times \lim\limits_{x \to a} g(x) = \alpha\beta$

(5) $\lim\limits_{x \to a} \dfrac{f(x)}{g(x)} = \dfrac{\lim\limits_{x \to a} f(x)}{\lim\limits_{x \to a} g(x)} = \dfrac{\alpha}{\beta}$ (단, $\beta \neq 0$)

[문제 14]

문항 출제 기준

- 출제 범위: 수학 Ⅱ (평균변화율과 미분계수)

- 출제 의도
  평균변화율과 미분계수의 뜻을 이해하고 이를 활용할 수 있는지 평가한다.

- 출제 근거
  12수학Ⅱ 02-01 미분계수의 뜻을 알고, 그 값을 구할 수 있다.

도서명	쪽수/번
2025 수능완성 수학영역 수학 Ⅱ	48쪽 01번

문제해결의 TIP

본 문항은 수학 Ⅱ 과목의 미분 단원에서 미분계수에 관한 문항이다. 따라서 미분계수의 뜻을 이해하고 이를 이용하여 식을 변형해 문제를 해결할 수 있는지를 평가하고 있다.

예시 답안

함수 $f(x)$ 가 다항함수이므로 $x=5$ 에서 연속이다.

즉, $\lim_{x \to 5} f(x) = f(5)$ 이므로

$f(5) = 3$

따라서

$$\lim_{h \to 0} \frac{f(5+4h)f\left(5+\dfrac{h}{2}\right) - 3f(5+4h)}{h}$$

$$= \lim_{h \to 0} \left\{ f(5+4h) \times \frac{f\left(5+\dfrac{h}{2}\right) - 3}{h} \right\}$$

$$= \lim_{h \to 0} \left\{ f(5+4h) \times \frac{f\left(5+\dfrac{h}{2}\right) - f(5)}{h} \right\}$$

$$= \lim_{h \to 0} \left\{ f(5+4h) \times \frac{f\left(5+\dfrac{h}{2}\right) - f(5)}{\dfrac{h}{2}} \times \frac{1}{2} \right\}$$

$$= f(5) \times f'(5) \times \frac{1}{2}$$

$$= 3 \times f'(5) \times \frac{1}{2} = \frac{3}{2} f'(5)$$

에서

$\dfrac{3}{2} f'(5) = 6$

$\therefore f'(5) = 4$

 교과서 속 개념 확인

미분계수

함수 $y=f(x)$ 의 $x=a$ 에서의 미분계수는

$$f'(a) = \lim_{h \to 0} \frac{f(a+h) - f(a)}{h} = \lim_{x \to a} \frac{f(x) - f(a)}{x-a}$$

[문제 15]

문항 출제 기준

- 출제 범위: 수학 Ⅱ (정적분과 미분의 관계)

- 출제 의도
  정적분과 미분의 관계를 이해하고 이를 활용할 수 있는지 평가한다.

- 출제 근거
  12수학Ⅱ 03-04 다항함수의 정적분을 구할 수 있다.

도서명	쪽수/번
2025 수능특강 수학영역 수학 Ⅱ	75쪽 유제 4번

문제해결의 TIP

본 문항은 수학 Ⅱ 과목의 적분 단원에서 정적분과 미분의 관계에 관한 문항이다. 따라서 정적분과 미분의 관계를 이해하고, 정적분의 성질을 이용하여 다항함수 $f(x)$ 의 식을 구해 문제를 해결할 수 있는지를 평가하고 있다.

예시 답안

$$\frac{1}{2} x^2 f(x) = \int_2^x (t+2)f(t)dt - \int_x^{-2} (t-2)f(t)dt$$

$$= \int_2^x (t+2)f(t)dt + \int_{-2}^x (t-2)f(t)dt$$

위 식의 양변을 x 에 대하여 미분하면

$$xf(x) + \frac{1}{2} x^2 f'(x) = (x+2)f(x) + (x-2)f(x)$$

$$= 2xf(x)$$

$$\frac{1}{2} x^2 f'(x) = xf(x) \quad \cdots\cdots \ \ominus$$

$f(x)$ 의 차수를 n, 최고차항의 계수를 $a \ (a>0)$ 라 하자. ㉠의 양변의 최고차항의 계수를 비교하면 $\dfrac{1}{2} an = a$ 이므로

$n = 2$

이때 $f(x) = ax^2 + bx + c \ (a, \ b, \ c$ 는 상수$)$ 라 하면

$f'(x) = 2ax + b$

위 식을 ㉠에 대입하여 풀면

$\dfrac{1}{2} x^2 \times (2ax + b) = x(ax^2 + bx + c)$ 에서

$ax^3 + \dfrac{1}{2} bx^2 = ax^3 + bx^2 + cx$

계수비교법에 의해 $\dfrac{1}{2} b = b, \ c = 0$

$\therefore b = 0, \ c = 0$

즉, $f(x) = ax^2$ 이다.

$$\frac{1}{2}x^2 f(x) = \int_2^x (t+2)f(t)dt - \int_x^{-2} (t-2)f(t)dt$$

$$\cdots\cdots ㉡$$

㉡의 양변에 $x = 2$를 대입하면

$$2f(2) = -\int_2^{-2} (t-2)f(t)dt = \int_{-2}^2 (t-2)f(t)dt$$

이므로

$$8a = \int_{-2}^2 (x-2)f(x)dx$$

㉡의 양변에 $x = -2$를 대입하면

$$2f(-2) = \int_2^{-2} (t+2)f(t)dt = -\int_{-2}^2 (t+2)f(t)dt$$

이므로

$$-8a = \int_{-2}^2 (x+2)f(x)dx$$

따라서

$$\int_{-2}^2 (x-2)f(x)dx \times \int_{-2}^2 (x+2)f(x)dx = -64a^2 = -16$$

에서

$$a^2 = \frac{1}{4}$$

$a > 0$이므로 $a = \dfrac{1}{2}$

따라서 $f(x) = \dfrac{1}{2}x^2$ 이므로

$$f(4) = 8$$

 교과서 속 개념 확인

정적분과 미분의 관계
함수 $f(x)$가 닫힌구간 $[a, b]$에서 연속일 때

$$\frac{d}{dx}\int_a^x f(t)dt = f(x) \ (단, \ a < x < b)$$

제2회 인문 계열 정답 및 해설

국어

[문제 1]

문항 출제 기준

- **출제 범위**: 국어 (화법, 회의, 내용 생성하기)
- **출제 의도**
  고등학교 교육과정에서 회의를 통해 타인의 의견에 경청하고, 교지라는 작문 맥락을 고려하여 주제를 구체화하고 적절한 내용을 생성할 수 있는 능력을 평가하고자 출제하였다.
- **출제 근거**
  `10국01-05` 의사소통 과정을 점검하고 조정하며 듣고 말한다.
  `12화작01-01` 사회적 의사소통 행위로서 화법과 작문의 특성을 이해한다.

도서명	쪽수/번
지학사 화법과 작문	90~91쪽
2020(고3) 3월 학력평가	4~7번

문제해결의 TIP

제시된 글에서 학생 3은 '얼마~읽었어.'와 같이 척추 건강의 중요성을 강조하기 위해 학생들이 공감할 만한 실제적 추세와 주제와의 관련도를 고려하여 적합한 자료를 선정하였다.
또한, 회의의 마지막 부분에서 학생 1은 '그럼~소개하자.'와 같이 올바른 자세와 운동 방법 등의 예방 방안을 구상하였다.

예시 답안

- ㉠, ㉡ 각각 첫 어절과 마지막 어절을 순서대로 정확하게 쓴 경우만 정답으로 인정함.

답안	배점
㉠: 얼마, 읽었어.	5
㉡: 그럼, 소개하자.	5

[문제 2]

문항 출제 기준

- **출제 범위**: 독서 (사실적·추론적 이해, 사회·문화 분야의 글 읽기)
- **출제 의도**
  고등학교 교육과정에서 사회·문화 분야의 글을 읽고 드러난 정보를 명확하게 파악하고, 세부 내용을 파악할 수 있는 능력과 실제 사례에 적용하여 그 결과를 유추해 낼 수 있는 추론적 독해 능력을 평가하고자 출제하였다.
- **출제 근거**
  `12독서02-01` 글에 드러난 정보를 바탕으로 중심 내용, 주제, 글의 구조와 전개 방식 등 사실적 내용을 파악하며 읽는다.
  `12독서02-05` 글에서 자신과 사회의 문제를 해결하는 방법이나 필자의 생각에 대한 대안을 찾으며 창의적으로 읽는다.

도서명	쪽수/번
비상 독서	142쪽
2025 수능특강 독서	143~144쪽

문제해결의 TIP

채무자가 총비용, 총이자, 그리고 원금 순서로 변제해야 하는 상황에서, 한 개의 채무가 있는 경우 해당 채무의 총비용, 총이자를 계산하고, 이를 원금과 더하여 변제한다.

주어진 〈보기〉 상황에서는 다음과 같이 계산한다.

총비용 = 매달 고정 비용 × 대출 기간

총비용 = 100원 × 30개월 = 3,000원

$$총이자 = 원금 × 연 이자율 × \frac{대출 기간}{12}$$

$$총이자 = 100,000원 × 0.04 × \frac{30}{12} = 10,000원$$

따라서 채무자는 이 채무를 변제하기 위해 총비용과 총이자, 원금을 모두 더한 총 113,000원을 지불해야 한다.

답안	배점
①: 3,000	3
②: 10,000	3
③: 113,000	4

– ①~③을 각각 정확하게 쓴 경우만 정답으로 인정함.

 교과서 속 개념 확인

사회 · 문화 분야 글의 특성
(1) 개념: 사회와 그 속 다양한 현상을 탐구하는 내용의 글이다.
(2) 세부 분야: 교육, 인류, 법, 경제, 정치, 언론, 문화, 사회, 지리, 심리
(3) 방법
  ① 주장의 논리성, 타당성을 비판하며 읽는다.
  ② 글에 반영된 사회적 요구와 신념을 파악하며 읽는다.
  ③ 사회 · 문화적 맥락을 함께 이해하며 읽는다.

작품 분석

「채무의 변제」

■ 해제
이 글은 금전 소비 대차 계약의 정의를 제시하고, 채권을 변제할 때의 순서와 법적 규정에 대해 설명하고 있다. 이행기의 도래 여부, 변제로 인한 유불리 등 채권을 상환하는 방법에 대해 자세히 제시하고 있다. 채권의 변제는 채무자가 직접 해야 하지만 제삼자가 변제를 대행하는 경우도 있다. 채무자는 제삼자의 변제를 거부할 수 있고, 채무를 대신 변제하는 것이 제삼자에게 법적 이익을 주는 경우라면 채무자의 동의 없이도 제삼자가 변제할 수 있다. 채권 변제 과정에서 실제 채권자가 아닌 사람을 채권자로 오인하여 변제하는 준점유자의 문제가 발생하기도 한다.

■ 주제
금전 소비 대차 계약에 관한 이해

| 3~4 |

문항 출제 기준

• **출제 범위**: 독서 (사실적 · 추론적 이해, 인문 · 예술 분야 글 읽기)

• **출제 의도**
고등학교 교육과정에서 인문 · 예술 분야의 글을 읽고 중심 내용을 순차적인 흐름에 따라 이해하고, 맥락을 분석하여 생략된 내용을 유추할 수 있는 능력을 파악하고자 출제하였다.

• **출제 근거**
  12독서02-01 글에 드러난 정보를 바탕으로 중심 내용, 주제, 글의 구조와 전개 방식 등 사실적 내용을 파악하며 읽는다.
  12독서02-02 글에 드러나지 않은 정보를 예측하여 필자의 의도나 글의 목적, 숨겨진 주제, 생략된 내용을 추론하며 읽는다.
  12독서03-01 인문 · 예술 분야의 글을 읽으며 제재에 담긴 인문학적 세계관, 예술과 삶의 문제를 대하는 인간의 태도, 인간에 대한 성찰 등을 비판적으로 이해한다.

도서명	쪽수/번
천재 독서	46~47, 100~101쪽
EBS 수능특강 독서	13~14쪽

[문제 3]

문제해결의 TIP

〈보기2〉는 의사 결정을 할 때, 특정 권위자의 의견이 채택되는 경우를 제시하고 있다. 이는 애로가 제시한 바람직한 의사 결정 방법이 갖추어야 하는 요건 중 '비독재성'이 갖추어지지 않은 경우에 해당한다. 비독재성은 사회적 선호가 어떤 한 사람의 선호를 따르지 않아야 한다는 요건이다. 즉, 특정 개인의 선호가 사회 전체의 선호가 되어서는 안 된다는 것이다.
비독재성이 결여된 경우 '참여적 의사 결정'을 도입하여 이해관계자들의 참여와 의견 수렴을 통해 의사 결정을 내릴 수 있도록 해야 한다.

예시 답안

– ①, ②를 정확하게 쓴 경우만 정답으로 인정함.

답안	배점
①: 비독재성	5
②: 참여적	5

[문제 4]

문제해결의 TIP

제시된 글의 내용으로 파악할 수 없는 내용이다. 다만, 개인의 선호를 분명하게 할 수 있다는 점이 집단적 결정으로 종합하는 것의 수월함을 보장하지는 않는다. 개인의 선호가 분명하더라도 이를 집단적으로 종합하는 과정에서 문제가 발생할 수도 있기 때문이다. 따라서 ㉠은 적절하지 않다.

3문단에 의하면 의사 결정 과정을 거쳐 나온 결론은 비민주적이거나 비합리적일 수도 있으므로 선택받지 못한 다른 대안과 의견을 존중해야 한다. 따라서 ㉡은 적절하다.

3문단에 의하면 애로는 합리적인 의사 결정이 갖추어야 하는 요건을 동시에 달성할 수 없다는 것을 수학적 방법을 통해 증명하였다. 이를 통해 다섯 가지 조건을 모두 만족시키는 의사 결정 방식은 현실에 존재하지 않는다는 점을 알 수 있다. 따라서 ㉢은 적절하다.

회사 내에서 모든 직원이 A 프로젝트에 대한 방향을 선호한다면, 이는 파레토 원리에 부합하는 상황으로 애로의 무제한성 원칙과는 무관한 내용이다. 따라서 ㉣은 적절하지 않다.

2문단에 의하면 애로는 합리적인 의사 결정 방법의 기준으로 선호 영역의 무제한성, 이행성, 무관한 대안으로부터의 독립성, 비독재성을 제시하였다. 따라서 ㉤은 적절하다.

예시 답안

– ①~②를 정확하게 쓴 경우만 정답으로 인정함.

답안	배점
①: ㉠	5
②: ㉣	5

작품 분석

「의사 결정과 애로의 불가능성 정리」

■ 해제
애로의 불가능성 정리는 사회 구성원 모두를 만족시키는 이상적인 의사 결정을 내리기 어렵다는 것을 보여 준다. 경제학자 애로는 합리적인 의사 결정을 위해 선호 영역의 무제한성, 파레토 원리, 완비성과 이행성, 무관한 대안으로부터의 독립성, 비독재성이라는 다섯 가지 기준을 제시한다. 그러나 이 다섯 가지 기준을 모두 만족시키는 완벽한 의사 결정 방식은 존재하지 않는다. 따라서 제시문은 의사 결정 과정에서는 합리성과 민주성을 추구하되, 선택되지 않은 의견도 존중해야 함을 강조하고 있다.

■ 주제
애로의 합리적인 의사 결정 방법

| 5~6 |

문항 출제 기준

• 출제 범위: 독서 (사실적 이해, 과학·기술 분야 글 읽기)

• 출제 의도
고등학교 교육과정에서 과학·기술 분야의 글에 나타난 지식을 사실적으로 이해하여 분석할 수 있는 능력을 평가하고자 출제하였다.

• 출제 근거
12독서02-01 글에 드러난 정보를 바탕으로 중심 내용, 주제, 글의 구조와 전개 방식 등 사실적 내용을 파악하며 읽는다.
12국어02-04 목적에 맞게 자료를 선택하여 읽고 다양한 정보를 찾는다.
12독서03-03 과학·기술 분야의 글을 읽으며 제재에 담긴 지식과 정보의 객관성, 논거의 입증 과정과 타당성, 과학적 원리의 응용과 한계 등을 비판적으로 이해한다.

도서명	쪽수/번
미래엔 독서	74~75, 174~175쪽
2025 수능특강 독서	210~211쪽

[문제 5]

제시된 글은 '용해도' 변화를 유도하는 방법에 따라 결정화 기술을 '냉각 결정화'와 '반용매 결정화'로 나누어 설명하고 있다. 이 중 용액의 온도를 낮추는 방식으로 용해도 변화를 유도하여 결정을 생성하는 방식은 '냉각 결정화'이고, 용질을 용해하지 않고 용매에는 용해되는 물질인 반용매를 첨가하여 용해도의 변화를 유도하는 방식은 '반용매 결정화'이다.

예시 답안

답안	배점
①: 냉각 결정화	3
②: 반용매 결정화	3
③: 용해도	4

– ①~③을 각각 정확하게 쓴 경우만 정답으로 인정함.

[문제 6]

문제해결의 TIP

금속의 결정화 단계는 먼저, 고체 물질을 선택한 용매에 천천히 추가하고 가열한다.

그다음 포화 상태의 용액에 반용매를 추가하여 불안정을 유도하고, 용액을 냉각한다.

마지막으로 결정체가 성장하고 용액에서 떨어져 나가는 과정이 일어난다.

예시 답안

답안	배점
③ - ④ - ① - ②	10

– 정답을 정확하게 쓴 경우만 정답으로 인정함.

 교과서 속 개념 확인

과학·기술 분야 글의 특성

(1) 개념: 자연 현상이나 과학적 연구 성과 등의 원리를 객관적으로 탐구하는 내용의 글이다.

(2) 세부 분야: 지구·생명 과학, 천문, 화학, 물리, 컴퓨터, 정보 통신, 우주 항공, 기계·전자 공학

(3) 방법
① 용어나 개념을 정확하게 파악하며 읽는다.
② 설명의 인과 관계에 유의하며 읽는다.
③ 도표, 그림, 사진 등 보조 자료를 글의 내용과 관련지어 읽는다.

작품 분석

「결정화 기술과 결정 성장 이론」

■ 해제
이 글은 냉각 결정화, 반용매 결정화의 개념을 제시하고, 결정화가 일어나는 과정을 설명하고 있다. 냉각 결정화와 반용매 결정화는 다양한 방법으로 과포화를 유도하여 용질을 결정으로 석출한다. 물질은 에너지가 높을수록 불안정하고 에너지가 낮을수록 안정한 상태이고, 과포화 상태가 포화 상태보다 에너지가 불안정한 상태이다. 과포화 상태의 용액에서 결정이 석출되는 과정을 통해 에너지가 감소하고 물질은 안정화된다. 결정화가 일어나기 위해서는 먼저 원자들이 모여 핵이 형성되어야 하며, 이 핵이 임계 크기 이상으로 성장하면 결정으로 석출된다.

■ 주제
결정화의 다양한 방법과 결정 성장 이론

[문제 7]

📕 문항 출제 기준

- **출제 범위:** 문법 (음운 변동, 거센소리되기, 음절의 끝소리 규칙, 된소리되기)

- **출제 의도**
고등학교 교육과정에서 음운 변동 특성을 이해하고 실제 사례에 적용할 수 있는 능력을 평가하고자 출제하였다.

- **출제 근거**
`10국04-02` 음운의 변동을 탐구하여 올바르게 발음하고 표기한다.
`12언매02-01` 실제 국어생활을 바탕으로 음운의 체계와 변동에 대해 탐구한다.

도서명	쪽수/번
미래엔 국어	198쪽
미래엔 언어와 매체	58쪽

💡 문제해결의 TIP

'닳도록'은 [달토록]으로 발음된다. 이때 겹받침 'ㅀ'의 'ㅎ'과 'ㄷ'이 만나 'ㅌ'으로 바뀌는 '거센소리되기'가 일어난다.
'높고'는 [놉꼬]로 발음된다. 이때 먼저 'ㅍ'이 'ㅂ'으로 발음되는 '음절의 끝소리 규칙'이 일어나고, 'ㄱ'이 선행 음절의 말음 'ㅂ' 뒤에서 'ㄲ'으로 바뀌는 '된소리되기'가 일어난다.

📝 예시 답안

– ①, ②의 각 항목을 정확하게 쓴 경우만 정답으로 인정함.	
답안	배점
①: 거센소리되기	5
②: 음절의 끝소리 규칙, 된소리되기	5

| 8~9 |

📕 문항 출제 기준

- **출제 범위:** 문학 (희곡, 소재의 상징적 의미)

- **출제 의도**
고등학교 교육과정에서 인간의 욕망에서 비롯된 한 가족의 비극적인 삶을 이해하고, 나아가 문학 작품 중 소설에 나타난 소재의 상징적 의미를 이해하고, 이를 분석할 수 있는 능력을 평가하고자 출제하였다.

- **출제 근거**
`12문학01-01` 문학이 인간과 세계에 대한 이해를 돕고, 삶의 의미를 깨닫게 하며, 정서적·미적으로 삶을 고양함을 이해한다.
`12문학03-06` 지역 문학과 한민족 문학, 전통적 문학과 현대적 문학 등 다양한 양태를 중심으로 한국 문학의 발전상을 탐구한다.

도서명	쪽수/번
2025 수능특강 문학	23~25쪽

[문제 8]

💡 문제해결의 TIP

이 작품은 가난한 남해안 어민들의 삶을 다루며, 특히 인물 간의 갈등과 대립을 통해 주제를 부각한다. 주인공인 곰치는 가난하지만 만선의 꿈을 품고 바다의 풍랑과 싸우는 어부로 강인한 집념을 가진 인물이다. 반면, 그의 아내인 구포댁은 어부의 숙명에서 벗어나고 싶어하며, 자식들의 안전을 우선시하는 모성애를 지닌 인물이다.

📝 예시 답안

– ①, ②를 정확하게 쓴 경우만 정답으로 인정함.	
답안	배점
①: 곰치	5
②: 구포댁	5

[문제 9]

'만선(滿船)'은 한 가득 찬 배를 의미한다. 곰치는 그가 갈망하던 대로 만선의 꿈을 이루지만 거센 바람 때문에 배가 뒤집혀 잡은 고기는 물론, 아들 도삼과 아들 친구인 연철이마저 잃고 홀로 구조된다. 그럼에도 한번 배를 띄워 만선을 이루고자 하고 있다. 따라서 인간의 욕망과 가치를 보여주는 소재는 '만선'이다.

📝 예시 답안

– 정답을 정확하게 쓴 경우만 정답으로 인정함.

답안	배점
만선	10

📖 작품 분석

천승세, 「만선」

■ 해제
이 작품은 삶의 의미를 바다에 두며 만선의 꿈을 버리지 못하는 한 어부의 집념과 그로 인한 가족의 비극적인 삶을 다룬 희곡이다. 곰치는 어부로서 평생 '만선(滿船)'을 꿈꾸며 끊임없이 바다로 나가지만, 형제들과 아들을 잃었고, 아내는 결국 정신 이상자가 되어 버린다. 이 작품은 자신의 욕망을 좇는 한 어부의 삶을 통해 다양한 갈등과 좌절을 보여주고 있다.

■ 주제
거친 바다와 맞서 싸우는 인간의 집념과 만선을 향한 도전 의지

■ 전체 줄거리
대대로 바다만 바라보고 살아온 곰치는 악덕 선주 임제순에게 지고 있는 뱃삯 빚을 갚고 작은 배라도 한 척 장만할 수 있으리라는 꿈에 부푼다. 빚에서 벗어나지 못하고, 임제순의 빚 독촉으로 곰치의 배가 묶이게 되고, 부당한 계약서에 손을 찍고 바다로 나간다. 그러나 거센 풍랑으로 딸의 애인과 아들을 잃고 혼자 돌아오게 된다. 이 사고로 곰치의 아내인 구포댁은 정신 이상자가 되고, 슬슬이도 큰 충격을 받는다. 곰치는 만선의 꿈을 포기하지 않고, 막내 아들이 어부가 되도록 하겠다고 결심한다. 그러나 구포댁은 미쳐서 마지막 남은 갓난 아들을 배에 실어 육지로 떠나 보낸다. 결국 사랑하는 사람을 잃고 늙은 범쇠에게 팔리다시피 시집가야 할 처지에 놓인 슬슬이마저도 목을 매어 자살하고 만다.

수학

[문제 10]

- **출제 범위:** 수학 Ⅰ (지수함수와 로그함수의 그래프)

- **출제 의도**
지수함수와 로그함수의 그래프를 이해하고 이를 활용할 수 있는지 평가한다.

- **출제 근거**
[12수학Ⅰ 01-07] 지수함수와 로그함수의 그래프를 그릴 수 있고, 그 성질을 이해한다.

도서명	쪽수/번
2025 수능특강 수학영역 수학 Ⅰ	33쪽 Level2 5번

💡 문제해결의 TIP

본 문항은 수학 Ⅰ 과목의 지수함수와 로그함수 단원에서 지수함수와 로그함수의 그래프와 성질에 관한 문항이다. 따라서 밑의 범위에 따라 지수함수와 로그함수의 그래프의 개형을 그린 후, 지수함수와 로그함수의 두 그래프가 서로 역함수 관계임을 이용하여 문제를 해결할 수 있는지를 평가하고 있다.

📝 예시 답안

함수 $y = \log_a x$의 그래프와 직선 $y = x$가 서로 다른 두 점에서 만나므로 $a > 1$이고, 함수 $y = \log_a x$의 역함수 $y = a^x$의 그래프와 직선 $y = x$는 서로 다른 두 점에서 만난다.
이때 함수 $y = b^x$의 그래프와 직선 $y = x$는 만나지 않으므로 $1 < a < b$이다.
이를 그림으로 나타내면 다음과 같다.

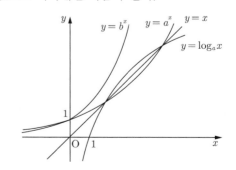

$0 < \dfrac{a}{b} < 1$이므로 함수 $f(x) = \left(\dfrac{a}{b}\right)^x$의 그래프는 x의 값이 증가하면 y의 값은 감소한다.

$\{x \mid -2 \le x \le 3\}$에서 함수 $f(x) = \left(\dfrac{a}{b}\right)^x$은 $x = 3$일 때

최솟값 $\dfrac{1}{8}$을 가지므로 $\left(\dfrac{a}{b}\right)^3 = \dfrac{1}{8}$에서

$\dfrac{a}{b} = \dfrac{1}{2}$

따라서 $\{x \mid -2 \le x \le 3\}$에서 함수 $f(x) = \left(\dfrac{a}{b}\right)^x = \left(\dfrac{1}{2}\right)^x$은

$x = -2$일 때 최댓값을 가지므로 구하는 최댓값은

$f(-2) = \left(\dfrac{1}{2}\right)^{-2} = 4$

 교과서 속 개념 확인

지수함수 $y = a^x$ $(a > 0,\ a \ne 1)$의 성질
(1) 지수함수의 그래프
　① $a > 1$일 때

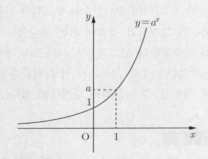

　② $0 < a < 1$일 때

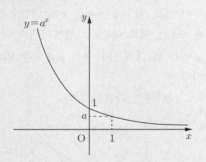

(2) 정의역은 실수 전체의 집합이고, 치역은 양의 실수 전체의 집합이다.
(3) $a > 1$일 때, x의 값이 증가하면 y의 값도 증가한다.
　$0 < a < 1$일 때, x의 값이 증가하면 y의 값은 감소한다.
(4) 그래프는 점 $(0,\ 1)$을 지나고, 점근선은 x축이다.

참고 지수함수 $y = a^x$에서
① $a > 1$일 때, $x_1 < x_2$이면 $a^{x_1} < a^{x_2}$
② $0 < a < 1$일 때, $x_1 < x_2$이면 $a^{x_1} > a^{x_2}$

[문제 11]

문항 출제 기준

• 출제 범위: 수학 Ⅰ (사인법칙과 코사인법칙의 활용)

• 출제 의도
사인법칙과 코사인법칙을 이해하고 이를 활용할 수 있는지 평가한다.

• 출제 근거
12수학Ⅰ 02-03 사인법칙과 코사인법칙을 이해하고, 이를 활용할 수 있다.

도서명	쪽수/번
2025 수능완성 수학영역 수학 Ⅰ	145쪽 11번

문제해결의 TIP

본 문항은 중학교 수학 과목의 삼각형의 내각의 이등분선의 성질, 원주각의 성질과 수학 Ⅰ 과목의 삼각함수 단원에서 사인법칙, 코사인법칙을 연계하여 출제한 문항이다. 따라서 사인법칙과 코사인법칙을 이용하여 삼각형의 변의 길이를 구한 후, 삼각형의 내각의 성질과 원주각의 성질을 통해 삼각형 BCD는 정삼각형임을 이해하고 문제를 해결할 수 있는지를 평가하고 있다.

예시 답안

삼각형 ABC의 외접원의 반지름의 길이가 $\sqrt{21}$이므로 사인법칙에 의해

$\dfrac{\overline{\mathrm{BC}}}{\sin \dfrac{2}{3}\pi} = 2\sqrt{21}$

$\therefore \overline{\mathrm{BC}} = 2\sqrt{21} \times \sin \dfrac{2}{3}\pi = 2\sqrt{21} \times \dfrac{\sqrt{3}}{2} = 3\sqrt{7}$

삼각형 ABD의 외접원의 반지름의 길이가 $\sqrt{21}$이므로 사인법칙에 의해

$\dfrac{\overline{\mathrm{AB}}}{\sin(\angle \mathrm{BDA})} = 2\sqrt{21}$

$\overline{\mathrm{AB}} = 2\sqrt{21} \times \sin(\angle \mathrm{BDA}) = 2\sqrt{21} \times \dfrac{2\sqrt{7}}{7} = 4\sqrt{3}$

삼각형 ABC에서 $\overline{AC}=x\,(x>0)$

코사인법칙에 의해

$$\overline{BC}^2=\overline{AB}^2+\overline{AC}^2-2\times\overline{AB}\times\overline{AC}\times\cos\frac{2}{3}\pi$$

$$(3\sqrt{7})^2=(4\sqrt{3})^2+x^2-2\times4\sqrt{3}\times x\times\left(-\frac{1}{2}\right)$$

$$x^2+4\sqrt{3}\,x-15=0,\ (x+5\sqrt{3})(x-\sqrt{3})=0$$

$x>0$이므로 $x=\sqrt{3}$

직선 AD가 $\angle$BAC를 이등분하므로

$\overline{AB}:\overline{AC}=\overline{BE}:\overline{CE}$ 에서

$\overline{BE}=4\overline{CE}$

원주각의 성질에 의해

$\angle BAD=\angle BCD=\dfrac{\pi}{3}$, $\angle CAD=\angle CBD=\dfrac{\pi}{3}$ 이므로

삼각형 BCD는 정삼각형이다.

따라서 $\overline{BE}=\dfrac{4}{5}\overline{BD}=\dfrac{12\sqrt{7}}{5}$, $\overline{CE}=\dfrac{1}{5}\overline{BD}=\dfrac{3\sqrt{7}}{5}$

이므로

$$\frac{25}{7}\left(\overline{BE}^2+\overline{CE}^2\right)=144+9=153$$

 교과서 속 개념 확인

사인법칙

삼각형 ABC의 외접원의 반지름의 길이를 R라 하면

$$\sin A=\frac{a}{2R},$$

$$\sin B=\frac{b}{2R},$$

$$\sin C=\frac{c}{2R}$$

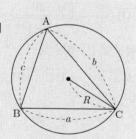

코사인법칙

삼각형 ABC에서

$$\cos A=\frac{b^2+c^2-a^2}{2bc},$$

$$\cos B=\frac{c^2+a^2-b^2}{2ca},$$

$$\cos C=\frac{a^2+b^2-c^2}{2ab}$$

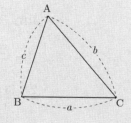

[문제 12]

문항 출제 기준

- 출제 범위: 수학 Ⅰ (귀납적으로 정의된 수열)

- 출제 의도
귀납적으로 정의된 수열을 이해하고 이를 해결할 수 있는지 평가한다.

- 출제 근거

12수학 Ⅰ 03-06 수열의 귀납적 정의를 이해한다.

도서명	쪽수/번
2025 수능특강 수학영역 수학 Ⅰ	95쪽 예제 5번

문제해결의 TIP

본 문항은 수학 Ⅰ 과목의 수열 단원에서 귀납적으로 정의된 수열에 관한 문항이다. 따라서 귀납적으로 정의된 수열에서 n에 1, 2, 3, …을 차례로 대입하여 조건을 만족하는 특정한 항의 값을 구한 후, 등차수열의 합의 공식을 이용하여 문제를 해결할 수 있는지를 평가하고 있다.

예시 답안

$$a_{n+1}=\begin{cases}a_n+4 & (a_n\le 50)\\ a_n-50 & (a_n>50)\end{cases}$$

$a_1=2$

$a_2=2+4=2+4\times1=6$

$a_3=6+4=2+4\times2=10$

$a_4=10+4=2+4\times3=14$

$\vdots$

$a_{13}=2+4\times12=50$

$a_{14}=2+4\times13=54$

$a_{15}=54-50=4$

$\vdots$

$a_{14}>a_{15}$이므로 $m=14$

따라서 구하는 값은 첫째항이 2이고 공차가 4인 등차수열의 제14항까지의 합이므로

$$\sum_{k=1}^{14}a_k=\frac{14\times(a_1+a_{14})}{2}=\frac{14\times(2+54)}{2}=392$$

📖 **교과서 속 개념 확인**

등차수열의 합

(1) 첫째항이 a, 제n항이 l인 등차수열 $\{a_n\}$의 첫째항부터 제n항 까지의 합 S_n은

$$S_n = \frac{n(a+l)}{2}$$

(2) 첫째항이 a, 공차가 d인 등차수열 $\{a_n\}$의 첫째항부터 제n항 까지의 합 S_n은

$$S_n = \frac{n\{2a+(n-1)d\}}{2}$$

[문제 13]

🏛 **문항 출제 기준**

• **출제 범위**: 수학 Ⅱ (함수의 극한의 도형에의 활용)

• **출제 의도**
도형의 넓이에 대한 극한값을 구할 수 있는지 평가한다.

• **출제 근거**
[12수학Ⅱ 01-02] 함수의 극한에 대한 성질을 이해하고, 함수의 극한 값을 구할 수 있다.

도서명	쪽수/번
2025 수능특강 수학영역 수학 Ⅱ	15쪽 Level2 8번

🔧 **문제해결의 TIP**

본 문항은 수학 Ⅱ 과목의 함수의 극한과 연속 단원에서 극한의 도형에의 활용에 관한 문항이다. 따라서 두 삼각형의 넓이를 미지 수 a에 대한 식으로 나타낸 후, 함수의 극한을 도형에 활용하여 문제를 해결할 수 있는지를 평가하고 있다.

📝 **예시 답안**

두 점 A, B는 곡선 $y=x^2-9$가 x축과 만나는 점이므로 $x^2-9=0$에서

$(x+3)(x-3)=0$

$\therefore x=-3$ 또는 $x=3$, 즉 A$(-3, 0)$, B$(3, 0)$

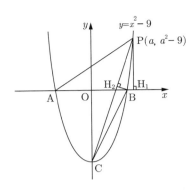

점 P에서 x축에 내린 수선의 발을 H_1이라 하면 $H_1(a, 0)$

이때 $a>3$이므로 삼각형 PAB의 넓이 $S(a)$는

$$S(a) = \frac{1}{2} \times \overline{\text{AB}} \times \overline{\text{PH}_1} = \frac{1}{2} \times 6 \times (a^2-9) = 3(a^2-9)$$

점 C는 곡선 $y=x^2-9$가 y축과 만나는 점이므로 $C(0, -9)$

$$\therefore \overline{\text{PC}} = \sqrt{a^2+(a^2-9+9)^2} = \sqrt{a^2(a^2+1)} = a\sqrt{a^2+1}$$

두 점 P(a, a^2-9), C$(0, -9)$를 지나는 직선 PC의 방정식은

$y=ax-9$, 즉 $ax-y-9=0$이다.

이때 점 B에서 선분 PC에 내린 수선의 발을 H_2라 하면 $\overline{\text{BH}_2}$의 길이는 점 B$(3, 0)$과 직선 $ax-y-9=0$ 사이의 거리와 같으므로

$$\overline{\text{BH}_2} = \frac{|3a-9|}{\sqrt{a^2+(-1)^2}} = \frac{3(a-3)}{\sqrt{a^2+1}} \ (\because a>3)$$

삼각형 PCB의 넓이 $T(a)$는

$$T(a) = \frac{1}{2} \times \overline{\text{PC}} \times \overline{\text{BH}_2} = \frac{1}{2} \times a\sqrt{a^2+1} \times \frac{3(a-3)}{\sqrt{a^2+1}}$$

$$= \frac{3}{2}a(a-3)$$

$$\therefore \lim_{a \to 3+} \frac{S(a)}{T(a)} = \lim_{a \to 3+} \frac{3(a^2-9)}{\frac{3}{2}a(a-3)}$$

$$= \lim_{a \to 3+} \frac{2(a-3)(a+3)}{a(a-3)}$$

$$= \lim_{a \to 3+} \frac{2(a+3)}{a}$$

$$= \frac{2 \times (3+3)}{3}$$

$$= 4$$

[문제 14]

- 출제 범위: 수학 Ⅱ (도함수의 활용–함수의 증가와 감소)

- 출제 의도

  도함수를 이용하여 증가함수가 되기 위한 조건을 구할 수 있는지 평가한다.

- 출제 근거

  12수학Ⅱ 02-08 함수의 증가와 감소, 극대와 극소를 판정하고 설명할 수 있다.

도서명	쪽수/번
2025 수능특강 수학영역 수학 Ⅱ	49쪽 유제 6번

문제해결의 TIP

본 문항은 수학 Ⅱ 과목의 미분 단원에서 함수의 증가와 감소에 관한 문항이다. 따라서 삼차함수 $f(x)$ 가 실수 전체의 집합에서 증가할 조건을 이용하여 순서쌍 (a, b) 의 개수를 구해 문제를 해결할 수 있는지를 평가하고 있다.

예시 답안

함수 $f(x) = x^3 + ax^2 + bx$ 의 역함수가 존재하려면 모든 실수 x에 대하여 $f'(x) = 3x^2 + 2ax + b \geq 0$ 이 성립해야 한다.
이차방정식 $f'(x) = 0$ 의 판별식을 D라 할 때

$$\frac{D}{4} = a^2 - 3b \leq 0$$ 이어야 하므로

$a^2 \leq 3b$ …… ㉠

㉠을 만족시키는 순서쌍 (a, b) 의 개수는

$a = 1$일 때, $b = 1, 2, \cdots, 8$의 8개

$a = 2$일 때, $b = 2, 3, \cdots, 8$의 7개

$a = 3$일 때, $b = 3, 4, \cdots, 8$의 6개

$a = 4$일 때, $b = 6, 7, 8$의 3개

$a = 5, 6, 7, 8$일 때, b는 0개

이다. 따라서 구하는 모든 순서쌍의 개수는 24이다.

교과서 속 개념 확인

함수의 증가와 감소

(1) 함수 $f(x)$가 어떤 구간에 속하는 임의의 두 실수 x_1, x_2에 대하여

　① $x_1 < x_2$일 때 $f(x_1) < f(x_2)$이면 함수 $f(x)$는 그 구간에서 증가한다고 한다.

　② $x_1 < x_2$일 때 $f(x_1) > f(x_2)$이면 함수 $f(x)$는 그 구간에서 감소한다고 한다.

(2) 함수 $f(x)$가 어떤 열린구간에서 미분가능할 때, 그 구간에 속하는 모든 x에 대하여

　① $f'(x) > 0$이면 함수 $f(x)$는 그 구간에서 증가한다고 한다.

　② $f'(x) < 0$이면 함수 $f(x)$는 그 구간에서 감소한다고 한다.

[문제 15]

- 출제 범위: 수학 Ⅱ (부정적분의 정의와 성질)

- 출제 의도

  부정적분의 정의와 성질을 이해하고 이를 활용할 수 있는지 평가한다.

- 출제 근거

  12수학Ⅱ 03-01 함수의 실수배, 합, 차의 부정적분을 알고, 다항함수의 부정적분을 구할 수 있다.

도서명	쪽수/번
2025 수능특강 수학영역 수학 Ⅱ	83쪽 Level2 6번

문제해결의 TIP

본 문항은 수학 Ⅱ 과목의 적분 단원에서 부정적분에 관한 문항이다. 따라서 곱의 미분법과 부정적분의 정의와 성질을 이용하여 함수식을 구해 문제를 해결할 수 있는지를 평가하고 있다.

예시 답안

$\{xf(x)\}' = f(x) + xf'(x)$ 이고,

조건 (나)에서 $\{xf(x)\}' = 4x^3 + 3x^2 - 2x + 2$ 이므로

$$xf(x) = \int (4x^3 + 3x^2 - 2x + 2)dx$$

$$= x^4 + x^3 - x^2 + 2x + C_1 \ (C_1은 \ 적분상수)$$

위 등식의 양변에 $x = 0$을 대입하면

$C_1 = 0$

즉, $xf(x) = x^4 + x^3 - x^2 + 2x$ 이고,

함수 $f(x)$는 다항함수이므로

$f(x) = x^3 + x^2 - x + 2$

$f'(x) = 3x^2 + 2x - 1$

조건 (다)의 $f'(x) + g'(x) = 4x + 1$ 에서

$3x^2 + 2x - 1 + g'(x) = 4x + 1$

$g'(x) = -3x^2 + 2x + 2$

이때

$$g(x) = \int (-3x^2 + 2x + 2)dx$$

$$= -x^3 + x^2 + 2x + C_2 \ (C_2는 \ 적분상수)$$

이고, 조건 (가)에서 $g(0) = f(0) = 2$이므로

$C_2 = 2$

따라서 $g(x) = -x^3 + x^2 + 2x + 2$이므로

$g(3) = -27 + 9 + 6 + 2 = -10$

다른 풀이

조건 (나)에서 다항함수 $f(x)$는 삼차함수이므로

$f(x) = ax^3 + bx^2 + cx + d \ (a, \ b, \ c, \ d는 \ 상수)$

로 놓을 수 있다.

이때 $f'(x) = 3ax^2 + 2bx + c$이므로

$f(x) + xf'(x) = 4ax^3 + 3bx^2 + 2cx + d$ 이고

조건 (나)에 의해

$4ax^3 + 3bx^2 + 2cx + d = 4x^3 + 3x^2 - 2x + 2$ 이므로

계수비교법에 의해

$a = 1, \ b = 1, \ c = -1, \ d = 2$

$\therefore f(x) = x^3 + x^2 - x + 2$

 교과서 속 개념 확인

부정적분의 정의

(1) 함수 $F(x)$의 도함수 $f(x)$, 즉 $F'(x) = f(x)$일 때 $F(x)$를 $f(x)$의 부정적분이라 하고, 함수 $f(x)$의 부정적분을 구하는 것을 $f(x)$를 적분한다고 한다.

(2) 함수 $f(x)$의 한 부정적분을 $F(x)$라 하면 함수 $f(x)$의 모든 부정적분은

$F(x) + C \ (C는 \ 상수)$

로 나타낼 수 있고, 이것을 기호로

$$\int f(x)dx$$

와 같이 나타낸다. 즉,

$$\int f(x)dx = F(x) + C$$

이다. 이때 상수 C를 적분상수라고 한다.

제3회 인문 계열 정답 및 해설

국어

[문제 1]

문항 출제 기준

- **출제 범위**: 국어 (작문, 보고서, 정보를 전달하는 글쓰기)

- **출제 의도**
  고등학교 교육과정에서 보고서의 특성을 이해하고, 정보를 효과적으로 전달할 수 있는 능력과 자료를 분석하여 맥락을 고려하고, 적절한 해결 방안을 도출할 수 있는 능력을 평가하고자 출제하였다.

- **출제 근거**
  `12화작03-01` 가치 있는 정보를 선별하고 조직하여 정보를 전달하는 글을 쓴다.
  `12화작03-03` 탐구 과제를 조사하여 절차와 결과가 잘 드러나게 보고하는 글을 쓴다.

도서명	쪽수/번
미래엔 화법과 작문	132~141쪽
2022(7월) 고3 학력평가	42~45번

문제해결의 TIP

학생이 작성한 다회용품 사용 실태에 대한 글의 초고인 제시문 (나)를 분석해 보면 〈보기〉의 자료는 온실가스 배출량이 폐기 단계보다 제조 단계에서 더 많이 발생함을 알 수 있다. 이는 2문단에서 다회용품은 일회용품에 비해 생산 과정에서 지구 온난화의 주범인 온실가스를 더 많이 배출한다는 내용을 뒷받침하는 자료이다. 이러한 문제는 제시문 (가)의 '결론'에 제시되어 있듯 사람들이 다회용품 권장 사용 기준보다 적게 사용하거나, 다회용품을 여러 개 구매하여 보관만 하기 때문에 발생한다.
이에 대해 제시문 (나)는 '그러므로~있다.'와 같이 사람들이 다회용품 권장 사용 횟수를 알고 그 이상 사용할 수 있도록 다양한 매체를 통해 적극적으로 홍보하는 것을 해결 방안으로 제시하고 있다.

예시 답안

- 첫 어절과 마지막 어절을 순서대로 정확하게 쓴 경우만 정답으로 인정함.

답안	배점
'그러므로, 있다.' 둘 다 씀	10

| 2~3 |

문항 출제 기준

- **출제 범위**: 독서 (사실적 이해, 과학·기술 분야 글 읽기)

- **출제 의도**
  고등학교 교육과정에서 과학·기술 분야의 글에 나타난 지식을 사실적으로 이해하고, 글의 중심 내용과 긴밀한 구조를 파악하여 통합적으로 읽는 능력을 파악하고자 출제하였다.

- **출제 근거**
  `12독서02-01` 글에 드러난 정보를 바탕으로 중심 내용, 주제, 글의 구조와 전개 방식 등 사실적 내용을 파악하며 읽는다.
  `12독서03-03` 과학·기술 분야의 글을 읽으며 제재에 담긴 지식과 정보의 객관성, 논거의 입증 과정과 타당성, 과학적 원리의 응용과 한계 등을 비판적으로 이해한다.

도서명	쪽수/번
동아 독서	46~47, 144~145쪽
2025 수능특강 독서	41~42쪽

[문제 2]

문제해결의 TIP

제시된 글의 2~3문단에 의하면, '펄서'는 전자기파를 방출하는 특정한 '천체'로 정확한 주기로 '펄스'를 내보낸다. 따라서 ①은 '펄스'가 아닌 '펄서'로 수정하는 것이 적절하다.
'펄스'는 매우 정확한 주기로 반복되는 전자기파로 '신호나 현상'을 의미하므로 원운동을 하면서 방출되는 전자기파는 펄스로 보아야 한다. 따라서 ②는 '펄서'가 아닌 '펄스'로 수정하는 것이 적절하다.

예시 답안

답안	배점
①: 펄서	5
②: 펄스	5

- ①, ②를 정확하게 쓴 경우만 정답으로 인정함.

[문제 3]

💡 문제해결의 TIP

제시된 글의 3문단에 의하면, '초신성'의 폭발은 중성자별 생성의 시작이 된다.

2문단에 의하면, '중성자별'은 매우 작게 보일 수 있지만 밀도가 높다.

3문단의 '중성자별의~만들어 낸다.'에 의하면, 중성자별은 회전하며 '전자기파'를 방출한다.

📖 예시 답안

답안	배점
①: 초신성	3
②: 중성자별	3
③: 전자기파	4

- ①~③을 정확하게 쓴 경우만 정답으로 인정함.

 교과서 속 개념 확인

사실적 독해의 방법
(1) 개념: 글에 드러난 내용을 그대로 이해하며 읽는 방법이다.
(2) 방법
　① 단어, 문장, 문단 등의 의미를 파악하고, 글의 세부 정보를 확인한다.
　② 글에 제시된 정보 사이의 의미 관계를 확인한다.
　③ 글의 중심 내용을 파악한다.
　④ 글의 구조와 내용 전개 방식을 파악한다.

📘 작품 분석

「펄서의 발견과 원리」

■ 해제
이 글은 영국의 한 대학의 연구팀이 행성 간 공간에서의 입자와 자기장의 상호 작용을 조사하면서 발견한 펄서를 통해 확인한 중성자별의 존재와 특성을 설명하고 있다. 중성자별은 초신성 폭발 후 남은 핵이 중력에 의해 압축되어 형성되는 천체로, 회전 중에 자기장의 축 주위에서 정확한 주기로 전자기파를 방출하여 펄스 현상을 나타낸다. 이러한 중성자별의 자기장은 매우 강력하여 지구의 자기장과 비교할 때 수십에서 수백만 배 더 강하며, 회전하는 중성자별은 자기장의 축이 우주 공간을 향할 때 전자기파를 방출하여 관측되는 것이다.

■ 주제
펄서의 발견으로 확인된 중성자별의 특성

| 4~5 |

📋 문항 출제 기준

• 출제 범위: 독서 (사실적 이해, 인문 · 예술 분야 글 읽기)

• 출제 의도
고등학교 교육과정에서 인문 · 예술 분야의 글에 드러난 내용을 사실적으로 이해할 수 있는 능력과, 문항에서 요구하는 사항을 분석적으로 판단한 후 필자의 의도를 정확하게 적용할 수 있는 능력을 평가하고자 출제하였다.

• 출제 근거
12독서02-01 글에 드러난 정보를 바탕으로 중심 내용, 주제, 글의 구조와 전개 방식 등 사실적 내용을 파악하며 읽는다.
12독서03-01 인문 · 예술 분야의 글을 읽으며 제재에 담긴 인문학적 세계관, 예술과 삶의 문제를 대하는 인간의 태도, 인간에 대한 성찰 등을 비판적으로 이해한다.

도서명	쪽수/번
신사고 독서	52~53, 118~119쪽
2025 수능특강 독서	71~73쪽

[문제 4]

💡 문제해결의 TIP

〈보기〉는 1876년에 최익현이 쓴 상소문의 일부이다. 이 글은 최익현의 스승 이항로(李恒老, 1792~1868)가 병인양요 당시에 올린 개항 반대 상소문을 계승한 것으로, 이 글에서 최익현은 일본은 서양의 앞잡이로서, 일본이 곧 서양이라는 왜양일체론(倭洋一

體論)을 주장하며 강화도 조약의 체결에 반대하고 있다.

2문단에 의하면, 최익현은 강화도 조약 체결을 반대하고 있고, 이항로는 서양의 과학 기술 수용을 배척할 것을 주장하고 있다.

📑 **예시 답안**

- 답안을 정확하게 쓴 경우만 정답으로 인정함.
- 두 인물 모두 작성하였을 시 10점을 부여함.
- 둘 중 한 명만 작성하였을 시 5점을 부여함.
- 답안의 작성 순서는 상관없음.

답안	배점
이항로, 최익현	10

[문제 5]

💡 **문제해결의 TIP**

제시된 글의 4문단에 의하면, 박은식은 주자학이 아닌 양명학에 주목하였다. 따라서 ①은 '주자학'이 아닌 '양명학'으로 수정하는 것이 적절하다.

2문단 '이에 따르면~대상이었다.'에서 유학생들은 서구의 과학 기술이 '기(氣)'에 해당하는 것이므로 수용하는 것을 반대하였음을 알 수 있다. 따라서 ②는 '이(理)'가 아닌 '기(氣)'로 수정하는 것이 적절하다.

📑 **예시 답안**

- ①, ②를 정확하게 쓴 경우만 정답으로 인정함.

답안	배점
①: 양명학	5
②: 기	5

📖 **작품 분석**

「개화기 과학 기술에 대한 지식인들의 생각」

■ 해제

이 글은 개화기에 서구 문명에 대한 조선의 상황을 설명한 글이다. 조선은 쇄국 정책을 중심으로 개화기에 대응하며, 위정척사론자들의 견해처럼 서구의 과학 기술을 수용하는 것은 조선을 흔드는 매우 위험한 일로 인지하였다. 서구 과학 기술은 이기론(理氣論)에서 기(氣)에 해당하는 것으로 주자학과 대척점을 이루므로 조선의 체계가 흔들릴 것을 걱정하였기 때문이다. 반면, 박은식은 약소국이 되어 열강들의 식민지가 되지 않기 위해서는 서구의 과학 기술을 적극적으로 수용해

야 한다고 주장하였다. 그러면서도 우리의 주체성을 잃지 않기 위해 양지를 가지고 주체적으로 기술을 수용해야 하며, 이로써 대동 사회를 건설할 수 있다고 주장하였다.

■ 주제

개화기 지식인들의 서로 다른 의견

[문제 6]

🏴 **문항 출제 기준**

• 출제 범위: 독서 (사실적 이해, 사회·문화 분야 글 읽기)

• 출제 의도

고등학교 교육과정에서 사회·문화 분야 중 우리 삶과 밀접한 관련이 있는 세금을 둘러싼 관련된 법 체계를 익히고, 해당 이론을 올바르게 이해를 할 수 있는 능력을 평가하고자 출제하였다.

• 출제 근거

`12독서02-01` 글에 드러난 정보를 바탕으로 중심 내용, 주제, 글의 구조와 전개 방식 등 사실적 내용을 파악하며 읽는다.

`12독서03-02` 사회·문화 분야의 글을 읽으며 제재에 담긴 사회적 요구와 신념, 사회적 현상의 특성, 역사적 인물과 사건의 사회·문화적 맥락 등을 비판적으로 이해한다.

도서명	쪽수/번
비상 독서	40, 142쪽
2025 수능특강 독서	232~233쪽

💡 **문제해결의 TIP**

제시된 글의 4문단에 의하면, 고용주를 통해 근로자의 월급에서 세금을 미리 징수하는 것은 '원천 징수제'이다.

또한, 동일 문단에 의하면 소비재나 용역을 구매할 때 부과되는 세금은 '소비세'이다.

📑 **예시 답안**

- ①, ②를 정확하게 쓴 경우만 정답으로 인정함.

답안	배점
①: 원천 징수제	5
②: 소비세	5

작품 분석

「조세 원칙」

■ 해제
이 글은 정부가 국민으로부터 법에 따라 세금을 거두는 다양한 과세 원칙을 설명한다. 조세의 원칙으로는 조세 법률주의와 조세 공평주의가 있다. 조세 법률주의는 정부가 세금을 부과하고 징수할 때 법률을 엄격히 따라야 함을 강조하며, 과세 요건 법정주의, 과세 요건 명확주의, 소급 과세 금지 원칙 등을 포함한다. 조세 공평주의는 세금 부과가 모든 세금 납부자에게 공평하게 이루어져야 한다는 것이다. 실질 과세 원칙은 세금이 실제로 누구에 의해 부담되는가에 초점을 맞춘 원칙이다. 담세 능력은 개인 또는 기업이 세금을 지불할 능력을 가지고 있는 정도를 나타내며, 원천 징수제는 근로자의 월급에서 곧바로 세금을 공제하는 제도를 말한다. 또한, 소비세는 소비재나 용역을 구매할 때 부과되는 세금으로, 경제 활동을 조절하는 데 사용된다.

■ 주제
현대의 다양한 조세 원칙

[문제 7]

문항 출제 기준

• 출제 범위: 문학 (현대 소설, 문학과 사회·문화적 배경)

• 출제 의도
고등학교 교육과정에서 문학 작품 중 소설에 나타난 주인공들의 상황을 이해하고, 현대사회의 문제점을 통해 소설에 대한 심층적 이해를 할 수 있는 능력을 평가하고자 출제하였다.

• 출제 근거
12문학02-01 문학 작품은 내용과 형식이 긴밀하게 연관되어 이루어짐을 이해하고 작품을 감상한다.
12문학02-02 작품을 작가, 사회·문화적 배경, 상호 텍스트성 등 다양한 맥락에서 이해하고 감상한다.

도서명	쪽수/번
비상 독서	40, 142쪽
2025 수능특강 문학	183~185쪽

문제해결의 TIP

제시된 글의 1문단에 의하면, '그러한 선술집에서, 그날 밤, 우리 세 사람은 우연히 만났다.'고 하였고, 세 사람은 '나', '안(安)', '서른대여섯 살짜리 사내'를 말한다고 하였다. 따라서 '나'와 '안', '사내'가 우연히 만난 장소는 '선술집'이다.

중략 부분 줄거리에 제시되어 있듯, 선술집에서 만난 세 사람이 옮겨 간 장소는 '중국집'이다. 이곳에서 '사내'는 '나'와 '안'에게 자신의 고뇌와 비애를 털어놓는다.

예시 답안

- ①, ②를 정확하게 쓴 경우만 정답으로 인정함.

답안	배점
①: 선술집	5
②: 중국집	5

교과서 속 개념 확인

광복 이후 현대 소설의 종류
(1) 과거 식민지적 삶의 청산
    예 채만식, 「민족의 죄인」
(2) 순수 문학 지향
    예 염상섭, 「두 파산」
(3) 전쟁의 상처와 분단의 아픔
    예 윤흥길, 「장마」 / 오상원, 「유예」
(4) 산업화, 도시화에서 드러나는 인간 소외 문제
    예 이청준, 「병신과 머저리」
(5) 산업화와 노동자의 삶
    예 황석영, 「삼포 가는 길」 / 조세희, 「난쟁이가 쏘아 올린 작은 공」
(6) 역사 소설을 통해 본 민족사의 재인식
    예 박경리, 「토지」 / 조정래, 「태백산맥」

작품 분석

김승옥, 「서울 1964년 겨울」

■ 해제
이 작품은 1960년대 우리 사회의 전형성을 지닌 인물들을 통해 당시 도시에서 소외당한 현대인의 고독과 비애, 그리고 고립을 그리고 있다. 특별한 사건 없이 우연한 만남을 이룬 세 사나이의 비현실적이고 무의미한 대화를 통해 의사소통이 불가능해진 현실을 고발하고 인간관계의 단절상을 극적으로 제시하며, 진정한 자아로서의 만남이 불가능해진 현대 사회의 모습을 보여 준다.

■ 주제
가치관을 상실한 현대인의 심리적 방황과 인간 소외

■ 줄거리
선술집에서 만나 무의미한 대화를 나누던 '나'와 '안'이라는 대학원생에게 외교원 일을 하는 낯선 사내가 말을 걸어오며 함께 있어주기를 청하게 된다. 세 사람은 중국집으로 이동하여 사내의 아내 이야기를 듣지만, 이야기에 공감하기보다는 사내가 대신 지불하는 술값에 오히려 관심이 있을 뿐이다. 이후 세 사람은 거리를 방황하다가 화재가 난 곳을 보게 되고, 사내는 아내의 시체를 판 돈을 불 속에 던져 버린다. 세 사람은 여관으로 이동하고 불안한 사내는 같은 방에 들자고 했으나 '안'의 거절로 각기 다른 방에 투숙하게 된다. 다음날 아침, 사내의 자살이 밝혀지고, '나'와 '안'은 무덤덤한 표정으로 그곳을 나와 각자 갈 길을 간다.

4연에서 이승과 저승의 사이가 하늘과 땅 사이처럼 너무 넓다며, 임과의 물리적 거리를 설명하고 있다. 그래서 화자는 산에 올라 임과의 물리적 거리를 조금이라도 줄여 보고자 한다.

예시 답안

- ①~③을 정확하게 쓴 경우만 정답으로 인정함.
- ①~③의 각 항목을 기호가 아닌 구절로 쓴 경우도 정답으로 인정함.

답안	배점
①: ㉣	4
②: ㉡	3
③: ㉢	3

[문제 8]

문항 출제 기준

- **출제 범위**: 문학 (현대 시, 한국 문학의 특질, 감정 이입)

- **출제 의도**
  고등학교 교육과정에서 망부석 설화를 이해하고, 떠난 님을 기다리는 화자의 감정을 이해하고, 나아가 한국 문학 작품의 한의 정서를 분석할 수 있는 능력을 평가하고자 출제하였다.

- **출제 근거**
  12문학02-01 문학 작품은 내용과 형식이 긴밀하게 연관되어 이루어짐을 이해하고 작품을 감상한다.
  12문학02-05 작품을 읽고 다양한 시각에서 재구성하거나 주체적인 관점에서 창작한다.

도서명	쪽수/번
미래엔 문학	227쪽
2025 수능특강 문학	82쪽

교과서 속 개념 확인

감정 이입과 객관적 상관물

(1) 감정 이입: 타인이나 자연물 또는 예술 작품 등에 자신의 감정을 이입시켜 동일시하는 방법이다. 서정적 자아의 정서를 효과적으로 표현하기 위해 활용된다.

(2) 객관적 상관물: 시에서 화자의 정서나 사상을 표현하기 위해 찾아낸 사물, 정황, 사건 등을 이르는 말이다. 시인이 자신의 감정을 간접적으로 제시하기 위해 사용하는 구체적인 사물이나 상황을 나타낸다.

(3) 감정 이입과 객관적 상관물의 관계: 감정 이입은 객관적 상관물의 실현 방법 중 하나로, 객관적 상관물에 포함된다.

작품 분석

김소월, 「초혼(招魂)」

■ 해제
이 작품은 점층과 반복을 통해 한의 정서를 강조하고 있다. 감정 이입을 통하여 임을 상실한 슬픔을 확산하며, 시어의 반복을 통하여 임을 잃은 상실감을 극대화하고 있다. 감정을 차분하게 정제하기보다는 격정적인 표현과 어조로 시를 전개하며, 망부석 설화와 더불어 전통적인 율격(3음보)을 바탕으로 한의 정서를 전달하고 있다. 작품이 창작된 시대적 배경을 고려하면 '초혼'은 개인의 감정을 넘어 일제 강점기에 나라를 잃은 상실감을 간접적으로 표현한 것으로도 볼 수 있다.

■ 주제
임을 잃은 슬픔, 사별한 임에 대한 그리움

문제해결의 TIP

〈보기〉는 「초혼」에 대한 작품 해설을 담고 있다. 망부석은 '멀리 떠난 남편을 기다리다 그대로 죽어서 화석이 된 아내'의 설화에서 비롯된 전설적인 돌이다. 이 시에서 시적 화자와 사별한 임이 부부라는 설정은 명확하게 나와 있지는 않지만, 사랑하는 임을 기다리다가 돌이 되었다는 설정을 가져온 것으로 보인다.
감정 이입은 화자의 감정을 자연의 풍경이나 다른 생명체에 자신의 감정이나 정신을 대입하여, 자신과 서로 통한다고 느끼는 문학적 개념이다. '사슴이의 무리도 슬피 운다.'는 사슴이 실제로 슬피 운다는 사실을 언급하려는 것이 아니라 사슴마저도 자신의 감정을 알고 슬피 운다는 것을 강조한다.

■ 구성
1연: 임의 이름을 부르는 슬픔
2연: 사랑을 고백하지 못했던 후회
3연: 임을 떠나보내고 삶의 의미를 상실함
4연: 임이 간 곳에 닿을 수 없다는 절망감
5연: 극대화된 슬픔의 정서가 임의 소생을 강렬하게 원하는 상황으로
표출

[문제 9]

📝 문항 출제 기준

• 출제 범위: 문법 (음운 변동)

• 출제 의도
고등학교 교육과정에서 음운 변동의 특성을 이해하고, 실제 사례에
적용하여 분석하는 능력을 평가하고자 출제하였다.

• 출제 근거
[10국04-02] 음운의 변동을 탐구하여 올바르게 발음하고 표기
한다.
[12언매02-01] 실제 국어생활을 바탕으로 음운의 체계와 변동에
대해 탐구한다.

도서명	쪽수/번
해냄 국어	120~131쪽
교학사 국어	170~179쪽

🔍 문제해결의 TIP

'앞마당[암마당]'의 '앞'의 받침 'ㅍ'은 '음절의 끝소리 규칙'에 의
해 [ㅂ]으로 발음되고, 이때 'ㅂ'이 '마당'의 초성인 'ㅁ'의 영향으
로 [ㅁ]으로 교체되는 비음화가 일어난다. 따라서 교체만 두 번
일어났으므로 ㉡에만 해당한다.
'홑이불[혼니불]'은 '홑-+이불'의 파생어로, 뒤 단어의 첫음절이
'이'이므로 'ㄴ' 음을 첨가하여 '이불'은 [니불]로 발음이 된다. '홑-'
에서 받침 'ㅌ'은 음절의 끝소리 규칙에 따라 [ㄷ]으로 교체되어
발음되지만, [ㄷ]이 최종적으로 [ㄴ]으로 교체되어 발음되는 것
은 [니불]의 영향으로 'ㄴ'으로 바뀌는 비음화가 일어났기 때문이
다. 따라서 첨가와 교체 두 번이 일어났으므로 ㉠과 ㉡을 모두
충족한다.

'닭다[담:따]'는 '닭-'의 받침 'ㄺ'에서 'ㄹ'이 탈락하는 자음군 단
순화가 일어나고, '다'의 초성인 'ㄷ'이 'ㄸ'으로 교체되는 된소리
되기가 일어난다. 탈락과 교체가 일어났으므로 ㉠에만 해당한다.
'짓밟히다[진빨피다]'는 '짓-'에서 받침 'ㅅ'은 음절의 끝소리 규
칙에 의해 [ㄷ]으로 교체되어 발음된다. '밟-'에서 초성의 'ㅂ'은
된소리되기에 의해 [ㅃ]으로 교체되어 발음된다. 받침 'ㄼ'의 'ㅂ'
이 뒤 음절 첫소리 'ㅎ'과 만나 축약이 일어나 [ㅍ]으로 발음한다.
교체 두 번과 축약이 일어났으므로 ㉠과 ㉡을 모두 충족한다.
'닭다[담:따]'는 '닭-'의 받침 'ㄺ'에서 'ㄹ'이 탈락하는 자음군 단
순화가 일어나고, '다'의 초성인 'ㄷ'이 'ㄸ'으로 교체되는 된소리
되기가 일어난다. 탈락과 교체가 일어났으므로 ㉠에만 해당한다.

📝 예시 답안

- 조건에 만족하는 단어를 정확하게 쓴 경우만 정답으로 인정함.
- 답안의 작성 순서는 상관없음.

답안	배점
홑이불, 짓밟히다	10

📖 교과서 속 개념 확인

비음화
[제18항] 받침 'ㄱ(ㄲ, ㅋ, ㄳ, ㄺ), ㄷ(ㅅ, ㅆ, ㅈ, ㅊ, ㅌ, ㅎ), ㅂ(ㅍ,
ㄼ, ㄿ, ㅄ)'은 'ㄴ, ㅁ' 앞에서 [ㅇ, ㄴ, ㅁ]으로 발음한다.
예 값만[감만], 호박잎[호방닙], 겉늙다[건늑따]

'ㄴ' 첨가
[제29항] 합성어 및 파생어에서, 앞 단어나 접두사의 끝이 자음이고
뒤 단어나 접미사의 첫음절이 '이, 야, 여, 요, 유'인 경우에는, 'ㄴ'
음을 첨가하여 [니, 냐, 녀, 뇨, 뉴]로 발음한다.
예 홑-이불[혼니불], 막-일[망닐], 내복-약[내:봉냑]

수학

[문제 10]

문항 출제 기준

- **출제 범위**: 수학 Ⅰ (지수에 미지수를 포함한 부등식, 로그의 진수에 미지수를 포함한 부등식)

- **출제 의도**
  지수에 미지수를 포함한 부등식과 로그의 진수에 미지수를 포함한 부등식을 이해하고 이를 활용할 수 있는지 평가한다.

- **출제 근거**
  [12수학Ⅰ01-08] 지수함수와 로그함수를 활용하여 문제를 해결할 수 있다.

도서명	쪽수/번
2025 수능특강 수학영역 수학 Ⅰ	34쪽 Level3 3번

문제해결의 TIP

본 문항은 수학 Ⅰ 과목의 지수함수와 로그함수 단원에서 지수에 미지수를 포함한 방정식과 로그의 진수에 미지수를 포함한 방정식에 관한 문항이다. 따라서 지수의 범위에 따른 함숫값의 범위를 구한 후, 부등식을 만족시키는 해의 범위를 구해 문제를 해결할 수 있는지를 평가하고 있다.

예시 답안

조건 (가)의 $t \leq 0$에서 $f(t) = 3^{t+2} - 4$이고 밑 3이 1보다 크므로 $-4 < f(t) \leq 5$이다.

이때 $f(a) \geq 4$이면 $f(t) + f(a) = 0$인 음의 실수 t가 존재하지 않는다.

즉, $f(a) = \log_3(a+1) \geq 4$이고 밑 3이 1보다 크므로

$a + 1 \geq 3^4$에서 $a \geq 80$

따라서 a의 최솟값의 최솟값은 80이다.

교과서 속 개념 확인

지수에 미지수를 포함한 부등식

(1) $a > 1$일 때
$$a^{f(x)} < a^{g(x)} \Leftrightarrow f(x) < g(x)$$

(2) $0 < a < 1$일 때
$$a^{f(x)} < a^{g(x)} \Leftrightarrow f(x) > g(x)$$

로그의 밑 또는 진수에 미지수를 포함한 부등식

(1) $a > 1$일 때
$$\log_a f(x) < \log_a g(x) \Leftrightarrow 0 < f(x) < g(x)$$

(2) $0 < a < 1$일 때
$$\log_a f(x) < \log_a g(x) \Leftrightarrow f(x) > g(x) > 0$$

[문제 11]

문항 출제 기준

- **출제 범위**: 수학 Ⅰ (삼각함수의 방정식에의 활용)

- **출제 의도**
  합성함수로 이루어진 삼각함수를 포함한 방정식의 해를 구할 수 있는지 평가한다.

- **출제 근거**
  [12수학Ⅰ02-02] 삼각함수의 뜻을 알고, 사인함수, 코사인함수, 탄젠트함수의 그래프를 그릴 수 있다.

도서명	쪽수/번
2025 수능특강 수학영역 수학 Ⅰ	50쪽 Level2 11번

문제해결의 TIP

본 문항은 수학 Ⅰ 과목의 삼각함수 단원에서 삼각함수의 방정식에의 활용에 관한 문항이다. 따라서 합성함수로 이루어진 삼각함수를 이해하고, 삼각함수를 포함한 방정식을 그래프를 그려 해결할 수 있는지를 평가하고 있다.

예시 답안

$g(x) = 4\pi \cos 2x$에서 $0 < x < 2\pi$일 때,

$-1 \leq \cos 2x \leq 1$이므로

$-4\pi \leq 4\pi \cos 2x \leq 4\pi$

$g(x) = t$라 하면 $-4\pi \leq t \leq 4\pi$이고

$(f \circ g)(x) = f(g(x)) = f(t) = \sin \dfrac{t}{a}$이므로

$(f \circ g)(x) = 0$에서 $\sin \dfrac{t}{a} = 0$

$\therefore \dfrac{t}{a} = n\pi$ (단, n은 정수)

즉, $t = an\pi$이므로 $4\pi \cos 2x = an\pi$

$\therefore \cos 2x = \dfrac{an}{4}$ $\cdots\cdots$ ㉠

한편, $0 < x < 2\pi$에서 함수 $y = \cos 2x$의 그래프는 다음 그림과 같다.

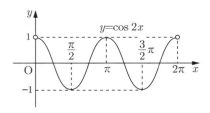

방정식 $(f \circ g)(x) = 0$의 서로 다른 실근의 개수가 39이려면 함수 $y = \cos 2x$의 그래프와 직선 $y = \dfrac{an}{4}$의 교점의 개수가 39이어야 한다.

(i) $\dfrac{an}{4} = 1$일 때

㉠에서 $\cos 2x = 1$이므로 $x = \pi$, 즉 실근의 개수는 1이다.

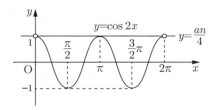

(ii) $\dfrac{an}{4} = -1$일 때

㉠에서 $\cos 2x = -1$이므로 $x = \dfrac{\pi}{2}$ 또는 $x = \dfrac{3}{2}\pi$, 즉 실근의 개수는 2이다.

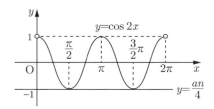

(iii) $-1 < \dfrac{an}{4} < 1$일 때

$\cos 2x = \dfrac{an}{2}$의 실근의 개수는 4이다.

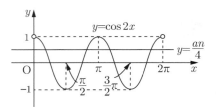

(i), (ii)에서 $\left| \dfrac{an}{4} \right| = 1$일 때 ㉠의 실근의 개수가 3이므로

(iii)에서 $\left| \dfrac{an}{4} \right| < 1$일 때 ㉠의 실근의 개수가 36이어야 한다.

즉, $n = 0$, $n = \pm 1$, $n = \pm 2$, $n = \pm 3$, $n = \pm 4$일 때

$\cos 2x = \dfrac{an}{4}$의 실근의 개수는 각각 4이므로 $n = 5$일 때

$\cos 2x = \dfrac{an}{4}$의 실근의 개수가 3이어야 한다.

따라서 $\left| \dfrac{5a}{4} \right| = 1$이어야 하므로

$a = \dfrac{4}{5}$ $(\because a > 0)$

[문제 12]

📗 문항 출제 기준

- **출제 범위:** 수학 Ⅰ (등비수열의 활용)

- **출제 의도**
  등비수열을 이해하고 이를 활용할 수 있는지 평가한다.

- **출제 근거**
  등비수열의 뜻을 알고, 일반항, 첫째항부터 제n항까지의 합을 구할 수 있다.

도서명	쪽수/번
2025 수능특강 수학영역 수학 Ⅰ	84쪽 Level3 2번

💡 문제해결의 TIP

본 문항은 수학 Ⅰ 과목의 수열 단원에서 등비수열의 활용에 관한 문항이다. 따라서 주어진 도형의 길이와 각의 크기를 이용하여 수열 $\{a_n\}$에 대한 관계식을 찾고, 이 관계식이 등비수열을 의미함을 이해하면서 빈칸에 알맞은 문자나 수식을 써넣어 문제를 해결할 수 있는지를 평가하고 있다.

원 C_1의 중심을 O_1이라 하고, 점 O_1에서 선분 OB에 내린 수선의 발을 H_1이라 하자.

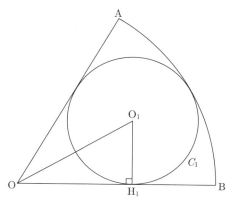

삼각형 O_1OH_1에서

$\overline{O_1H_1} = a_1$, $\overline{OO_1} = 9 - a_1$이고, $\angle O_1OH_1 = \dfrac{\pi}{6}$이므로

$\sin \dfrac{\pi}{6} = \dfrac{\overline{O_1H_1}}{\overline{OO_1}}$에서 $\dfrac{1}{2} = \dfrac{a_1}{9 - a_1}$

$\therefore a_1 = 3$

한편, 원 C_n의 중심을 O_n, 원 C_{n+1}의 중심을 O_{n+1}이라 하자. 또, 점 O_n에서 선분 OB에 내신 수선의 발을 H_n이라 하고, 점 O_{n+1}에서 선분 O_nH_n에 내린 수선의 발을 Q_n이라 하자.

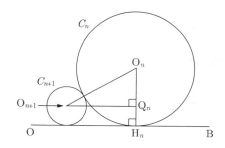

삼각형 $O_nO_{n+1}Q_n$에서 $\overline{O_nO_{n+1}}$과 $\overline{O_nQ_n}$을 a_n과 a_{n+1}을 이용하여 나타내면

$\overline{O_nO_{n+1}} = a_n + a_{n+1}$, $\overline{O_nQ_n} = a_n - a_{n+1}$이고

$\angle O_nO_{n+1}Q_n = \dfrac{\pi}{6}$이므로

$\sin \dfrac{\pi}{6} = \dfrac{\overline{O_nQ_n}}{\overline{O_nO_{n+1}}}$

$\dfrac{1}{2} = \dfrac{a_n - a_{n+1}}{a_n + a_{n+1}}$ $\therefore a_{n+1} = \dfrac{1}{3}a_n$

따라서 $p = 3$, $q = \dfrac{1}{3}$이므로

$36(p + q) = 36 \times \left(3 + \dfrac{1}{3}\right) = 120$

교과서 속 개념 확인

등비수열

(1) 첫째항이 a, 공비가 r인 등비수열 $\{a_n\}$의 일반항 a_n은

$$a_n = ar^{n-1} \text{ (단, } n = 1, 2, 3, \cdots)$$

(2) 등비수열의 귀납적 정의

① $\dfrac{a_{n+1}}{a_n} = r$ (일정)

$\Rightarrow$ 공비가 r인 등비수열 (단, $a_n \neq 0$)

② $\dfrac{a_{n+2}}{a_{n+1}} = \dfrac{a_{n+1}}{a_n}$ 또는 $(a_{n+1})^2 = a_n a_{n+2}$

(단, $a_n a_{n+1} \neq 0$)

(3) 등비수열의 합

첫째항이 a, 공비가 r인 등비수열 $\{a_n\}$의 첫째항부터 제n항까지의 합 S_n은

① $r \neq 1$일 때, $S_n = \dfrac{a(1 - r^n)}{1 - r} = \dfrac{a(r^n - 1)}{r - 1}$

② $r = 1$일 때, $S_n = na$

[문제 13]

문항 출제 기준

• 출제 범위: 수학 Ⅱ (미분계수의 활용)

• 출제 의도

합의 기호 $\sum$와 미분계수의 정의를 이해하고 이를 활용할 수 있는지 평가한다.

• 출제 근거

12수학Ⅰ 03-04 $\sum$의 뜻을 알고, 그 성질을 이해하고, 이를 활용할 수 있다.

12수학Ⅱ 02-01 미분계수의 뜻을 알고, 그 값을 구할 수 있다.

도서명	쪽수/번
2025 수능특강 수학영역 수학 Ⅱ	41쪽 Level2 5번

문제해결의 TIP

본 문항은 수학 Ⅰ 과목의 수열 단원에서 합의 기호 $\sum$의 뜻과 수학 Ⅱ 과목의 미분 단원에서 미분계수의 정의를 연계하여 출제한 문항이다. 따라서 합의 기호 $\sum$의 성질을 이용하여 주어진 극한값이 존재함을 이해하고, 미분계수의 정의에 맞게 주어진 식을 적절하게 변형하여 미분계수를 구해 문제를 해결할 수 있는지를 평가하고 있다.

예시 답안

$\lim\limits_{h \to 0} \dfrac{1}{h}\left\{-30 + \sum\limits_{k=1}^{6} f(1+2k^2 h)\right\} = 364$ 에서 (분모) $\to 0$ 이고

극한값이 존재하므로 (분자) $\to 0$ 이어야 한다. 즉,

$\lim\limits_{h \to 0}\left\{-30 + \sum\limits_{k=1}^{6} f(1+2k^2 h)\right\}$

$= \lim\limits_{h \to 0}\{-30 + f(1+2\times 1^2 h) + f(1+2\times 2^2 h)$

$\qquad\qquad\qquad\qquad + \cdots + f(1+2\times 6^2 h)\}$

$= -30 + 6f(1) = 0$

이어야 하므로

$f(1) = 5$

$f(x) = x^3 + x^2 + ax + b$ 에서

$f(1) = 1 + 1 + a + b = 5$ 이므로

$a + b = 3 \quad\cdots\cdots \text{㉠}$

또, $\lim\limits_{h \to 0}\dfrac{1}{h}\left\{-30 + \sum\limits_{k=1}^{6} f(1+2k^2 h)\right\} = 364$ 에서

$f(1) = 5$ 이므로

$\lim\limits_{h \to 0}\dfrac{1}{h}\left\{-30 + \sum\limits_{k=1}^{6} f(1+2k^2 h)\right\}$

$= \lim\limits_{h \to 0}\dfrac{1}{h}\left\{\sum\limits_{k=1}^{6} f(1+2k^2 h) - 6f(1)\right\}$

$= \lim\limits_{h \to 0}\sum\limits_{k=1}^{6}\left\{\dfrac{f(1+2k^2 h) - f(1)}{h}\right\}$

$= \lim\limits_{h \to 0}\sum\limits_{k=1}^{6}\left\{\dfrac{f(1+2k^2 h) - f(1)}{2k^2 h} \times 2k^2\right\}$

$= f'(1) \times 2 \sum\limits_{k=1}^{6} k^2$

$= f'(1) \times 2 \times \dfrac{6 \times 7 \times 13}{6}$

$= 182 f'(1)$

에서

$182 f'(1) = 364$

$\therefore f'(1) = 2$

이때 $f'(x) = 3x^2 + 2x + a$ 이므로 $f'(1) = 5 + a = 2$ 에서

$a = -3$

$a = -3$ 을 ㉠에 대입하여 풀면

$b = 6$

$\therefore ab = (-3) \times 6 = -18$

교과서 속 개념 확인

함수의 극한을 이용한 다항함수의 결정

두 함수 $f(x)$, $g(x)$ 에 대하여 $\lim\limits_{x \to a}\dfrac{f(x)}{g(x)} = \alpha$ (α는 실수)일 때

(1) $\lim\limits_{x \to a} g(x) = 0$ 이면 $\lim\limits_{x \to a} f(x) = 0$

(2) $\alpha \neq 0$ 이고 $\lim\limits_{x \to a} f(x) = 0$ 이면 $\lim\limits_{x \to a} g(x) = 0$

[문제 14]

문항 출제 기준

- **출제 범위:** 수학 Ⅱ (도함수의 활용 – 함수의 증가와 감소)

- **출제 의도**
  도함수를 활용하여 함수의 증가와 감소에 대한 문제를 해결할 수 있는지 평가한다.

- **출제 근거**
  12수학Ⅱ 02-08 함수의 증가와 감소, 극대와 극소를 판정하고 설명할 수 있다.

도서명	쪽수/번
2025 수능완성 수학영역 수학 Ⅱ	120쪽 08번

문제해결의 TIP

본 문항은 수학 Ⅱ 과목의 미분 단원에서 함수의 증가와 감소에 관한 문항이다. 따라서 함수의 역함수가 존재한다는 것의 의미를 이해하고, 삼차함수 $f(x)$ 가 실수 전체의 집합에서 증가 또는 감소할 조건을 찾아 미지수의 값의 범위를 구해 문제를 해결할 수 있는지를 평가하고 있다.

예시 답안

$f(x) = x^3 + 3ax^2 + 2ax - 1$ 에서

$f'(x) = 3x^2 + 6ax + 2a$

함수 $f(x)$ 의 역함수가 존재하려면 함수 $f(x)$ 는 실수 전체의 집합에서 증가해야 한다.

즉, 모든 실수 x 에 대하여 $f'(x) \geq 0$ 이어야 하므로 이차방정식 $f'(x) = 0$ 의 판별식을 D 라 하면 $D \leq 0$ 이어야 한다.

즉, $\dfrac{D}{4} = 9a^2 - 6a \leq 0$ 에서 $a(3a-2) \leq 0$

$\therefore 0 \leq a \leq \dfrac{2}{3}$

따라서 a의 최댓값은 $\dfrac{2}{3}$, 최솟값은 0이므로

$M = \dfrac{2}{3}$, $m = 0$

$\therefore 24(M+m) = 24\left(\dfrac{2}{3}+0\right) = 16$

 교과서 속 개념 확인

함수의 증가와 감소

(1) 함수 $f(x)$가 어떤 구간에 속하는 임의의 두 실수 x_1, x_2에 대하여
  ① $x_1 < x_2$일 때 $f(x_1) < f(x_2)$이면 함수 $f(x)$는 그 구간에서 증가한다고 한다.
  ② $x_1 < x_2$일 때 $f(x_1) > f(x_2)$이면 함수 $f(x)$는 그 구간에서 감소한다고 한다.

(2) 함수 $f(x)$가 어떤 열린구간에서 미분가능할 때, 그 구간에 속하는 모든 x에 대하여
  ① $f'(x) > 0$이면 함수 $f(x)$는 그 구간에서 증가한다고 한다.
  ② $f'(x) < 0$이면 함수 $f(x)$는 그 구간에서 감소한다고 한다.

[문제 15]

📏 **문항 출제 기준**

• **출제 범위**: 수학 Ⅱ (정적분의 성질)

• **출제 의도**
함수의 평행이동과 정적분의 성질을 이해하고 이를 활용할 수 있는지 평가한다.

• **출제 근거**
12수학Ⅱ 03–04 다항함수의 정적분을 구할 수 있다.

도서명	쪽수/번
2025 수능특강 수학영역 수학 Ⅱ	82쪽 Level2 4번

🖋 **문제해결의 TIP**

본 문항은 수학 Ⅱ 과목의 적분 단원에서 정적분의 성질에 관한 문항이다. 따라서 함수의 평행이동과 그래프의 위치 관계를 파악하여 정적분으로 나타낸 후, 다항함수를 정적분하여 문제를 해결할 수 있는지를 평가하고 있다.

✏ **예시 답안**

조건 (가)에서

$$\int_{-3}^{0} f(x)dx = \int_{0}^{3} \{f(x)-3\}dx ,$$

$$\int_{3}^{6} f(x)dx = \int_{0}^{3} \{f(x)+3\}dx ,$$

$$\int_{6}^{9} f(x)dx = \int_{0}^{3} \{f(x)+6\}dx$$

조건 (나)에서 $\displaystyle\int_{0}^{3} f(x)dx = -\dfrac{4}{5}$ 이므로

$$\int_{-3}^{9} f(x)dx$$

$$= \int_{-3}^{0} f(x)dx + \int_{0}^{3} f(x)dx + \int_{3}^{6} f(x)dx + \int_{6}^{9} f(x)dx$$

$$= \int_{0}^{3} \{f(x)-3\}dx + \int_{0}^{3} f(x)dx$$

$$\quad + \int_{0}^{3} \{f(x)+3\}dx + \int_{0}^{3} \{f(x)+6\}dx$$

$$= \int_{0}^{3} \{4f(x)+6\}dx$$

$$= 4\int_{0}^{3} f(x)dx + \int_{0}^{3} 6dx$$

$$= 4 \times \left(-\dfrac{4}{5}\right) + \Big[6x\Big]_{0}^{3}$$

$$= -\dfrac{16}{5} + 18 = \dfrac{64}{5}$$

따라서 $p = 5$, $q = 64$이므로
$p + q = 5 + 64 = 69$

 교과서 속 개념 확인

정적분의 성질

(1) 두 함수 $f(x)$, $g(x)$가 닫힌구간 $[a, b]$에서 연속일 때
  ① $\displaystyle\int_{a}^{b} kf(x)dx = k\int_{a}^{b} f(x)dx$ (단, k는 상수)
  ② $\displaystyle\int_{a}^{b} \{f(x)+g(x)\}dx = \int_{a}^{b} f(x)dx + \int_{a}^{b} g(x)dx$
  ③ $\displaystyle\int_{a}^{b} \{f(x)-g(x)\}dx = \int_{a}^{b} f(x)dx - \int_{a}^{b} g(x)dx$

(2) 함수 $f(x)$가 임의의 세 실수 a, b, c를 포함하는 구간에서 연속일 때
  $$\int_{a}^{c} f(x)dx = \int_{a}^{b} f(x)dx + \int_{b}^{c} f(x)dx$$

제4회 인문 계열 정답 및 해설

국어

[문제 1]

문항 출제 기준

- **출제 범위:** 국어 (화법, 강연, 발표, 청자 분석)

- **출제 의도**
고등학교 교육과정에서 강연의 특성을 파악하고, 전문 용어가 활용되는 강연의 내용을 정확하게 이해하여 핵심 개념을 정리할 수 있는 능력을 평가하고자 출제하였다.

- **출제 근거**
`12화작01-01` 사회적 의사소통 행위로서 화법과 작문의 특성을 이해한다.
`12화작02-06` 청자의 특성에 맞게 내용을 구성하여 발표한다.

도서명	쪽수/번
미래엔 화법과 작문	122~137쪽
2023(3월) 고3 학력평가	32~37번

문제해결의 TIP

제시된 글에서 결구의 방법은 건축 연구원의 두 번째 발언인 '결구~구분됩니다.'에서 찾을 수 있다. 결구의 방법을 크게 두 가지로 제시한 뒤, 각 방법을 세부적으로 설명하였다.
또한, 결구의 효과는 건축 연구원의 마지막 발언인 '이음과~높아집니다.'라는 건축 연구원의 마지막 발언에서 찾을 수 있다. 이때, 강연 도입 부분에 던진 질문의 답을 마지막에 알려주면서 마무리하여 강연의 완성도를 높였다.

예시 답안

– ㉠, ㉡ 각각 첫 어절과 마지막 어절을 순서대로 정확하게 쓴 경우만 정답으로 인정함.

답안	배점
㉠: 결구, 구분됩니다.	5
㉡: 이음과, 높아집니다.	5

[문제 2]

문항 출제 기준

- **출제 범위:** 독서 (사실적 이해, 인문·예술 분야의 글 읽기)

- **출제 의도**
고등학교 교육과정에서 인문·예술 분야의 글을 올바르게 이해할 수 있는 능력과, 글의 구조를 이해하고 체계적으로 파악할 수 있는 능력을 평가하고자 출제하였다.

- **출제 근거**
`12독서02-01` 글에 드러난 정보를 바탕으로 중심 내용, 주제, 글의 구조와 전개 방식 등 사실적 내용을 파악하며 읽는다.
`12독서03-01` 인문·예술 분야의 글을 읽으며 제재에 담긴 인문학적 세계관, 예술과 삶의 문제를 대하는 인간의 태도, 인간에 대한 성찰 등을 비판적으로 이해한다.

도서명	쪽수/번
미래엔 독서	22~23, 134~135쪽
2025 수능완성 독서	182쪽

문제해결의 TIP

제시된 글의 3문단에 의하면, 시연하기는 독자가 메모한 내용을 바탕으로 정보를 재구성하여 글의 내용을 깊이 이해하고 장기 기억에 남기는 과정이다.
4문단에 의하면, 회상하기는 독자가 글을 다 읽은 후 주요 내용을 정리하고 회상하여 자신의 지식 체계에 통합하는 단계이다.

예시 답안

– ①, ②를 정확하게 쓴 경우만 정답으로 인정함.

답안	배점
①: 시연하기	5
②: 회상하기	5

「학습을 위한 독서 전략」

■ 해제
학습자는 독서를 통해 지식을 습득하고 이를 기억하기 위해 다양한 전략을 사용하는데 그러기 위해서는 글의 체계를 이해하고 정보를 체계적으로 정리하는 능력이 중요하다. 효과적인 독서 전략으로 '예측하기', '메모하기', '시연하기', '회상하기'가 있다. 학습 독서는 여가 독서와 달리 체계적이고 집중적인 노력이 필요하며, 이를 통해 깊이 있는 이해와 장기 기억을 도모할 수 있다.

■ 주제
학습을 위한 효과적인 독서 전략

| 3~4 |

문항 출제 기준

• 출제 범위: 독서 (주제 통합적 읽기, 사회·문화 분야 글 읽기)

• 출제 의도
고등학교 교육과정에서 사회·문화 분야 글을 읽으며, 사회 현상에 대해 분석하고, 원인을 이해하며 통합적으로 읽을 수 있는 능력을 평가하고자 출제하였다.

• 출제 근거

`12독서01-02` 동일한 화제의 글이라도 서로 다른 관점과 형식으로 표현됨을 이해하고 다양한 글을 주제 통합적으로 읽는다.

`12독서03-02` 사회·문화 분야의 글을 읽으며 제재에 담긴 사회적 요구와 신념, 사회적 현상의 특성, 역사적 인물과 사건의 사회·문화적 맥락 등을 비판적으로 이해한다.

도서명	쪽수/번
신사고 독서	62~63, 134~135쪽
2025 수능완성 독서	160쪽

[문제 3]

문제해결의 TIP

제시된 글의 2~3문단에 의하면, 동조 현상은 개인이 집단의 '규범'을 따르려는 욕구에서 비롯된다.
이는 집단의 구성원으로부터 인정받고, '사회적 수용'을 얻고자 하는 욕구와 관련이 있다.
집단의 규범과 기대가 '명확'하고 강한 경우 개인이 이를 따르려는 동기가 더 크다.

예시 답안

– ①~③을 정확하게 쓴 경우만 정답으로 인정함.

답안	배점
①: 규범	4
②: 사회적 수용	3
③: 명확	3

[문제 4]

문제해결의 TIP

제시된 글의 4문단에 의하면, 정보적 영향력은 개인이 자신의 판단 근거가 되는 정보가 부족할 때 집단의 규범이나 의견을 따르는 것이다. 따라서 ㉠은 적절하다.
3문단에 의하면, 동조는 집단 내에서의 긍정적 평가를 얻고자 하는 욕구와 밀접하게 관련되어 있다. 하지만 개인의 특별한 지위를 획득하기 위한 욕구나 타인의 존경을 받고 싶은 욕구에서 비롯된 것으로는 볼 수 없다. 따라서 ㉡은 적절하지 않다.
3문단에 의하면, 제시문에서 규범적 영향력은 사회적 수용을 얻고자 하는 욕구, 집단 내의 긍정적 평가를 얻고자 하는 욕구와 관련되어 있다. 따라서 ㉢은 적절하다.
1문단에 의하면, 동조 현상은 개인이 다른 사람들로부터 영향을 받아 자신의 행동, 태도, 신념 등을 변화시키는 과정이다. 따라서 ㉣은 적절하지 않다.

예시 답안

– ①, ②를 정확하게 쓴 경우만 정답으로 인정함.
– ①, ②의 각 항목을 기호가 아닌 문장으로 쓴 경우도 정답으로 인정함.
– ①, ②의 작성 순서가 바뀌어도 정답으로 인정함.

답안	배점
①: ㉡	5
②: ㉣	5

| 5~6 |

작품 분석

「동조 현상에 대한 이해」

■ 해제
사회 심리학에서, 동조 현상은 개인이 다른 사람의 영향으로 자신의 행동이나 신념을 변화시키는 과정을 말한다. 이는 집단의 기대에 부응하기 위한 것으로, 집단 규범과 밀접한 관계가 있다. 동조는 규범적 영향력과 정보적 영향력의 두 가지 주요 원인으로 발생한다. 규범적 영향력은 사회적 수용을 얻고자 하는 욕구에서, 정보적 영향력은 불확실한 상황에서 올바른 결정을 내리기 위한 합리적 행동에서 비롯된다. 이를 통해 개인과 집단은 조화를 이루고 안정성을 유지한다.

■ 주제
동조 현상의 정의와 원인

문항 출제 기준

· 출제 범위: 독서 (사실적 이해, 인문·예술 분야 글 읽기)

· 출제 의도
고등학교 교육과정에서 인문·예술 분야에서 철학자의 이론을 이해하고 분석할 수 있고, 통합적 읽기 능력을 평가하고자 출제하였다.

· 출제 근거
[12독서02-01] 글에 드러난 정보를 바탕으로 중심 내용, 주제, 글의 구조와 전개 방식 등 사실적 내용을 파악하며 읽는다.
[12독서03-01] 인문·예술 분야의 글을 읽으며 제재에 담긴 인문학적 세계관, 예술과 삶의 문제를 대하는 인간의 태도, 인간에 대한 성찰 등을 비판적으로 이해한다.

도서명	쪽수/번
2025 수능완성	184쪽

[문제 5]

문제해결의 TIP

제시된 글은 데카르트가 고전적 연역법의 한계를 보완하기 위해 제시한 새로운 연역법에 관해 소개하고 있다.
3문단에 의하면, 그는 애매모호한 상태에서 벗어난 절대적 지식을 찾기 위해 의심할 수 없는 지식의 기반이 되는 '확실한 명제'를 시작으로 새로운 지식을 연역해 나가는 방식을 통해 체계적으로 지식 체계를 구축하였다.

각 단계는 확실한 논리적 기초 위에 다음 단계의 지식이 논리적으로 도출되는 방식으로, '수학적 증명'과 유사하다.

예시 답안

- ①, ②를 정확하게 쓴 경우만 정답으로 인정함.

답안	배점
①: ㉣	5
②: ㉤	5

[문제 6]

문제해결의 TIP

제시된 글의 3문단에 의하면, 데카르트는 불확실한 지식에 의존하지 않고 확실하고 논리적인 기초 위에 지식을 구축하는 방법을 제시하였다. 따라서 ㉠은 적절하다.
2문단에 의하면, 데카르트 철학의 핵심은 '명료함'과 '분명함'이다. 또한, 5문단에서 데카르트는 '철학적 탐구에 ~ 열어 주었다.'고 하였다. 따라서 ㉡은 적절하다.
3문단에 의하면, 데카르트는 감각 경험이나 권위에 의존한 기존 지식은 불확실하다고 여기고 '이성적인 사고'에 의해 참된 지식을 얻을 수 있다고 보았다. 또한, 그는 방법적 회의를 통해 찾은 확실한 명제를 기반으로 지식을 확장해 갔다. 따라서 ㉢과 ㉣은 적절하지 않다.

예시 답안

- ①, ②를 정확하게 쓴 경우만 정답으로 인정함.
- ①, ②의 각 항목을 기호가 아닌 문장으로 쓴 경우도 정답으로 인정함.
- ①, ②의 작성 순서가 바뀌어도 정답으로 인정함.

답안	배점
①: ㉢	5
②: ㉣	5

「데카르트의 연역법」

■ 해제
데카르트는 합리적 이성주의 철학자로, 고전적 연역법의 한계를 극복하기 위해 새로운 연역법을 제시하였다. 그는 명료하고 분명한 절대적인 지식을 추구하며, 의심을 통해 확실한 기초를 세우고자 하였다. 이를 통해 절대적인 지식을 찾았고, 이를 연역적인 사고 과정을 통해 확장하였다. 이러한 데카르트의 연역법은 과학과 철학에 큰 영향을 미쳤으며, 명료함과 분명함을 통해 지식의 일관성과 체계성을 강조하였다.

■ 주제
데카르트의 연역법

| 7~8 |

문항 출제 기준

• 출제 범위: 문학 (현대 시, 시어의 상징적 의미)

• 출제 의도
고등학교 교육과정에서 작품을 감상할 때 다양한 맥락에서 접근할 수 있는 능력과 작품 내 상징적 요소의 의미를 파악하며 작품을 감상할 수 있는 능력을 평가하고자 출제하였다.

• 출제 근거
    12문학02-01 문학 작품은 내용과 형식이 긴밀하게 연관되어 이루어짐을 이해하고 작품을 감상한다.
    12문학02-02 작품을 작가, 사회·문화적 배경, 상호 텍스트성 등 다양한 맥락에서 이해하고 감상한다.

도서명	쪽수/번
2025 수능완성 문학	40~41쪽

[문제 7]

문제해결의 TIP

제시문 (가)는 현실에 굴하지 않는 화자의 신념을 표현하고 있다. 시에서 사용된 부사어 '차라리, 아예, 마침내, 차마'는 어떤 어려움에도 흔들리지 않는 화자의 강인한 모습을 부각하고 있다. 제시문 (나)는 아버지의 존재를 직접적으로 떠올리게 하는 시구인 '서느런 옷자락'을 반복하여 아버지에 대한 그리움을 강조하고 있다. 이러한 반복은 시의 정서적 울림을 높이고, 독자에게 화자의 감정을 깊이 전달한다.

예시 답안

- ①, ②를 정확하게 쓴 경우만 정답으로 인정함.
- ①은 차라리, 아예, 마침내, 차마 중 두 가지 이상을 쓴 경우 정답으로 인정함.

답안	배점
①: 차라리, 아예, 마침내, 차마	5
②: 서느런 옷자락	5

[문제 8]

문제해결의 TIP

화자는 어릴 적 아버지의 '사랑'을 그리워하고 있다. 아버지가 눈 속에서 따 온 산수유 열매는 아버지의 헌신과 사랑을 상징하며, 이러한 기억은 화자의 마음에 깊이 새겨져 있다. 하지만 현대의 도시에서는 이러한 따뜻한 사랑과 정을 찾기 어려워 화자는 더욱 '그리움'에 잠기게 된다.

예시 답안

- ①, ②를 정확하게 쓴 경우만 정답으로 인정함.

답안	배점
①: 사랑	5
②: 그리움	5

교과서 속 개념 확인

시의 비유와 상징
(1) 비유: 표현하고자 하는 대상(원관념)을 유사하거나 관련 있는 다른 사물(보조 관념)에 빗대어 표현하는 방법이다.
(2) 상징: 어떤 사물 자체의 의미를 유지하면서 포괄적으로 다른 뜻까지 암시해 표현하는 방법이다.

시의 심상
(1) 심상의 제시 방법
    ① 묘사적 심상: 직접적 묘사나 서술 등 시에 나타난 언어 그 자체만으로 표현한다.
    ② 비유적 심상: 나타내고자 하는 내용의 특징을 살릴 수 있는 사물, 언어를 통해 표현한다.
    ③ 상징적 심상: 시 가운데 원관념은 없고 보조 관념만이 나타난다는 점에서 비유와 다르다.
(2) 종류: 시각, 청각, 후각, 미각, 촉각, 공감각 등

작품 분석

이육사, 「교목」

■ 해제
이 작품은 푸른 하늘 아래 우뚝 선 교목(큰 나무)을 통해 강인한 의지와 굳은 신념을 표현하고 있다. 시인은 현실의 어려움과 시련 속에서도 흔들리지 않는 정신을 강조하며, 이를 교목의 이미지를 통해 상징적으로 나타낸다.

■ 주제
현실의 어려움에 굴하지 않는 강인한 의지와 신념

■ 구성
1연: 현실에 굴하지 않겠다는 저항 의지의 선언
2연: 신념에 따른 삶에 대한 뉘우침 없는 태도
3연: 죽음도 불사하는 강인한 의지

김종길, 「성탄제」

■ 해제
이 작품은 화자가 어린 시절 성탄절 밤을 회상하며, 아버지의 따뜻한 사랑과 헌신을 그리워하는 내용을 담고 있다. 눈 속에서 산수유 열매를 구해오신 아버지의 모습과 그때의 따뜻한 기억은 현재의 차가운 도시 생활과 대비되어 더욱 그리움을 자아낸다.

■ 주제
어린 시절 아버지의 따뜻한 사랑에 대한 그리움과 현대 도시 생활의 차가움 속에서 느끼는 상실감

■ 구성
1~6연: 어린 시절에 대한 회상
7~10연: 삭막한 현실

[문제 9]

문항 출제 기준

- **출제 범위:** 문법 (품사의 특성, 용언)

- **출제 의도**
  고등학교 교육과정에서 용언, 본용언, 보조 용언, 합성 용언에 대한 개념을 명확히 이해하고, 실제 단어 사례에 적용하여 분석할 수 있는 능력을 평가하고자 출제하였다

- **출제 근거**

  10국04-03 문법 요소의 특성을 탐구하고 상황에 맞게 사용한다.

도서명	쪽수/번
지학사 언어와 매체	81~88쪽
2025 수능특강 언어와 매체	65쪽

문제해결의 TIP

'깨뜨려버렸다'는 본용언 '깨뜨려'와 보조 용언 '버렸다'로 구성된 말로, 본용언과 보조 용언을 붙여 쓴 경우에 해당한다.
'잡아당기다'는 '손으로 움키고 놓지 않다.'의 의미를 지닌 '잡다'와 '물건 따위를 자기 쪽으로 가까이 오게 하다'의 의미를 갖는 '당기다'가 결합된 합성 용언이 단독으로 쓰인 말이다.
ⓒ에서 서술어처럼 기능하는 부분은 '버리지 말아 주세요.'이다. 이때 '버리지'가 본용언이고, '말아 주세요'에 쓰인 '말다'와 '주다'는 모두 보조 용언이다.
'막아 냈다'는 본용언 '막아'와 보조 용언 '냈다'로 구성된 말로, 본용언과 보조 용언을 띄어 쓴 경우에 해당한다.

예시 답안

- 답안을 정확하게 쓴 경우만 정답으로 인정함.
- 답안을 기호가 아닌 단어로 쓴 경우도 정답으로 인정함.
- 답안의 작성 순서는 상관없음.

답안	배점
㉠, ㉣	10

수학

[문제 10]

문항 출제 기준

- **출제 범위:** 수학Ⅰ (로그의 정의와 성질)

- **출제 의도**
  로그의 정의와 성질을 이해하고 이를 활용할 수 있는지 평가한다.

- **출제 근거**
  `12수학Ⅰ 01-04` 로그의 뜻을 알고, 그 성질을 이해한다.

도서명	쪽수/번
2025 수능특강 수학영역 수학Ⅰ	9쪽 유제 6번

문제해결의 TIP

본 문항은 수학Ⅰ 과목의 지수함수와 로그함수 단원에서 로그의 정의와 성질에 관한 문항이다. 따라서 지수법칙과 로그의 정의를 이용하여 주어진 로그를 변형한 후, 이 수가 3의 배수가 되도록 하는 자연수 n의 개수을 구해 문제를 해결할 수 있는지를 평가하고 있다.

예시 답안

$$\log_8 2^{2n+1} = \log_{2^3} 2^{2n+1} = \frac{1}{3}(2n+1)$$

이때 $\frac{1}{3}(2n+1)$이 3의 배수가 되도록 하는 200 이하의 자연수 n은

$$\frac{1}{3}(2n+1) = 3k \ (k=1,\ 2,\ 3,\ \cdots)$$

이므로

$$2n+1 = 9k,\ n = \frac{9k-1}{2}$$

$$\therefore n = 4,\ 13,\ 22,\ \cdots,\ 193$$

따라서 조건을 만족하는 자연수 n의 개수는 22이다.

[문제 11]

문항 출제 기준

- **출제 범위:** 수학Ⅰ (사인법칙과 코사인법칙)

- **출제 의도**
  사인법칙과 코사인법칙을 이해하고 이를 활용하여 삼각형의 모양을 결정할 수 있는지 평가한다.

- **출제 근거**
  `12수학Ⅰ 02-03` 사인법칙과 코사인법칙을 이해하고, 이를 활용할 수 있다.

도서명	쪽수/번
2025 수능특강 수학영역 수학Ⅰ	59쪽 예제 3번

문제해결의 TIP

본 문항은 수학Ⅰ 과목의 삼각함수 단원에서 사인법칙과 코사인법칙에 관한 문항이다. 따라서 사인법칙을 이용하여 삼각형의 세 변의 길이 사이의 관계식을 구한 후, 코사인법칙을 이용하여 각의 크기를 구해 문제를 해결할 수 있는지를 평가하고 있다.

예시 답안

삼각형 ABC에서 $\overline{AB} = c$라 하자.

삼각형 ABC의 외접원의 반지름의 길이가 $2\sqrt{3}$이므로 사인법칙에 의하여

$$\frac{a}{\sin A} = \frac{b}{\sin B} = \frac{c}{\sin C} = 4\sqrt{3}$$

$$\therefore \sin A = \frac{a}{4\sqrt{3}},\ \sin B = \frac{b}{4\sqrt{3}},\ \sin C = \frac{c}{4\sqrt{3}}$$

$$\cdots\cdots \ \unicode{x2299}$$

$\unicode{x2299}$을 $(a-b)\sin^2 C = a\sin^2 A - b\sin^2 B$에 대입하여 정리하면

$$(a-b)\left(\frac{c}{4\sqrt{3}}\right)^2 = a\left(\frac{a}{4\sqrt{3}}\right)^2 - b\left(\frac{b}{4\sqrt{3}}\right)^2$$

$$(a-b)c^2 = a^3 - b^3,\ (a-b)c^2 = (a-b)(a^2+ab+b^2)$$

$a \neq b$이므로 양변을 $a-b$로 나누면

$$c^2 = a^2 + ab + b^2$$

삼각형 ABC에서 코사인법칙에 의하여

$$\cos C = \frac{a^2+b^2-c^2}{2ab} = \frac{a^2+b^2-(a^2+ab+b^2)}{2ab}$$

$$= -\frac{ab}{2ab} = -\frac{1}{2}$$

에서 $C = 120°\ (\because 0° < C < 180°)$

[문제 12]

📗 문항 출제 기준

- **출제 범위**: 수학 Ⅰ (여러 가지 수열의 합)

- **출제 의도**
  수열의 일반항이 소거되는 꼴로 변형하여 수열의 합을 구할 수 있는지 평가한다.

- **출제 근거**
  `12수학Ⅰ 03-05` 여러 가지 수열의 첫째항부터 제n항까지의 합을 구할 수 있다.

도서명	쪽수/번
2025 수능완성 수학영역 수학 Ⅰ	33쪽 27번

💡 문제해결의 TIP

본 문항은 수학 Ⅰ 과목의 수열 단원에서 여러 가지 수열의 합에 관한 문항이다. 따라서 등차수열의 일반항을 구한 후, 분모의 유리화를 이용하여 여러 가지 수열의 일반항이 소거되는 꼴로 변형하여 수열의 합을 구해 문제를 해결할 수 있는지를 평가하고 있다.

📝 예시 답안

등차수열 $\{a_n\}$의 첫째항이 2이고 공차가 3이므로 일반항 a_n을 구하면

$a_n = 2 + 3(n-1) = 3n - 1$

$$\sum_{k=1}^{n} \frac{1}{\sqrt{a_{k+1}} + \sqrt{a_k}}$$

$$= \sum_{k=1}^{n} \frac{1}{\sqrt{3k+2} + \sqrt{3k-1}}$$

$$= \sum_{k=1}^{n} \frac{\sqrt{3k+2} - \sqrt{3k-1}}{(\sqrt{3k+2} + \sqrt{3k-1})(\sqrt{3k+2} - \sqrt{3k-1})}$$

$$= \sum_{k=1}^{n} \frac{\sqrt{3k+2} - \sqrt{3k-1}}{3}$$

$$= \frac{1}{3} \sum_{k=1}^{n} (\sqrt{3k+2} - \sqrt{3k-1})$$

$$= \frac{1}{3} \{(\sqrt{5} - \sqrt{2}) + (\sqrt{8} - \sqrt{5})$$

$$+ \cdots + (\sqrt{3n+2} - \sqrt{3n-1})\}$$

$$= \frac{1}{3} (\sqrt{3n+2} - \sqrt{2})$$

따라서 $\frac{1}{3}(\sqrt{3n+2} - \sqrt{2}) = \frac{4\sqrt{2}}{3}$에서

$\sqrt{3n+2} - \sqrt{2} = 4\sqrt{2}$이므로

$\sqrt{3n+2} = 5\sqrt{2}$, $3n+2 = 50$

$\therefore n = 16$

📖 교과서 속 개념 확인

여러 가지 수열의 합

(1) 일반항이 분수 꼴이고 분모가 서로 다른 두 일차식의 곱이면 다음과 같이 변형하여 문제를 해결한다.

① $\displaystyle\sum_{k=1}^{n} \frac{1}{k(k+a)} = \frac{1}{a} \sum_{k=1}^{n} \left(\frac{1}{k} - \frac{1}{k+a} \right)$ (단, $a \neq 0$)

② $\displaystyle\sum_{k=1}^{n} \frac{1}{(k+a)(k+b)} = \frac{1}{b-a} \sum_{k=1}^{n} \left(\frac{1}{k+a} - \frac{1}{k+b} \right)$

(2) 일반항의 분모가 근호가 있는 두 식의 합이면 다음과 같이 변형하여 문제를 해결한다.

① $\displaystyle\sum_{k=1}^{n} \frac{1}{\sqrt{k+a} + \sqrt{k}} = \frac{1}{a} \sum_{k=1}^{n} (\sqrt{k+a} - \sqrt{k})$

(단, $a \neq 0$)

② $\displaystyle\sum_{k=1}^{n} \frac{1}{\sqrt{k+a} + \sqrt{k+b}} = \frac{1}{a-b} \sum_{k=1}^{n} (\sqrt{k+a} - \sqrt{k+b})$

[문제 13]

📗 문항 출제 기준

- **출제 범위**: 수학 Ⅱ (연속함수의 성질)

- **출제 의도**
  연속함수의 성질을 이해하고 이를 활용할 수 있는지 평가한다.

- **출제 근거**
  `12수학Ⅱ 01-04` 연속함수의 성질을 이해하고, 이를 활용할 수 있다.

도서명	쪽수/번
2025 수능완성 수학영역 수학 Ⅱ	45쪽 21번

💡 문제해결의 TIP

본 문항은 수학 Ⅱ 과목의 함수의 극한과 연속 단원에서 함수의 연속에 관한 문항이다. 따라서 연속인 함수와 불연속인 함수의 곱으로 이루어진 함수가 연속이 되기 위한 조건을 이용하여 문제를 해결할 수 있는지를 평가하고 있다.

함수 $f(x)$가 $x=1$, $x=3$에서만 불연속이고, 함수 $g(x)$는 다항함수이므로 실수 전체의 집합에서 연속이다.

따라서 함수 $h(x)$가 $x=1$, $x=3$에서 연속이면 닫힌구간 $[0,\ 4]$에서 연속이다.

함수 $h(x)$가 $x=1$에서 연속이어야 하므로

$$\lim_{x \to 1-} h(x) = \lim_{h \to 1+} h(x) = h(1)$$

$$\lim_{x \to 1-} f(x)g(x) = \lim_{x \to 1+} f(x)g(x) = f(1)g(1)$$

$$1 \times g(1) = 0 \times g(1) = 1 \times g(1)$$

$$\therefore g(1) = 0 \quad \cdots\cdots \text{㉠}$$

또한, 함수 $h(x)$가 $x=3$에서 연속이어야 하므로

$$\lim_{x \to 3-} h(x) = \lim_{x \to 3+} h(x) = h(3)$$

$$\lim_{x \to 3-} f(x)g(x) = \lim_{x \to 3+} f(x)g(x) = f(3)g(3)$$

$$2 \times g(3) = 0 \times g(3) = 2 \times g(3)$$

$$\therefore g(3) = 0 \quad \cdots\cdots \text{㉡}$$

㉠, ㉡에 의해

$$g(x) = a(x-1)(x-3) \quad (\text{단, } a\text{는 } 0\text{이 아닌 상수})$$

으로 놓을 수 있다.

이때 $h(1)+h(4)=-12$이므로

$f(1) \times g(1) + f(4) \times g(4) = -12$에서

$$1 \times g(1) - 1 \times g(4) = -12$$

$$-3a = -12$$

$$\therefore a = 4$$

따라서

$$g(x) = 4(x-1)(x-3) = 4x^2 - 16x + 12$$
$$= 4(x-2)^2 - 4$$

이므로 함수 $g(x)$는 $x=2$에서 최솟값 -4를 갖는다.

즉, $k=2$, $m=-4$이므로

$$k+m = 2-4 = -2$$

[문제 14]

문항 출제 기준

- 출제 범위: 수학 Ⅱ (평균값 정리)

- 출제 의도
  평균값 정리를 이해하고 이를 활용할 수 있는지 평가한다.

- 출제 근거
  12수학Ⅱ 02-07 함수에 대한 평균값 정리를 이해한다.

도서명	쪽수/번
2025 수능특강 수학영역 수학 Ⅱ	47쪽 예제 2번

문제해결의 TIP

본 문항은 수학 Ⅱ 과목의 미분 단원에서 평균값 정리에 관한 문항이다. 따라서 평균값 정리를 이용하여 함수의 최댓값과 최솟값을 구해 문제를 해결할 수 있는지를 평가하고 있다.

예시 답안

다항함수 $f(x)$는 닫힌구간 $[0,\ 6]$에서 연속이고 열린구간 $(0,\ 6)$에서 미분가능하므로 평균값 정리에 의하여

$$\frac{f(6)-f(0)}{6-0} = f'(c) \text{ 인 상수 } c\text{가 열린구간 } (0,\ 6)\text{에 적어도}$$

하나 존재한다.

조건 (나)에서 모든 실수 x에 대하여 $f'(x) \leq 3$이므로

$$f'(c) \leq 3$$

이때 조건 (가)에서 $f(0)=5$이므로

$$f'(c) = \frac{f(6)-5}{6} \leq 3$$

$$\therefore f(6) \leq 23$$

따라서 $f(6)$의 최댓값은 23이다.

교과서 속 개념 확인

평균값 정리
함수 $f(x)$가 닫힌구간 $[a,\ b]$에서 연속이고 열린구간 $(a,\ b)$에서 미분가능하면 $\dfrac{f(b)-f(a)}{b-a} = f'(c)$인 c가 a와 b 사이에 적어도 하나 존재한다.

[문제 15]

문항 출제 기준

- **출제 범위:** 수학 Ⅱ (정적분의 활용 – 곡선과 직선 사이의 넓이)

- **출제 의도**

  정적분을 이용하여 곡선과 x축에 평행한 직선 사이의 넓이를 구할 수 있는지 평가한다.

- **출제 근거**

  <u>12수학Ⅱ 03-05</u> 곡선으로 둘러싸인 도형의 넓이를 구할 수 있다.

도서명	쪽수/번
2025 수능특강 수학영역 수학 Ⅱ	89쪽 예제 1번

문제해결의 TIP

본 문항은 수학 Ⅱ 과목의 적분 단원에서 곡선과 직선으로 둘러싸인 도형의 넓이에 관한 문항이다. 따라서 함수의 극댓값과 극솟값을 이용해 함수 그래프의 모형을 그린 후, 정적분의 성질을 이용하여 곡선과 직선으로 둘러싸인 부분의 넓이를 식으로 나타내어 문제를 해결할 수 있는지를 평가하고 있다.

예시 답안

조건 (가)에서 삼차함수 $y = f(x)$는 원점에 대하여 대칭이다. 또, 조건 (나)에서 방정식 $|f(x)| = 4\sqrt{2}$는 서로 다른 4개의 실근을 가질 때, 최고차항의 계수가 1인 삼차함수 $f(x)$에 대하여 함수 $y = |f(x)|$의 그래프는 다음 그림과 같다.

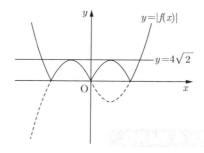

즉, 삼차함수 $f(x)$의 극댓값은 $4\sqrt{2}$, 극솟값은 $-4\sqrt{2}$이다.

$f(x) = x^3 - kx$ $(k > 0)$라 하면

$f'(x) = 3x^2 - k$

$f'(x) = 0$에서

$x = -\sqrt{\dfrac{k}{3}}$ 또는 $x = \sqrt{\dfrac{k}{3}}$

함수 $f(x)$의 증가와 감소를 표로 나타내면 다음과 같다.

x	$\cdots$	$-\sqrt{\dfrac{k}{3}}$	$\cdots$	$\sqrt{\dfrac{k}{3}}$	$\cdots$
$f'(x)$	$+$	0	$-$	0	$+$
$f(x)$	↗	$4\sqrt{2}$	↘	$-4\sqrt{2}$	↗

삼차함수 $f(x)$는 $x = \sqrt{\dfrac{k}{3}}$에서 극솟값 $-4\sqrt{2}$를 가지므로

$f\left(\sqrt{\dfrac{k}{3}}\right) = \dfrac{k}{3}\sqrt{\dfrac{k}{3}} - k\sqrt{\dfrac{k}{3}} = -\dfrac{2}{3}k\sqrt{\dfrac{k}{3}} = -4\sqrt{2}$에서

$k\sqrt{\dfrac{k}{3}} = 6\sqrt{2}$, $\dfrac{k^3}{3} = 72$

$\therefore k = 6$

$\therefore f(x) = x^3 - 6x$

곡선 $y = x^3 - 6x$와 직선 $y = 4\sqrt{2}$의 교점의 x좌표를 구하면

$x^3 - 6x = 4\sqrt{2}$에서

$x^3 - 6x - 4\sqrt{2} = 0$, $(x + \sqrt{2})^2(x - 2\sqrt{2}) = 0$

$\therefore x = -\sqrt{2}$ 또는 $x = 2\sqrt{2}$

따라서 함수 $y = x^3 - 6x$의 그래프와 직선 $y = 4\sqrt{2}$로 둘러싸인 부분의 넓이는 다음 그림의 색칠한 부분의 넓이와 같으므로

$\displaystyle\int_{-\sqrt{2}}^{2\sqrt{2}} \{4\sqrt{2} - (x^3 - 6x)\}dx$

$= \displaystyle\int_{-\sqrt{2}}^{2\sqrt{2}} (-x^3 + 6x + 4\sqrt{2})dx$

$= \left[-\dfrac{1}{4}x^4 + 3x^2 + 4\sqrt{2}\,x \right]_{-\sqrt{2}}^{2\sqrt{2}}$

$= (-16 + 24 + 16) - (-1 + 6 - 8)$

$= 27$

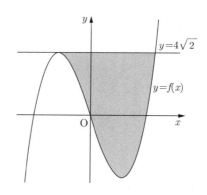

제5회 인문 계열 정답 및 해설

국어

[문제 1]

문항 출제 기준

- **출제 범위**: 국어 (화법, 회의, 공동체 문제, 해결 방안)

- **출제 의도**
  고등학교 교육과정에서 현안을 분석하고 적절한 논거를 들어 자신의 의견을 설명할 수 있는 능력과 공동체의 문제에 관심을 가지고 해결할 수 있는 능력을 평가하고자 출제하였다.

- **출제 근거**
  `12화작01-01` 사회적 의사소통 행위로서 화법과 작문의 특성을 이해한다.
  `12화작01-02` 화법과 작문 활동이 자아 성장과 공동체 발전에 기여함을 이해한다.

도서명	쪽수/번
지학사 화법과 작문	172~183쪽
2022(6월) 고3 학력평가	38~42번

문제해결의 TIP

학생 1과 학생 2는 공통적으로 의류 수거함의 주변이 쓰레기장처럼 되어가는 상황을 공동체 문제로 인식하고 있다. 그러나 문제의 원인에 대해서는 서로 다른 의견을 가지고 있는데, 학생 1은 '얼마~같아.'와 같이 신문 기사를 근거로 들며 의류 수거함의 운영 문제가 시청의 적극적인 노력이 부족하여 발생한 일이라고 생각하고 있다.
반면, 학생 2는 '그~않으니까.'와 같이 학생 1의 말에 반박하며 시청이 아무리 관리를 잘 해도 일차적으로 이용자가 올바르게 사용하지 않는다면 궁극적인 문제의 해결이 되지 않을 것으로 판단하고 있다.

예시 답안

- ㉠, ㉡ 각각 첫 어절과 마지막 어절을 순서대로 정확하게 쓴 경우만 정답으로 인정함.

답안	배점
㉠: 얼마, 같아.	5
㉡: 그, 않으니까.	5

| 2~3 |

문항 출제 기준

- **출제 범위**: 독서 (추론적 이해, 과학·기술 분야 글 읽기)

- **출제 의도**
  고등학교 교육과정에서 과학·기술 분야의 글 구조와 전개 방식을 이해하고, 세부 내용을 파악하는 능력과 실제 사례에 적용하여 그 결과를 유추해 낼 수 있는 추론적 독해 능력을 평가하고자 출제하였다.

- **출제 근거**
  `12독서02-02` 글에 드러나지 않은 정보를 예측하여 필자의 의도나 글의 목적, 숨겨진 주제, 생략된 내용을 추론하며 읽는다.
  `12독서03-03` 과학·기술 분야의 글을 읽으며 제재에 담긴 지식과 정보의 객관성, 논거의 입증 과정과 타당성, 과학적 원리의 응용과 한계 등을 비판적으로 이해한다.

도서명	쪽수/번
신사고 독서	52~53, 144~145쪽
2025 수능특강 국어영역 독서	192쪽

[문제 2]

문제해결의 TIP

제시된 글의 3문단에 의하면, 당시의 가장 정확한 시계인 '아놀드 크로노미터'가 시간 측정 도구로써 연구에 이용되었다.
같은 문단에 의하면, 두 조수는 대포가 발사되는 시점에 '불빛'이 보인 순간부터 대포 '소리'가 들릴 때까지의 시간을 측정하여 기록하였다.

📖 예시 답안

- ①~③을 정확하게 쓴 경우만 정답으로 인정함.

답안	배점
①: 아놀드 크로노미터	4
②: 불빛	3
③: 소리	3

[문제 3]

💡 문제해결의 TIP

제시된 글의 3문단에 의하면, 화약의 양이 달라져 폭발하는 소리의 세기가 변해도 음속에 영향을 미치지 않는다. 따라서 ㉠은 적절하지 않다.

2문단에 의하면, 골딩햄은 대규모 거대 자본이 투자된 프로젝트를 진행하면서 다양한 샘플을 획득하였다. 하지만 이것이 다양한 대기 샘플을 얻기 위한 필수 조건인지는 제시문만으로 확인할 수 없다. 한편, 골딩햄이 한 것처럼 계절적 요인을 활용한다면 거대 자본이 투자되지 않더라도 다양한 측정값을 얻을 수 있으리라는 점도 추정할 수 있다. 따라서 ㉡은 적절하지 않다.

1문단에 의하면, 1708년에 진행한 연구에서 더햄은 바람과 음속 관계를 옳게 판단했으나, 습도와 온도에 대한 연구에서는 오류가 있었다. 따라서 ㉢은 적절하다.

3문단의 '일반적으로는 음속은 ~ 의해 결정된다.'를 통해 ㉣이 적절하다는 것을 알 수 있다.

2문단에 의하면, 세인트조지 요새에서 마드라스 천문대까지의 경로와 세인트토머스 산에서 마드라스 천문대까지의 경로는 모두 관측점을 사이에 두고 일직선상에 있지 않은 반대 방향에 위치하고 있다. 따라서 ㉤은 적절하지 않다.

📝 예시 답안

- ①, ②를 정확하게 쓴 경우만 정답으로 인정함.
- ①, ②의 각 항목을 기호가 아닌 문장으로 쓴 경우도 정답으로 인정함.
- ①, ②의 작성 순서가 바뀌어도 정답으로 인정함.

답안	배점
①: ㉢	5
②: ㉣	5

📖 작품 분석

「골딩햄의 음속 측정」

■ 해제

이 글은 18세기 이전부터 음속 연구는 진행되었지만 초기 연구는 온도, 습도, 기압, 풍향 등의 대기 조건이 음속에 미치는 영향에 대한 고려 없이 음속 측정을 하여 오류가 많았다. 골딩햄은 다양한 기상학적 요인을 고려하여 음속 측정의 필요성을 절실하게 느껴, 다양한 대기 조건에서 800회 이상의 측정을 시행하여 음속에 영향을 미치는 다양한 요인을 찾아내었다.

■ 주제

다양한 대기 조건에서 진행된 골딩햄의 음속 연구

[문제 4]

📕 문항 출제 기준

- **출제 범위:** 문학 (현대 시, 시어의 상징적 의미)

- **출제 의도**
고등학교 교육과정에서 작품을 감상할 때 다양한 맥락에서 접근하는 능력과 작품 내 상징적 요소의 의미를 파악하며 작품을 감상할 수 있는 능력을 평가하고자 출제하였다.

- **출제 근거**

  12문학02-01 문학 작품은 내용과 형식이 긴밀하게 연관되어 이루어짐을 이해하고 작품을 감상한다.

  12문학02-02 작품을 작가, 사회·문화적 배경, 상호 텍스트성 등 다양한 맥락에서 이해하고 감상한다.

도서명	쪽수/번
2025 수능완성 국어영역	227쪽

💡 문제해결의 TIP

3연의 '지금 나는 맨발이다.'는 주인공이 자신의 취약한 부분과 상처받기 쉬운 상태를 표현하고 있는 부분이다. '맨발'은 보호받지 못한 상태를 의미하며, 주인공의 연약함과 취약성을 나타낸다. 2연의 '부서진 원은 모를 세우고'에서 '모'는 날카로운 끝부분을 의미하며, 이는 깨진 그릇이 공격적인 힘을 가질 수 있음을 상징한다. 따라서 이러한 '모'는 상처를 주거나 해를 끼칠 수 있는 위험성을 내포하고 있다. 하지만 상처로 인해 성숙의 상태에 도달할 수 있으므로 '모'는 성숙의 상태로 나아갈 수 있는 기회를 제공하는 힘으로 볼 수도 있다.

답안	배점
①: 맨발	5
②: 모	5

- ①, ②를 정확하게 쓴 경우만 정답으로 인정함.

📖 **작품 분석**

■ 해제
이 작품은 깨진 그릇을 통해 인간의 상처와 그로 인한 성숙을 표현한 작품이다. 깨진 그릇이 칼날이 되어 날카로워지는 것처럼, 상처받은 인간도 상처 속에서 성숙하고 이성을 깨닫게 된다. 시인은 상처의 경험이 인간을 변화시키고 성장시킨다는 것을 상징적으로 보여준다.

■ 주제
인간의 상처와 그로 인한 성숙

■ 구성
1연: 칼날이 되는 깨진 그릇
2연: 차가운 이성의 눈을 뜨게 하는 깨진 그릇
3연: 깨진 그릇에 의한 상처와 그로 인한 영혼의 성숙
4연: 깨진 그릇의 의미 재확인

[문제 5]

🔖 **문항 출제 기준**

• 출제 범위: 독서 (사실적 이해, 인문·예술 분야의 글 읽기)

• 출제 의도
고등학교 교육과정에서 인문·예술 분야의 글을 올바르게 이해할 수 있는 능력과, 각 입장의 차이를 비교할 수 있는 능력을 평가하고자 출제하였다.

• 출제 근거
`12독서02-01` 글에 드러난 정보를 바탕으로 중심 내용, 주제, 글의 구조와 전개 방식 등 사실적 내용을 파악하며 읽는다.
`12독서03-01` 인문·예술 분야의 글을 읽으며 제재에 담긴 인문학적 세계관, 예술과 삶의 문제를 대하는 인간의 태도, 인간에 대한 성찰 등을 비판적으로 이해한다.

도서명	쪽수/번
2025 수능완성 국어영역	158쪽

💡 **문제해결의 TIP**

공자는 언어가 정확해야 사회적 혼란을 막을 수 있다고 보았다. 그는 각자가 자신의 역할에 맞는 언어를 사용하는 것이 중요하다고 생각하여, '정명(正名)'을 통해 언어의 명확성을 강조하였다.
순자는 언어가 사회적 계층과 질서를 유지하며 사람들 간의 역할과 책임을 명확히 구별하는 데 필요하다고 보았다. 따라서 언어를 통해 '귀천'을 밝히고 역할과 책임을 분명하게 구분하는 것이 중요하다고 생각하였다.
노자는 언어가 대상의 본질을 완전히 표현할 수 없으며, 언어 표현보다 '직관적 이해'가 더 중요하다고 보았다.

📝 **예시 답안**

답안	배점
①: 정명	3
②: 귀천	3
③: 직관적 이해	4

- ①~③을 정확하게 쓴 경우만 정답으로 인정함.

📖 **작품 분석**

「언어 개념에 대한 동양 사상가들의 생각」

■ 해제
이 글은 의사소통과 사회 구조를 이해하는 필수 도구인 언어의 특징을 설명하고, 언어에 대한 춘추 전국 시대 사상가들의 생각을 서술하고 있다. 공자와 순자는 언어의 사회 질서 유지 역할을 강조하였고, 노자와 장자는 언어의 한계를 인정하였으며, 노자는 직관적 이해를 중시하고 장자는 진리 추구를 중시하였다. 이 논의는 언어의 복잡성과 다층적 역할을 이해하는 데 중요한 단서를 제공한다.

■ 주제
춘추 전국 시대 사상가들이 주장한 언어의 개념과 역할

| 6~7 |

문항 출제 기준

• **출제 범위**: 독서 (사실적 이해, 인문·예술 분야의 글 읽기)

• **출제 의도**
고등학교 교육과정에서 인문·예술 분야의 글에 나타난 지식을 사실적으로 이해하고, 글의 중심 내용과 긴밀한 구조를 파악하여 통합적으로 읽을 수 있는 독서 능력을 파악하고자 출제하였다.

• **출제 근거**
[12독서02-01] 글에 드러난 정보를 바탕으로 중심 내용, 주제, 글의 구조와 전개 방식 등 사실적 내용을 파악하며 읽는다.
[12독서03-01] 인문·예술 분야의 글을 읽으며 제재에 담긴 인문학적 세계관, 예술과 삶의 문제를 대하는 인간의 태도, 인간에 대한 성찰 등을 비판적으로 이해한다.

도서명	쪽수/번
동아 독서	111~112쪽
2025 수능특강 국어영역 독서	298~299쪽

[문제 6]

문제해결의 TIP

제시된 글의 1문단에 의하면, '자유주의자들'은 개인의 선택의 자유를 중시하고 작은 정부를 지향한다. 이들은 국가가 중립을 지키며 자치가 이루어질 때의 사회를 바람직한 모습으로 평가한다. 1문단과 2문단에 의하면, '공동체주의자들'은 개인의 자유보다는 공동선에 기반한 구성원 간의 유대감을 중요하게 생각한다. 또한, 다양한 구성원들의 의견을 조율하는 데에는 국가의 역할이 필수적이므로 특정 문화와 전통을 유지하기 위해서는 국가는 중립적일 수 없다고 본다.

예시 답안

– ①, ②를 정확하게 쓴 경우만 정답으로 인정함.
– ①은 '자유주의자', '자유주의자들' 둘 다 정답으로 인정함.
– ②는 '공동체주의자', '공동체주의자들' 둘 다 정답으로 인정함.

답안	배점
①: 자유주의자(들)	5
②: 공동체주의자(들)	5

[문제 7]

문제해결의 TIP

제시된 글의 2문단의 '샌델은 사회 ~ 없다고 보았다.'를 통해 샌델이 사회를 공공선으로 이끄는 과정에 특정 가치관이 '개입'하는 것에 대해 인정하였다는 것을 알 수 있다. 따라서 ⓐ는 '배제'가 아닌 '개입'으로 수정하는 것이 적절하다.
또한, 2문단의 '자유주의자들이 개인을 ~ 일로 생각한다.'와 '샌델은 자유주의자들의 ~ 것이라고 비판하였다.'를 종합하여 보면, 자유주의자들은 개인의 자유와 공동체를 '분리'한 것을 알 수 있다. 따라서 ⓑ는 '융합'이 아닌 '분리'로 수정하는 것이 적절하다.

예시 답안

– ①, ②를 정확하게 쓴 경우만 정답으로 인정함.

답안	배점
①: 개입	5
②: 분리	5

작품 분석

「국가의 중립성에 대한 상반된 입장」

■ 해제
이 글은 국가의 중립성에 대한 자유주의자들과 공동체주의자들의 견해를 서술하고 있다. 공동체주의자들의 입장은 공동체를 위한 국가의 개입이 필요하며, 시민의 자질을 학습하는 데 국가의 역할이 필수적이라고 본다. 그러나 자유주의자들은 자유의 추구를 가장 큰 가치로 이해하며, '자치에 대한 참여'를 강조한다. 또한, 자유주의자들은 개인의 자유로운 자아를 방해하는 국가의 개입을 비판하지만, 공동체주의자들은 다양한 자유의 가치를 포용하기 위해서는 공공선과 국가의 역할이 중요함을 강조한다. 이 글은 국가의 중립성에 대한 복잡성과 다층적 역할을 이해하는 데 중요한 단서를 제공한다.

■ 주제
국가의 중립성에 대한 공동체주의자와 자유주의자의 견해

[문제 8]

📘 문항 출제 기준

- **출제 범위**: 문학 (고전 시가, 시구의 상징적 의미)

- **출제 의도**
  고등학교 교육과정에서 문학 내 화자의 심정을 이해하고, 이를 반영하는 상징적 요소의 의미를 파악하며 작품을 감상할 수 있는 능력을 평가하고자 출제하였다.

- **출제 근거**
  [12문학02-01] 문학 작품은 내용과 형식이 긴밀하게 연관되어 이루어짐을 이해하고 작품을 감상한다.
  [12문학02-02] 작품을 작가, 사회·문화적 배경, 상호 텍스트성 등 다양한 맥락에서 이해하고 감상한다.

도서명	쪽수/번
2025 수능특강 국어영역 문학	54쪽

🔍 문제해결의 TIP

제시문 (나)는 '연 심어 실을 뽑아 긴 노끈 비비어 걸었다가'와 같이 노끈을 만드는 일련의 과정을 언급하고 있다. 이는 〈보기〉에서 말하는 연속적인 행동에 해당한다. 이러한 행동은 '사랑이 그쳐갈 제 찬찬 감아 매오리다'라고 말하며, 결국 임과의 사랑이 어려워지는 부정적인 상황이 올 때, 이어가기 위한 행동이었음을 의미한다.

제시문 (라)는 '왼새끼를 눈 길게 너슷너슷 꼬아'와 같이 새끼를 꼬는 과정을 제시하고 있다. 새끼를 꼬기 위해서는 지속적인 노력해야 한다. 화자는 '두 놈이 두 끝 마주 잡아 이리로 훌근 저리로 훌적 훌근훌적' 하는 고통은 견디겠다고 하면서도 '임 여의고 살라면 그는 그리 못하리라'라고 하여 임과의 이별 순간은 견디지 못함을 표현하고 있다. 따라서 반복된 행동을 통해 임과의 사랑이 지속되기를 바라는 마음을 표현한 것은 (나)와 (라)이다.

📝 예시 답안

- ①, ②를 정확하게 쓴 경우만 정답으로 인정함.
- ①, ②의 작성 순서가 바뀌어도 정답으로 인정함.

답안	배점
①: (나)	5
②: (라)	5

📖 작품 분석

(가) 서경덕, 「마음이 어린 후이니 ~」

■ 해제
이 작품은 바람에 떨어지는 낙엽 소리를 임이 돌아온 것으로 착각하는 상황을 포착하여, 임을 향한 그리움이 극진함을 표현한 평시조이다.

■ 주제
임 향한 그리움

■ 구성
초장: 자신의 어리석음을 책망
중장: 돌아오지 않는 임을 기다리는 화자
종장: 낙엽을 임이라고 착각한 화자

(나) 김영, 「연 심어 실을 뽑아 ~」

■ 해제
이 작품은 연을 심고 실을 뽑아 실로 노끈을 만들어 실로 임과 자신을 감아 매어 임과 영원히 함께하고자 하는 소망을 드러낸 평시조이다. 마음으로 맺어진 사랑을 노끈으로 비유하며 어떠한 어려움에도 헤어지지 않겠다는 결의를 보여준다.

■ 주제
임과의 굳건한 사랑과 신뢰

■ 구성
초장: 연을 심고 실을 생산하는 화자
중장: 마음이 그쳐갈 때 노끈으로 매어 사랑을 이어가겠다는 의지
종장: 임을 향한 끊임없는 마음

(다) 작자 미상, 「마음이 지척이면 ~」

■ 해제
이 작품은 마음이 가깝게 있으면 아무리 먼 거리에 떨어져 있더라도 가깝게 느껴진다고 말하고 있다. 멀리 떨어져 있는 임이라도 마음은 가깝고, 변하지 않으니, 사랑에 거리는 상관이 없다며, 사랑을 맹세한 평시조이다.

■ 주제
거리를 초월하는 임과의 사랑

■ 구성
초장: 멀더라도 마음이 가까우면 가깝게 느껴짐
중장: 가까워도 마음이 멀면 멀게 느껴짐
종장: 멀리 있는 임이라도 마음은 가까움

(라) 작자 미상, 「가슴에 구멍을 둥시렇게 뚫고 ~」

■ 해제
이 작품은 극단적인 상황을 상정하면서도 임을 향한 마음은 절대 변하지 않음을 맹세한 사설시조이다. 어떤 상황도 극복하며 살 수 있지만 임과의 이별은 절대 살아갈 수 없다는 강렬한 의지를 보여 준다.

■ 주제
어떠한 어려움도 극복하는 임에 대한 사랑

■ 구성
초장: 가슴에 새끼줄을 넣는 극단적인 상황
중장: 고통은 견딜 수 있는 고통임을 제시
종장: 임을 여의는 것은 거부함

예시 답안

- ①, ②를 정확하게 쓴 경우만 정답으로 인정함.
- ②는 순서에 상관없이 두 개 모두 쓴 경우만 정답으로 인정함.
- 정답 외에 다른 답을 추가로 쓴 경우는 오답으로 처리함.

답안	배점
①: 유음화	4
②: 거센소리되기, 구개음화	6

[문제 9]

문항 출제 기준

- **출제 범위**: 문법 (음운의 변동)

- **출제 의도**
고등학교 교육과정에서 학습하는 음운의 변동 중 유음화, 거센소리되기, 구개음화를 이해하고 사례에 적용하는 능력을 평가하고자 출제하였다.

- **출제 근거**
  10국어04-02 운의 변동을 탐구하여 올바르게 발음하고 표기한다.
  12언매01-01 실제 국어생활을 바탕으로 음운의 체계와 변동에 대해 탐구한다.

도서명	쪽수/번
미래엔 국어	198쪽
미래엔 언어와 매체	58쪽

문제해결의 TIP

'광한루'는 [광:할루]로 발음되는데, 후행하는 'ㄹ'의 영향으로 앞 음절의 종성 'ㄴ'이 [ㄹ]로 발음되는 '유음화'가 일어난다.
'굳히다'는 [구치다]로 발음되는데, 이때에는 먼저 'ㄷ'과 'ㅎ'이 만나 'ㅌ'으로 바뀌는 '거센소리되기'가 일어난 후, 'ㅌ'이 'ㅣ' 앞에서 'ㅊ'으로 바뀌는 '구개음화'가 일어난다.

수학

[문제 10]

📝 문항 출제 기준

- **출제 범위**: 수학 Ⅰ (로그함수와 지수함수의 그래프)
- **출제 의도**
  로그함수와 지수함수가 역함수 관계임을 이해하고 이를 활용할 수 있는지 평가한다.
- **출제 근거**
  12수학Ⅰ 01-07 지수함수와 로그함수의 그래프를 그릴 수 있고, 그 성질을 이해한다.

도서명	쪽수/번
2025 수능특강 수학영역 수학 Ⅰ	25쪽 예제 3번

💡 문제해결의 TIP

본 문항은 수학 Ⅰ 과목의 지수함수와 로그함수 단원에서 지수함수와 로그함수의 뜻과 성질에 관한 문항이다. 따라서 지수함수의 그래프와 로그함수의 그래프의 뜻과 성질을 이해하고, 두 함수의 그래프가 서로 역함수 관계임을 이용하여 문제를 해결할 수 있는지를 평가하고 있다.

📝 예시 답안

함수 $f(x) = \log_3 x$ 의 역함수는 $y = 3^x$ 이므로
$g(x) = 3^x$
이때 점 B의 y좌표가 27이므로 $3^x = 27$에서
$x = 3$
$\therefore \mathrm{B}(3,\ 27)$
점 A는 직선 $y = x$에 대한 점 B의 대칭점이므로
$\mathrm{A}(27,\ 3)$
선분 AB의 중점을 M이라 하면
$\mathrm{M}\left(\dfrac{3+27}{2},\ \dfrac{27+3}{2}\right)$, 즉 $\mathrm{M}(15,\ 15)$이므로
$\overline{\mathrm{OM}} = \sqrt{15^2 + 15^2} = 15\sqrt{2}$
$\overline{\mathrm{AB}} = \sqrt{(3-27)^2 + (27-3)^2} = 24\sqrt{2}$

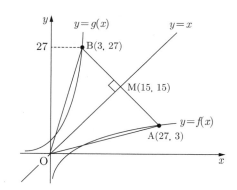

따라서 삼각형 OAB의 넓이는
$$\frac{1}{2} \times 15\sqrt{2} \times 24\sqrt{2} = 360$$

[문제 11]

📝 문항 출제 기준

- **출제 범위**: 수학 Ⅰ (부채꼴과 삼각형의 넓이)
- **출제 의도**
  호도법을 이용하여 부채꼴의 넓이와 삼각형의 넓이를 구할 수 있는지 평가한다.
- **출제 근거**
  12수학Ⅰ 02-01 일반각과 호도법의 뜻을 안다.
  12수학Ⅰ 02-03 사인법칙과 코사인법칙을 이해하고, 이를 활용할 수 있다.

도서명	쪽수/번
2025 수능특강 수학영역 수학 Ⅰ	48쪽 Level2 2번 61쪽 예제 4번

💡 문제해결의 TIP

본 문항은 수학 Ⅰ 과목의 삼각함수 단원에서 호도법과 삼각형의 넓이에 관한 문항이다. 따라서 삼각형의 넓이를 반지름의 길이 r와 $\sin\theta$로 나타내고, 호도법을 이용하여 부채꼴의 넓이도 반지름의 길이 r와 θ로 나타내어 문제를 해결할 수 있는지를 평가하고 있다.

예시 답안

부채꼴 OAB의 반지름의
길이를 r라 하면 부채꼴
OAB의 넓이는

$\dfrac{1}{2}r^2\theta$ …… ㉠

또, $\overline{OC} = \dfrac{1}{4}\overline{OA} = \dfrac{r}{4}$ 이므

로 삼각형 COB의 넓이는

$\dfrac{1}{2} \times \dfrac{r}{4} \times r \times \sin(\pi - \theta) = \dfrac{1}{8}r^2\sin\theta$ …… ㉡

이때 부채꼴 OAB의 넓이가 삼각형 COB의 넓이의 12배이므
로 ㉠, ㉡에서

$\dfrac{1}{2}r^2\theta = 12 \times \dfrac{1}{8}r^2\sin\theta$

$\theta = 3\sin\theta$

$\therefore \dfrac{\theta}{\sin\theta} = 3$

  교과서 속 개념 확인

삼각형의 넓이
삼각형 ABC에서 두 변의 길이와 그 끼인각의 크기가 주어질 때,
삼각형 ABC의 넓이를 S라 하면

$$S = \frac{1}{2}bc\sin A = \frac{1}{2}ca\sin B = \frac{1}{2}ab\sin C$$

[문제 12]

문항 출제 기준

• 출제 범위: 수학 Ⅰ (수열의 합과 일반항 사이의 관계, 여러 가지
 수열의 합)

• 출제 의도
 수열의 합과 일반항 사이의 관계, 여러 가지 수열의 합을 이해하고
 이를 활용할 수 있는지 평가한다.

• 출제 근거
 12수학 Ⅰ 03-05 여러 가지 수열의 첫째항부터 제n항까지의 합을
 구할 수 있다.

도서명	쪽수/번
2025 수능완성 수학영역 수학 Ⅰ	112쪽 18번

문제해결의 TIP

본 문항은 수학 Ⅰ 과목의 수열 단원에서 여러 가지 수열에 관한
문항이다. 따라서 여러 가지 수열의 합을 이용하여 수열의 일반항
이 소거되는 꼴로 변형하고, 수열의 합과 일반항 사이의 관계를
이용하여 특정한 항의 값을 구해 문제를 해결할 수 있는지를 평가
하고 있다.

예시 답안

$\dfrac{a_{k+2} - a_k}{a_k a_{k+2}} = \dfrac{1}{a_k} - \dfrac{1}{a_{k+2}}$ 이므로

$$\sum_{k=1}^{20} \frac{a_{k+2} - a_k}{a_k a_{k+2}} = \sum_{k=1}^{20} \left(\frac{1}{a_k} - \frac{1}{a_{k+2}} \right)$$

$$= \left(\frac{1}{a_1} - \frac{1}{a_3} \right) + \left(\frac{1}{a_2} - \frac{1}{a_4} \right) + \left(\frac{1}{a_3} - \frac{1}{a_5} \right)$$

$$+ \cdots + \left(\frac{1}{a_{19}} - \frac{1}{a_{21}} \right) + \left(\frac{1}{a_{20}} - \frac{1}{a_{22}} \right)$$

$$= \frac{1}{a_1} + \frac{1}{a_2} - \frac{a_{21} + a_{22}}{a_{21} a_{22}}$$

조건 (가)에서

$a_1 = S_1 = 2$, $a_2 = S_2 - S_1 = 5 - 2 = 3$

$a_{21} + a_{22} = S_{22} - S_{20} = 13 - 10 = 3$

이므로

$$\sum_{k=1}^{20} \frac{a_{k+2} - a_k}{a_k a_{k+2}} = \frac{1}{a_1} + \frac{1}{a_2} - \frac{a_{21} + a_{22}}{a_{21} a_{22}}$$

$$= \frac{1}{2} + \frac{1}{3} - \frac{3}{a_{21} a_{22}}$$

$$= \frac{5}{6} - \frac{3}{a_{21} a_{22}} = -\frac{1}{6}$$

따라서 $\dfrac{3}{a_{21} a_{22}} = \dfrac{1}{6} + \dfrac{5}{6} = 1$에서 $a_{21} a_{22} = 3$이므로

$25 \times a_{21} \times a_{22} = 25 \times 3 = 75$

교과서 속 개념 확인

수열의 합과 일반항 사이의 관계
수열 $\{a_n\}$의 첫째항부터 제n항까지의 합을 S_n이라 할 때, 다음과
같은 수열의 합과 일반항 사이의 관계를 이용하여 문제를 해결한다.

$a_1 = S_1$,
$a_n = S_n - S_{n-1}$ (단, $n = 2, 3, 4, \cdots$)

[문제 13]

📖 문항 출제 기준

- **출제 범위**: 수학 Ⅱ (함수의 연속성 + 최대·최소 정리)

- **출제 의도**
  함수의 연속성과 최대·최소 정리를 이해하고 이를 활용할 수 있는지 평가한다.

- **출제 근거**

  > 12수학Ⅱ 01-04 연속함수의 성질을 이해하고, 이를 활용할 수 있다.

도서명	쪽수/번
2025 수능특강 수학영역 수학 Ⅱ	27쪽 Level2 5번

💡 문제해결의 TIP

본 문항은 수학 Ⅱ 과목의 함수의 극한과 연속 단원에서 연속함수의 성질에 관한 문항이다. 따라서 함수의 연속의 정의를 이용하여 함수식을 구한 후, 최대·최소 정리를 이해하고 이를 통해 문제를 해결할 수 있는지를 평가하고 있다.

📝 예시 답안

부등식 $f(x) \leq 0$ 을 만족하는 x 의 값의 범위는
$(x-1)^3(x-5) \leq 0$ 에서 $1 \leq x \leq 5$ 이고,
$f(x) > 0$ 을 만족하는 x 의 값의 범위는
$(x-1)^3(x-5) > 0$ 에서 $x < 1$ 또는 $x > 5$ 이다.
따라서 함수 $g(x)$ 는

$$g(x) = \begin{cases} ax^2 + bx + c & (1 \leq x \leq 5) \\ \dfrac{dx+1}{x-1} & (x < 1, \ x > 5) \end{cases}$$

함수 $g(x)$ 가 실수 전체의 집합에서 연속이므로
$\lim\limits_{x \to 1-} g(x) = g(1)$, $\lim\limits_{x \to 5+} g(x) = g(5)$

$\lim\limits_{x \to 1-} g(x) = \lim\limits_{x \to 1-} \dfrac{dx+1}{x-1} = a+b+c$ 에서 $x \to 1-$ 일 때
(분모) $\to 0$ 이고 극한값이 존재하므로 (분자) $\to 0$ 이어야 한다.
즉, $\lim\limits_{x \to 1-} (dx+1) = 0$ 에서 $d = -1$

$x < 1$ 또는 $x > 5$ 에서
$g(x) = \dfrac{-x+1}{x-1} = -1$

따라서 $g(1) = g(5)$ 이고, $1 \leq x \leq 5$
에서 $g(x)$ 는 이차함수이므로 $x = 3$ 에
대칭이다.

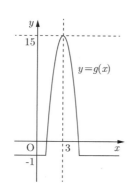

한편, 닫힌구간 $[1, 5]$ 에서 $g(1) = g(5) = -1$ 이므로
$g(x) = a(x-1)(x-5) - 1$ 이라 할 수 있다.
이때 함수 $g(x)$ 의 최댓값이 19 이므로
$g(3) = -4a - 1 = 19$ 에서
$a = -5$
따라서 $g(x) = \begin{cases} -5(x-1)(x-5) - 1 & (1 \leq x \leq 5) \\ -1 & (x < 1, \ x > 5) \end{cases}$
이므로
$g(2) = -5 \times (2-1)(2-5) - 1 = 14$

📖 교과서 속 개념 확인

최대·최소 정리
함수 $f(x)$ 가 닫힌구간 $[a, b]$ 에서 연속이면 함수 $f(x)$ 는 이 구간에서 반드시 최댓값과 최솟값을 갖는다.

[문제 14]

📖 문항 출제 기준

- **출제 범위**: 수학 Ⅱ (도함수의 활용－부등식에의 활용)

- **출제 의도**
  도함수를 이해하고 이를 활용하여 부등식을 해결할 수 있는지 평가한다.

- **출제 근거**

  > 12수학Ⅱ 02-10 방정식과 부등식에 대한 문제를 해결할 수 있다.

도서명	쪽수/번
2025 수능특강 수학영역 수학 Ⅱ	68쪽 Level2 4번

💡 문제해결의 TIP

본 문항은 수학 과목의 집합과 명제 단원에서 산술평균과 기하평균의 관계와 수학 Ⅱ 과목의 미분 단원에서 도함수의 부등식에의 활용을 연계하여 출제한 문항이다. 따라서 산술평균과 기하평균의 관계를 이용하여 치환한 t 의 값의 범위를 구한 후, 도함수를 이용하여 함수의 최대, 최소의 범위에서 주어진 부등식을 만족시키는 자연수를 구해 문제를 해결할 수 있는지를 평가하고 있다.

예시 답안

$x + \dfrac{1}{x} = t$ 라 하면 $x > 0$이므로 산술평균과 기하평균의 관계에 의해

$$t = x + \frac{1}{x} \geq 2\sqrt{x \times \frac{1}{x}} = 2$$

이때

$$x^3 + \frac{1}{x^3} = \left(x + \frac{1}{x}\right)^3 - 3 \times x \times \frac{1}{x} \times \left(x + \frac{1}{x}\right) = t^3 - 3t$$

$f(x) = 2\left(x^3 + \dfrac{1}{x^3}\right) - 48\left(x + \dfrac{1}{x}\right) + 116$ 라 하면

$t \geq 2$에 대하여

$$f(t) = 2(t^3 - 3t) - 48t + 116 = 2t^3 - 54t + 116$$

이때 $f'(t) = 6t^2 - 54 = 3(t+3)(t-3)$이므로

$f'(t) = 0$에서 $t = -3$ 또는 $t = 3$

$t \geq 2$에서 함수 $f(t)$의 증가와 감소를 표로 나타내면 다음과 같다.

t	2	$\cdots$	3	$\cdots$
$f'(t)$	$-$	$-$	0	$+$
$f(t)$	24	$\searrow$	8	$\nearrow$

즉, 함수 $f(t)$는 $t = 3$에서 극소이면서 최솟값 8을 갖는다.

따라서 $x > 0$인 모든 실수 x에 대하여

$$2\left(x^3 + \frac{1}{x^3}\right) - 48\left(x + \frac{1}{x}\right) + 116 \geq 8$$이므로

부등식 $2\left(x^3 + \dfrac{1}{x^3}\right) - 48\left(x + \dfrac{1}{x}\right) + 116 > n$을 만족시키는 자연수 n은 1, 2, 3, 4, 5, 6, 7이므로 합은 28이다.

 교과서 속 개념 확인

산술평균과 기하평균의 관계

$a > 0$, $b > 0$일 때

$$\frac{a+b}{2} \geq \sqrt{ab} \quad (단, 등호는 a = b일 때 성립)$$

[문제 15]

문항 출제 기준

- **출제 범위:** 수학 II (함수의 성질을 이용한 정적분)

- **출제 의도**
  함수의 그래프가 원점 또는 y축에 대하여 대칭임을 이용하여 정적분의 값을 구할 수 있는지 평가한다.

- **출제 근거**
  [12수학II 03-04] 다항함수의 정적분을 구할 수 있다.

도서명	쪽수/번
2025 수능완성 수학영역 수학 II	63쪽 08번

문제해결의 TIP

본 문항은 수학 II 과목의 미분 단원에서 함수의 극대·극소와 적분 단원에서 함수의 성질을 이용한 정적분을 연계하여 출제한 문항이다. 따라서 다항함수는 연속함수임을 이용하여 함수가 원점에 대하여 대칭일 때와 y축에 대하여 대칭일 때 정적분을 구한다. 또, $x = a$에서 함수 $f(x)$가 극값을 가지면 $f'(a) = 0$임을 이용하여 미지수의 값을 구해 문제를 해결할 수 있는지를 평가하고 있다.

예시 답안

$$\int_{-1}^{1} f(x)dx = 2\int_{0}^{1} \frac{1}{2}ax^2 dx = \left[\frac{a}{3}x^3\right]_0^1 = \frac{a}{3}$$

$$\int_{-1}^{1} xf(x)dx = 2\int_{0}^{1}\left(\frac{2}{3}x^4 + bx^2\right)dx$$

$$= 2\left[\frac{2}{15}x^5 + \frac{b}{3}x^3\right]_0^1$$

$$= \frac{4}{15} + \frac{2}{3}b$$

이고

$$4\int_{-1}^{1} f(x)dx + 5\int_{-1}^{1} xf(x)dx = 4 \times \frac{a}{3} + 5 \times \left(\frac{4}{15} + \frac{2}{3}b\right)$$

$$= 0$$

이므로

$4a + 10b + 4 = 0$, 즉 $2a + 5b = -2$ $\qquad \cdots\cdots$ ㉠

한편, $f(x) = \dfrac{2}{3}x^3 + \dfrac{1}{2}ax^2 + bx$에서

$$f'(x) = 2x^2 + ax + b$$

$x = 1$에서 극솟값을 가지므로 $f'(1) = 0$

$f'(1) = 2 + a + b = 0$에서 $a + b = -2$ $\qquad \cdots\cdots$ ㉡

㉠, ㉡을 연립하여 풀면

$$a = -\frac{8}{3}, \ b = \frac{2}{3}$$

따라서 $f(x) = \frac{2}{3}x^3 - \frac{4}{3}x^2 + \frac{2}{3}x$ 이므로

$$f(3) = 18 - 12 + 2 = 8$$

 교과서 속 개념 확인

(1) 연속함수 $y = f(x)$의 그래프가 y축에 대하여 대칭일 때,
   즉 모든 실수 x에 대하여 $f(-x) = f(x)$ 이면

$$\int_{-a}^{a} f(x)dx = 2\int_{0}^{a} f(x)dx$$

(2) 연속함수 $y = f(x)$의 그래프가 원점에 대하여 대칭일 때,
   즉 모든 실수 x에 대하여 $f(-x) = -f(x)$ 이면

$$\int_{-a}^{a} f(x)dx = 0$$

제6회 인문 계열 정답 및 해설

국어

[문제 1]

문항 출제 기준

- **출제 범위**: 국어 (화법과 작문, 정보를 전달하는 글, 협상의 전략)

- **출제 의도**
  고등학교 교육과정에서 서로 다른 이해관계를 가진 집단들 사이 문제 해결을 위한 조정 방식인 협상의 특징을 이해하고, 바람직한 방향으로 의견을 조율하고 만족할 만한 대안을 모색하는 의사결정 능력을 평가하고자 출제되었다.

- **출제 근거**

  `10국01-04` 협상에서 서로 만족할 만한 대안을 탐색하여 의사결정을 한다.

  `10국01-05` 의사소통 과정을 점검하고 조정하며 듣고 말한다.

도서명	쪽수/번
미래엔 화법과 작문	202~203쪽
2022(9월) 고3 모의고사	38~42번

문제해결의 TIP

〈보기〉는 협상의 단계와 전략에 대해 설명한다. 서로의 입장을 이해하고, 상대방의 요구 사항을 수용하는 양보와 그 조건으로 자신의 요구 사항도 조정하여 타결시키는 방식의 입장 좁히기로 협상을 진행한다.

Y동 대표는 '우리~가능합니다.'에 나타나 있듯 도서관을 3층에 설립하는 대신 Z동 주민들에게도 체육 시설에서 운용하는 무료 셔틀버스를 사용할 수 있도록 양보하였다.

또한, Y동 대표는 '도서관을~적용하겠습니다.'에서 알 수 있듯 도서관 설치라는 자신의 요구 사항을 타결하기 위해 동일한 수준의 요금 할인을 적용하겠다는 의견을 내며 Z동 주민의 요구 사항을 수용하고 있다.

이로서 3층이라는 공간에 도서관을 짓는 것으로 서로의 입장 차이를 평화롭게 조정하게 된 것이다.

예시 답안

- ㉠, ㉡ 각각 첫 어절과 마지막 어절을 순서대로 정확하게 쓴 경우만 정답으로 인정함.

답안	배점
㉠: 우리, 가능합니다.	5
㉡: 도서관을, 적용하겠습니다.	5

| 2~3 |

문항 출제 기준

- **출제 범위**: 독서 (사실적 이해, 인문·예술 분야의 글)

- **출제 의도**
  고등학교 교육과정에서 인문·예술 분야의 글을 올바르게 이해할 수 있는 능력과, 제시된 내용을 분석하여 명확한 추론을 통해 사례에 적용하는 능력을 평가하고자 출제하였다.

- **출제 근거**

  `12독서02-01` 글에 드러난 정보를 바탕으로 중심 내용, 주제, 글의 구조와 전개 방식 등 사실적 내용을 파악하며 읽는다.

  `12독서02-02` 글에 드러나지 않은 정보를 예측하여 필자의 의도나 글의 목적, 숨겨진 주제, 생략된 내용을 추론하며 읽는다.

도서명	쪽수/번
2025 수능완성 국어영역	238쪽

[문제 2]

문제해결의 TIP

제시문에서는 초연결 사회가 디지털 기술의 발전으로 인해 사람들에게 편리함을 제공하지만, 집중력 약화시키고 '의존적인' 성향을 갖게 하는 등 부정적인 영향을 미친다고 지적하고 있다. 이 글은 이를 해결하기 위한 방법으로 책 읽기를 제시하고 있다. 2문단과 3문단에 의하면, 책 읽기는 공감 능력과 '주체적인 사고력'을 길러준다.

- ①, ②를 정확하게 쓴 경우만 정답으로 인정함.
- ②는 2어절의 띄어쓰기가 분명하게 나타나야 정답으로 인정함.

답안	배점
①: 의존적인	5
②: 주체적인 사고력	5

[문제 3]

문제해결의 TIP

제시된 글의 1문단에 의하면, 현대 사회는 디지털 기술의 비약적인 발전으로 인해 초연결 사회로 진입하였다. 따라서 ㉠은 적절하다. 1문단에 의하면, 초연결 사회에서 현대인이 겪는 문제를 해결하기 위한 방법의 하나로 책 읽기를 제안하는 움직임이 있다. 또한, 2문단과 3문단에서는 책 읽기를 통해 집중력과 공감 능력을 향상시킬 수 있고, 의존적인 성향을 극복할 수 있다고 하였으며, 마지막 문단에서는 책 읽기는 현대 사회의 문제를 해결할 수 있는 강력한 도구라고 하였다. 따라서 ㉡은 적절하다.
1문단과 2문단에 의하면, 디지털 미디어는 집중력의 약화를 초래하고 우리의 사고를 단편적으로 만들 위험이 있다. 따라서 ㉢은 적절하지 않다.
3문단에 의하면, 디지털 미디어는 의존적인 성향을 강화할 수 있지만, 책 읽기는 개인의 자립성을 높이는 데 도움이 된다. 하지만 책 읽기와 디지털 미디어가 상호 보완적 관계를 형성하였을 때의 결과에 대한 언급은 제시되지 않았다. 따라서 ㉣은 적절하지 않다.
2문단과 3문단에 의하면, 문제 해결력 능력과 공감 능력이 떨어지도록 하는 것은 초연결 사회가 갖고 있는 문제점이다. 따라서 ㉤은 적절하지 않다.

예시 답안

- ①~③을 정확하게 쓴 경우만 정답으로 인정함.
- ①~③의 각 항목을 기호가 아닌 문장으로 쓴 경우도 정답으로 인정함.
- ①~③의 작성 순서가 바뀌어도 정답으로 인정함.

답안	배점
①: ㉢	3
②: ㉣	3
③: ㉤	4

작품 분석

「초연결 사회와 책 읽기」

■ 해제
현대 사회는 디지털 기술의 발전으로 언제 어디서나 인터넷에 접속할 수 있는 초연결 사회가 되었다. 그러나 이는 집중력 약화와 의존적인 성향 강화 등의 부정적 영향을 초래한다. 이러한 문제를 해결하기 위해 책 읽기가 중요하다. 책 읽기는 공감 능력과 주체적 사고력을 길러 주고, 집중력을 향상시키며, 의존적인 성향을 극복하는 데 도움을 준다. 디지털 미디어와 거리를 두고, 책 읽기를 통해 올바른 현실 인식을 가지며 문제를 해결해 나가는 것은 개인과 사회 전반에 긍정적 영향을 미칠 것이다.

■ 주제
초연결 사회에서의 책 읽기의 순기능

| 4~5 |

문항 출제 기준

- 출제 범위: 독서 (사실적 이해, 사회·문화 분야 글 읽기)
- 출제 의도
고등학교 교육과정에서 사회·문화 분야 글에서 현대 사회의 문제점을 이해하고, 제시된 내용을 바탕으로 다각도로 분석하는 능력을 평가하기 위해 출제하였다.
- 출제 근거

  12독서02-01 글에 드러난 정보를 바탕으로 중심 내용, 주제, 글의 구조와 전개 방식 등 사실적 내용을 파악하며 읽는다.

  12독서02-02 글에 드러나지 않은 정보를 예측하여 필자의 의도나 글의 목적, 숨겨진 주제, 생략된 내용을 추론하며 읽는다.

도서명	쪽수/번
2025 수능완성 국어영역	242쪽

[문제 4]

문제해결의 TIP

제시된 글의 4문단에 의하면, 타인의 시선에 '의존'하게 되면, '자율성과 독립성'을 상실하게 되고, 자아 정체성이 약화된다. 이는 개인의 정신적 건강과 사회적 관계에도 부정적인 영향을 미친다.

- ①, ②를 정확하게 쓴 경우만 정답으로 인정함.
- ②는 '자율성과 독립성', '독립성과 자율성' 둘 다 정답으로 인정함.

답안	배점
①: 의존	5
②: 자율성과 독립성	5

[문제 5]

💡 **문제해결의 TIP**

제시된 글의 2문단에 의하면, 전통 지향적인 사회에서 개인은 '과거의 전통과 관습'에 큰 영향을 받는다.

4문단에 의하면, 타인 지향적인 사회에서 개인은 타인의 시선과 평가에 끊임없이 신경 쓰며 이에 따라 행동을 조절한다.

3문단에 의하면, 내면 지향적인 사회의 단점은 개인의 자율성과 창의성을 중시하다 보니 '사회적 일체감이 약화'되는 것이다.

📝 **예시 답안**

- ①~③을 정확하게 쓴 경우만 정답으로 인정함.

답안	배점
①: 과거의 전통과 관습	3
②: 타인의 시선과 평가	3
③: 사회적 일체감 약화	4

📖 **작품 분석**

「리스먼의 대중 사회 분석」

■ 해제
대중 사회는 익명성과 고립성을 경험하는 현대 산업 사회의 산물로, 개인이 타인의 시선과 사회적 규범에 지배받아 자율성을 상실하고 불안을 느낀다. 리스먼은 이러한 사회에서 개인이 군중 속에서도 고독과 소외감을 느끼는 이중성을 지적하며, 자율형 인간성을 회복하는 것이 현대인의 정신적 건강과 삶의 질을 향상시키는 데 중요하다고 강조한다.

■ 주제
리스먼의 현대 산업 사회

[문제 6]

🏷️ **문항 출제 기준**

• 출제 범위: 독서 (사실적 이해, 인문·예술 분야의 글 읽기)

• 출제 의도
고등학교 교육과정에서 인문·예술 분야의 글을 올바르게 이해할 수 있는 능력과, 제시된 내용을 분석하여 명확한 추론을 통해 사례에 적용하는 능력을 평가하고자 출제하였다.

• 출제 근거
  [12독서02-01] 글에 드러난 정보를 바탕으로 중심 내용, 주제, 글의 구조와 전개 방식 등 사실적 내용을 파악하며 읽는다.
  [12독서03-01] 인문·예술 분야의 글을 읽으며 제재에 담긴 인문학적 세계관, 예술과 삶의 문제를 대하는 인간의 태도, 인간에 대한 성찰 등을 비판적으로 이해한다.

도서명	쪽수/번
2025 수능완성 국어영역	184쪽

💡 **문제해결의 TIP**

제시된 글의 1문단에 의하면, 귀납법은 개별적인 특수한 사실이나 원리를 전제로 하여 일반적인 사실이나 원리로서의 결론을 이끌어 내는 연구 방법이다. 다윈은 다양한 사례를 조사하여 규칙성을 발견하고 모든 생물은 진화한다는 결론을 도출하였다. 따라서 이는 기존의 귀납적 탐구 방법의 사례로 보는 것이 적절하다.

2문단에 의하면, 베이컨의 귀납법은 사례를 바탕으로 원인을 분석하고 대상 간의 공통점을 찾아내어 참의 정도를 강화하고자 하였다. 학자 A는 단순히 사례를 열거하여 일반적 법칙을 도출하는 데 그치지 않고, 논증 과정을 거쳐 참의 정도를 강화하고자 하고 있으므로 베이컨의 귀납법을 사용하여 연구를 진행한 것으로 볼 수 있다.

1문단에 의하면, 연역법은 일반적 사실이나 원리를 전제로 하여 개별적인 특수한 사실이나 원리를 결론으로 이끌어 내는 추리 방법이다. 파스퇴르는 일반적 사실을 전제로 하여 탄저균 백신이 효과가 있음을 입증하고 있다. 따라서 이는 연역적 탐구 방법의 사례로 보는 것이 적절하다.

📝 **예시 답안**

- 답안을 정확하게 쓴 경우만 정답으로 인정함.

답안	배점
ⓒ	10

「베이컨의 귀납법」

■ 해제
이 글은 베이컨이 기존 귀납법의 확률적 한계를 극복하고자 제안한 새로운 귀납법을 소개하고 있다. 기존 귀납법이 단순히 사례를 나열해 일반적 결론을 도출하는 것에 비해, 베이컨의 방법은 더 복잡한 논리 과정을 통해 참의 정도를 강화한다. 이를 통해 자연 현상을 관찰하고 실험하여 신뢰할 수 있는 과학적 지식을 창출하려 하였다. 베이컨의 새로운 귀납법은 과학적 방법론의 기초를 마련하였으며, 현대 과학의 경험주의 원칙에도 중요한 기여를 하였다.

■ 주제
베이컨의 귀납법

| 7~8 |

문항 출제 기준

• 출제 범위: 문학 (현대 수필, 시어의 상징적 의미)

• 출제 의도
고등학교 교육과정에서 문학을 단순히 작품을 이해하는 것뿐만 아니라, 작품의 주제와 의미를 분석하고, 비교할 수 있는 능력을 평가하고자 출제하였다.

• 출제 근거
12문학02-01 문학 작품은 내용과 형식이 긴밀하게 연관되어 이루어짐을 이해하고 작품을 감상한다.
12문학02-02 작품을 작가, 사회·문화적 배경, 상호 텍스트성 등 다양한 맥락에서 이해하고 감상한다.

도서명	쪽수/번
2025 수능완성 국어영역	144쪽

[문제 7]

문제해결의 TIP

제시문 (가)는 덧셈과 뺄셈이라는 '셈법'에 빗대어 지난 삶을 '반성'하고 앞으로의 삶에 대한 다짐을 드러내고 있다. 이 시에서 '덧셈'은 채우는 삶을, '뺄셈'은 비우는 삶을 의미한다.
제시문 (나)는 꽃이 지는 모습을 보면서 낙화에 무심했던 과거의 자신의 태도를 '성찰'하고, 낙화의 아름다움에 대해 예찬하면서 낙화의 아름다움을 제대로 인식하지 못했던 자신의 태도를 '반성'하고 있다.

예시 답안

- ①~③을 정확하게 쓴 경우만 정답으로 인정함.

답안	배점
①: 반성적	4
②: 셈법	3
③: 성찰	3

[문제 8]

문제해결의 TIP

'때 묻은 문패'와 '해어진 옷'은 덧셈의 삶을 산 결과 화자에게 남아 있는 것을 의미한다. 하지만 화자는 '이것이 나의 모든 재산일까'라고 표현하여 ⊙과 같이 가치 없고 쓸데 없는 것은 재산이 아니라는 것을 강조하고, 지난 삶에 대해 반성적 자세를 취하고 있다.
'낡은 사전을 들추어 보는 것' 역시 덧셈의 삶의 방식을 의미한다. 화자는 ⓒ을 '아직도' 이러한 삶을 유지하는 것은 '품위 없는 짓'이라고 표현하여 지양해야 하는 삶의 자세임을 드러내고 있다.

예시 답안

- ①, ②를 정확하게 쓴 경우만 정답으로 인정함.
- ①, ②의 각 항목을 기호가 아닌 구절로 쓴 경우도 정답으로 인정함.

답안	배점
①: ⓛ	5
②: ⓒ	5

교과서 속 개념 확인

시의 비유와 상징
(1) 비유: 표현하고자 하는 대상(원관념)을 유사하거나 관련 있는 다른 사물(보조 관념)에 빗대어 표현하는 방법이다.
(2) 상징: 어떤 사물 자체의 의미를 유지하면서 포괄적으로 다른 뜻까지 암시해 표현하는 방법이다.

작품 분석

김광규 「뺄셈」

■ 해제
이 작품에서 화자는 덧셈이 끝났음을 선언하며, 이제는 밥과 잠을 줄이고 뺄셈을 시작해야 한다고 말한다. 이는 물질적 소유와 과거의 집착에서 벗어나야 한다는 의미를 내포한다. 시인은 낡은 사전과 옛날 서류를 뒤적거리는 것이 품위 없는 짓이라며, 과거의 집착에서 벗어나야 함을 강조한다. 마지막으로 시인은 창가에 앉아 저녁을 바라보며 뺄셈을 통해 남은 것들 속에서 진정한 가치를 찾으려 하고 있다.

■ 주제
삶의 덧셈과 뺄셈을 통한 진정한 삶의 의미

■ 구성
1~3행: 줄이고 비우는 뺄셈 같은 삶에 대한 다짐
4~6행: 남은 것 없는 현재
7~13행: 과거와 현재의 삶에서의 깨달음
14~18행: 삶을 돌아보며 줄이고 비우면서 사는 삶

이태준 「낙화의 적막」

■ 해제
이 작품의 작가는 오랫동안 바라던 나무 있는 뜰에서 봄을 맞이하게 되지만, 꽃이 피고 지는 과정을 통해 인생의 무상함을 깨닫는다. 꽃이 피고 지는 모습을 보면서 처음에는 그 아름다움에 감탄하지만, 꽃이 떨어지고 나서 느껴지는 적막함과 슬픔에 더욱 깊은 감동을 받는다. 낙화의 아름다움과 그로 인한 예술적 감동을 발견하며 부끄러움을 느낀다.

■ 주제
인생의 무상함과 아름다움을 성찰

■ 구성
1~2문단: 봄이 되어 뜰을 거닐며 나무에 핀 꽃의 아름다움을 감상함
3~5문단: 간밤 비에 떨어진 꽃잎을 보는 안타까움
6~7문단: 낙화를 생각하지 않았던 과거의 태도에 대한 성찰
8문단: 낙화가 지닌 가치와 아름다움에 대한 고찰
9문단: 낙화의 아름다움을 제대로 인식하지 못했던 과거에 대한 반성

[문제 9]

문항 출제 기준

• 출제 범위: 국어 (음운의 변동)

• 출제 의도
고등학교 교육과정에서 음운 변동의 특성을 이해하고, 각기 다른 환경에서 된소리되기와 음절의 끝소리 규칙이 적용되는 사례를 분석하여 분류할 수 있는 능력을 평가하고자 출제하였다.

• 출제 근거
`10국04-02` 음운의 변동을 탐구하여 올바르게 발음하고 표기한다.
`12언매02-01` 실제 국어생활을 바탕으로 음운의 체계와 변동에 대해 탐구한다.

도서명	쪽수/번
해냄 국어	120~131쪽
2023 고3(9월) 모의평가	39번

문제해결의 TIP

'삯돈'은 [삭똔]으로 발음한다. 제10항에 의하면 받침 'ㄳ'은 어말 또는 자음 앞에서 'ㄱ'으로 발음하고, 제23항에 의하면 받침 'ㄱ(ㄳ)' 뒤에 연결되는 'ㄷ'은 된소리로 발음한다.
'값지다'는 [갑찌다]로 발음한다. 제10항에 의하면 받침 'ㅄ'은 어말 또는 자음 앞에서 'ㅂ'으로 발음하고, 제23항에 의하면 받침 'ㅂ(ㅄ)' 뒤에 연결되는 'ㅈ'은 된소리로 발음한다.

예시 답안

- ①~②를 정확하게 쓴 경우만 정답으로 인정함.
- 제10항과 제23항을 문장으로 쓴 경우도 정답으로 인정함.

답안	배점
①: 제10항	5
②: 제23항	5

수학

[문제 10]

문항 출제 기준

- **출제 범위**: 수학 Ⅰ (지수의 확장과 지수법칙)

- **출제 의도**
  지수법칙을 이해하고 이를 활용할 수 있는지 평가한다.

- **출제 근거**
  `12수학Ⅰ 01-02` 지수가 유리수, 실수까지 확장될 수 있음을 이해한다.

도서명	쪽수/번
2025 수능완성 수학영역 수학 Ⅰ	7쪽 07번

문제해결의 TIP

본 문항은 수학 Ⅰ 과목의 지수함수와 로그함수 단원에서 지수의 확장과 지수법칙에 관한 문항이다. 따라서 거듭제곱근을 지수가 유리수인 꼴로 나타낸 후, 지수법칙을 이용하여 식의 값을 구해 문제를 해결할 수 있는지를 평가하고 있다.

예시 답안

$f(x) = x \sqrt[3]{x} = x^{\frac{4}{3}}$ 이므로

$f(f(n)) = \left(n^{\frac{4}{3}}\right)^{\frac{4}{3}} = n^{\frac{4}{3} \times \frac{4}{3}} = n^{\frac{16}{9}}$

$n^{\frac{16}{9}}$ 의 값이 1보다 큰 자연수가 되려면 n은 자연수 m, k에 대하여 $n = m^{9k}$꼴이어야 한다. (단, $m > 1$)
따라서 구하는 가장 작은 자연수 n의 값은
$2^9 = 512$

교과서 속 개념 확인

지수의 확장-유리수인 지수
$a > 0$이고 m이 정수, n이 2 이상인 자연수일 때
(1) $a^{\frac{1}{n}} = \sqrt[n]{a}$
(2) $a^{\frac{m}{n}} = \sqrt[n]{a^m}$

[문제 11]

문항 출제 기준

- **출제 범위**: 수학 Ⅰ (호도법)

- **출제 의도**
  호도법의 정의를 이해하고 이를 활용할 수 있는지 평가한다.

- **출제 근거**
  `12수학Ⅰ 02-01` 일반각과 호도법의 뜻을 안다.

도서명	쪽수/번
2025 수능특강 수학영역 수학 Ⅰ	37쪽 유제 1번

문제해결의 TIP

본 문항은 수학 Ⅰ 과목의 삼각함수 단원에서 일반각과 호도법에 관한 문항이다. 따라서 삼각비를 이용하여 중심각의 크기를 구한 후, 반지름의 길이를 이용하여 부채꼴의 호의 길이를 구해 문제를 해결할 수 있는지를 평가하고 있다.

문제해결의 TIP

점 $A(-3\sqrt{2}, -3\sqrt{2})$에 대하여
$\overline{OA} = \sqrt{(-3\sqrt{2})^2 + (-3\sqrt{2})^2} = 6$
$\overline{OC} = 3$이므로 직각삼각형 OAC에 대하여
$\cos(\angle AOC) = \dfrac{\overline{OC}}{\overline{OA}} = \dfrac{1}{2}$이므로

$\angle AOC = \dfrac{\pi}{3}$

같은 방법으로 구하면
$\angle BOD = \dfrac{\pi}{3}$

세 점 A, O, B는 직선 $y = x$ 위의 점이므로
$\angle AOB = \pi$

$\therefore \angle COD = \pi - \left(\dfrac{\pi}{3} + \dfrac{\pi}{3}\right) = \dfrac{\pi}{3}$

따라서 호 CD의 길이는

$3 \times \dfrac{\pi}{3} = \pi$

$\therefore a = 1$

교과서 속 개념 확인

부채꼴의 호의 길이

반지름의 길이가 r, 중심각의 크기가 θ(라디안)인 부채꼴의 호의 길이를 l, 넓이를 S라 하면

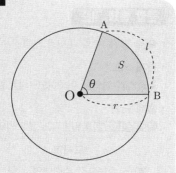

(1) $l = r\theta$

(2) $S = \dfrac{1}{2}r^2\theta = \dfrac{1}{2}rl$

[문제 12]

문항 출제 기준

• **출제 범위**: 수학 Ⅰ (등차수열의 일반항)

• **출제 의도**
등차수열의 일반항을 이해하고 이를 활용할 수 있는지 평가한다.

• **출제 근거**
12수학Ⅰ 03-02 등차수열의 뜻을 알고, 일반항, 첫째항부터 제n항까지의 합을 구할 수 있다.

도서명	쪽수/번
2025 수능특강 수학영역 수학 Ⅰ	71쪽 유제 2번

문제해결의 TIP

본 문항은 수학 Ⅰ 과목의 수열 단원에서 등차수열의 뜻과 일반항에 관한 문항이다. 따라서 등차수열과 등차수열의 일반항을 이해하고 공차를 구한 후, 이를 이용하여 문제를 해결할 수 있는지를 평가하고 있다.

예시 답안

등차수열 $\{a_n\}$의 첫째항을 a, 공차를 d라 할 때, 수열 $\{a_n\}$의 모든 항이 정수이므로 a와 d는 모두 정수이다.

조건 (가)에서 $a_n < a_{n+1}$이므로

$d > 0$

조건 (나)의 $a_4 \times a_5 = a_3^2 + 5$에서

$(a+3d)(a+4d) = (a+2d)^2 + 5$이므로

$a^2 + 7ad + 12d^2 = a^2 + 4ad + 4d^2 + 5$

$3ad + 8d^2 = 5$

$d(3a + 8d) = 5$

이때 d는 자연수이므로

$d = 1$ 또는 $d = 5$

$d = 1$인 경우, $3a + 8 = 5$에서 $a = -1$이므로

$a_{10} = a + 9d = -1 + 9 = 8$

$d = 5$인 경우, $5 \times (3a + 40) = 5$에서 $a = -13$이므로

$a_{10} = a + 9d = -13 + 45 = 32$

따라서 a_{10}이 될 수 있는 모든 값의 합은

$8 + 32 = 40$

교과서 속 개념 확인

등차수열

(1) 등차수열의 뜻: 첫째항부터 차례로 일정한 수를 더해 만들어지는 수열을 등차수열이라 하고, 더하는 일정한 수를 공차라고 한다.

(2) 등차수열의 일반항: 첫째항이 a, 공차가 d인 등차수열 $\{a_n\}$의 일반항 a_n은

$$a_n = a + (n-1)d \ (n = 1, \ 2, \ 3, \ \cdots)$$

[문제 13]

문항 출제 기준

• **출제 범위**: 수학 Ⅱ (함수의 극한에 대한 성질)

• **출제 의도**
함수의 극한에 대한 성질을 이해하고 이를 활용할 수 있는지 평가한다.

• **출제 근거**
12수학Ⅱ 01-02 함수의 극한에 대한 성질을 이해하고, 함수의 극한값을 구할 수 있다.

도서명	쪽수/번
2025 수능완성 수학영역 수학 Ⅱ	41쪽 10번

문제해결의 TIP

본 문항은 수학 Ⅱ 과목의 함수의 극한과 연속 단원에서 함수의 극한에 대한 성질에 관한 문항이다. 따라서 함수의 극한에 대한 성질을 이해하고, 주어진 조건을 파악하여 함수의 극한값을 구해 문제를 해결할 수 있는지를 평가하고 있다.

조건 (가)에서 $x \to 1$일 때, (분모) $\to 0$이고 극한값이 존재하므로 (분자) $\to 0$이어야 한다.

즉, $\lim_{x \to 1}\{f(x)-2\}=0$에서 $\lim_{x \to 1}f(x)=2$

조건 (나)에서 $x \neq 1$이고 $f(x) \neq 2$일 때,

$\dfrac{g(x-1)}{x-1} = \dfrac{(x-1)\{f(x)+6\}}{f(x)-2}$ 이므로

$\lim_{x \to 1} \dfrac{g(x-1)}{x-1} = \lim_{x \to 1} \dfrac{f(x)+6}{\dfrac{f(x)-2}{x-1}} = \dfrac{2+6}{4} = 2$

$\lim_{x \to 1} \dfrac{g(x-1)}{x-1} = 2$에서 $x \to 1$일 때, (분모) $\to 0$이고 극한값이 존재하므로 (분자) $\to 0$이어야 한다.

즉, $\lim_{x \to 1} g(x-1)=0$

$\therefore \lim_{x \to 1} \dfrac{6(x-1)g(x-1)+f(x)g(x-1)}{2x-2+g(x-1)}$

$= \lim_{x \to 1} \dfrac{6g(x-1)+f(x) \times \dfrac{g(x-1)}{x-1}}{2 + \dfrac{g(x-1)}{x-1}}$

$= \dfrac{6 \times 0 + 2 \times 2}{2+2} = 1$

함수의 극한에 대한 성질

두 함수 $f(x)$, $g(x)$에 대하여 $\lim_{x \to a}f(x)=\alpha$, $\lim_{x \to a}g(x)=\beta$ (α, β는 실수)일 때

(1) $\lim_{x \to a}cf(x)=c\lim_{x \to a}f(x)=c\alpha$ (단, c는 상수)

(2) $\lim_{x \to a}\{f(x)+g(x)\}=\lim_{x \to a}f(x)+\lim_{x \to a}g(x)=\alpha+\beta$

(3) $\lim_{x \to a}\{f(x)-g(x)\}=\lim_{x \to a}f(x)-\lim_{x \to a}g(x)=\alpha-\beta$

(4) $\lim_{x \to a}f(x)g(x)=\lim_{x \to a}f(x)\times\lim_{x \to a}g(x)=\alpha\beta$

(5) $\lim_{x \to a}\dfrac{f(x)}{g(x)}=\dfrac{\lim_{x \to a}f(x)}{\lim_{x \to a}g(x)}=\dfrac{\alpha}{\beta}$ (단, $\beta \neq 0$)

[문제 14]

- **출제 범위**: 수학 Ⅱ (평균변화율, 미분계수)

- **출제 의도**
  미분계수의 정의를 이해하고 이를 활용할 수 있는지 평가한다.

- **출제 근거**
  [12수학Ⅱ 02-01] 미분계수의 뜻을 알고, 그 값을 구할 수 있다.

도서명	쪽수/번
2025 수능특강 수학영역 수학 Ⅱ	31쪽 유제 2번

본 문항은 수학 Ⅱ 과목의 미분 단원에서 평균변화율과 미분계수에 관한 문항이다. 평균변화율과 미분계수의 기하적 의미를 이해하고 이를 이용하여 미분계수를 구해 문제를 해결할 수 있는지를 평가하고 있다.

함수 $f(x)$에 대하여 x의 값이 2에서 7까지 변할 때의 함수 $f(x)$의 평균변화율은

$\dfrac{f(7)-f(2)}{7-2} = \dfrac{9-(-1)}{5} = 2$

이므로

$p=2$

곡선 $y=f(x)$ 위의 점 $(3, f(3))$에서의 접선의 기울기는 함수 $y=f(x)$의 $x=3$에서의 미분계수 $f'(3)$의 값과 같으므로 주어진 조건에 의하여

$f'(3) = \lim_{h \to 0} \dfrac{f(3+h)-f(3)}{h} = q$

$q=p=2$이므로 $f'(3)=2$

한편, $t=-h$로 놓으면 $h \to 0$일 때 $t \to 0$이므로

$\lim_{h \to 0} \dfrac{f(3-h)-f(3)}{-h} = \lim_{t \to 0} \dfrac{f(3+t)-f(3)}{t} = f'(3)=2$

$\therefore \lim_{h \to 0} \dfrac{f(3+h)-f(3-h)}{h}$

$= \lim_{h \to 0} \dfrac{f(3+h)-f(3)-\{f(3-h)-f(3)\}}{h}$

$= \lim_{h \to 0} \dfrac{f(3+h)-f(3)}{h} - \lim_{h \to 0} \dfrac{f(3-h)-f(3)}{h}$

$= \lim_{h \to 0} \dfrac{f(3+h)-f(3)}{h} + \lim_{h \to 0} \dfrac{f(3-h)-f(3)}{-h}$

$= f'(3)+f'(3) = 2f'(3) = 4$

교과서 속 개념 확인

평균변화율의 기하적 의미
함수 $y = f(x)$에서 x의 값이 a에서 b까지 변할 때의 함수 $y = f(x)$의 평균변화율은 곡선 $y = f(x)$ 위의 두 점 $P(a, f(a))$, $Q(b, f(b))$를 지나는 직선의 기울기와 같다.

미분계수의 기하적 의미
함수 $y = f(x)$의 $x = a$에서의 미분계수 $f'(a)$는 곡선 $y = f(x)$ 위의 점 $P(a, f(a))$에서의 접선의 기울기와 같다.

⊙의 양변을 x에 대하여 미분하면
$f(x) = 4x + 3$이므로
$f'(x) = 4$
$\therefore f(1) + f'(1) = 7 + 4 = 11$

 교과서 속 개념 확인

정적분과 미분의 관계
함수 $f(x)$가 닫힌구간 $[a, b]$에서 연속일 때
$$\frac{d}{dx}\int_a^x f(t)dt = f(x) \quad (\text{단, } a < x < b)$$

[문제 15]

문항 출제 기준

- **출제 범위**: 수학 Ⅱ (정적분과 미분의 관계)

- **출제 의도**
정적분과 미분의 관계를 이해하고 이를 활용할 수 있는지 평가한다.

- **출제 근거**
  12수학Ⅱ 03-04 다항함수의 정적분을 구할 수 있다.

도서명	쪽수/번
2025 수능특강 수학영역 수학 Ⅱ	75쪽 예제 2번

문제해결의 TIP

본 문항은 수학 Ⅱ 과목의 적분 단원에서 정적분과 미분의 관계에 관한 문항이다. 따라서 정적분의 정의를 이용하여 미지수를 구하고, 정적분과 미분의 관계를 이용하여 함수식을 구해 문제를 해결할 수 있는지를 평가하고 있다.

예시 답안

$$\int_a^x f(t)dt = 2x^2 + 3x - 5 \quad \cdots\cdots \ ⊙$$

⊙의 양변에 $x = a$를 대입하면

$$\int_a^a f(t)dt = 2a^2 + 3a - 5 \text{에서}$$

$0 = 2a^2 + 3a - 5$, $(2a + 5)(a - 1) = 0$

$\therefore a = -\dfrac{5}{2}$ 또는 $a = 1$

조건에서 a는 양수이므로
$a = 1$

제7회 인문 계열 정답 및 해설

국어

[문제 1]

문항 출제 기준

- **출제 범위:** 국어 (작문, 논설문, 설득하는 글쓰기 전략)

- **출제 의도**
  고등학교 교육과정에서 논리적인 글쓰기 방법을 이해하고, 자신의 글을 효과적으로 전달할 수 있는 능력과 타당한 근거를 선별하여 글을 작성하고, 적절한 결론을 도출하는 능력을 평가하고자 출제하였다.

- **출제 근거**
  `12화작01-01` 사회적 의사소통 행위로서 화법과 작문의 특성을 이해한다.
  `12화작03-05` 시사적인 현안이나 쟁점에 대해 자신의 관점을 수립하여 비평하는 글을 쓴다.

도서명	쪽수/번
비상(박) 화법과 작문	162~167쪽
2023 4월(고3) 학력평가	43~45번

문제해결의 TIP

제시된 글의 1문단에서 학생은 '먼저~한다.'와 같이 낙엽이 계속 쌓이게 되면 도로 위 보행자들이 미끄러져 안전사고가 일어날 수 있다는 문제점을 드러내어 문제의 심각성과 경각심을 불러일으키는 전략을 활용하였다. 이후 제시되는 문제점들은 각각 비용, 환경오염과 관련된 것으로, 정답이 될 수 없다.

또한, 2문단에서 '도시~있다.'와 같이 낙엽 치우기를 통해 경제적 가치를 창출할 수 있는 구체적인 사례로 도시 낙엽을 퇴비로 가공한 뒤 판매하는 것을 언급하여 설득력을 높였다. '셋째~한다.'와 같이 앞 문장에서도 경제적 가치를 언급하기는 하였으나, 구체적인 사례가 포함되지 않아 정답으로 인정하기 어렵다.

예시 답안

- ①, ② 각각 첫 어절과 마지막 어절을 순서대로 정확하게 쓴 경우만 정답으로 인정함.

답안	배점
①: 먼저, 한다.	5
②: 도시, 있다.	5

| 2~3 |

문항 출제 기준

- **출제 범위:** 독서 (사실적 이해, 인문·예술 분야 글 읽기)

- **출제 의도**
  고등학교 교육과정에서 인문·예술 분야의 글을 올바르게 이해할 수 있는 능력과, 제시된 주장을 분석하여 명확한 추론을 통해 구분해 낼 수 있는 능력을 평가하고자 출제하였다.

- **출제 근거**
  `12독서02-01` 글에 드러난 정보를 바탕으로 중심 내용, 주제, 글의 구조와 전개 방식 등 사실적 내용을 파악하며 읽는다.
  `12독서03-01` 인문·예술 분야의 글을 읽으며 제재에 담긴 인문학적 세계관, 예술과 삶의 문제를 대하는 인간의 태도, 인간에 대한 성찰 등을 비판적으로 이해한다.

도서명	쪽수/번
2025 수능특강 국어영역 독서	11쪽

[문제 2]

문제해결의 TIP

제시된 글의 1문단에 의하면, 노직은 '자연 상태'에서 발생하는 부당한 권리 침해와 분쟁으로부터 개인의 권리를 보호하기 위해 국가가 필요하다고 보았다. ㉠은 '자연 상태'는 인간이 경쟁하고 갈등하는 '만인의 투쟁 상태'라고 하였다.

노직은 국가가 모든 사람에 대한 보호 서비스를 제공하고, '강제력'의 독점 시스템을 갖추어야 한다고 보았다.

3문단에 의하면, 국가가 제공하는 국방과 기타 필수적인 공공 서비스를 누릴 수 있어야 개인의 '자유'로운 선택과 행동이 보호될 수 있다는 것을 알 수 있다.

예시 답안

– ①~③을 정확하게 쓴 경우만 정답으로 인정함.

답안	배점
①: 자연 상태	3
②: 강제력	3
③: 자유	4

[문제 3]

문제해결의 TIP

제시된 글의 2문단에 의하면, '극소 국가'는 힘의 독점력은 갖추고 있으나 보호 비용을 부담하지 않은 자는 보호하지 않는다고 하였다. 3문단에 의하면, '최소 국가'는 영토 내에 거주하는 모든 사람들에게 보호 서비스를 제공하고 계약을 이행하게 한다.

예시 답안

– ①, ②를 정확하게 쓴 경우만 정답으로 인정함.

답안	배점
①: 극소 국가	5
②: 최소 국가	5

작품 분석

「노직의 최소 국가론」

■ 해제
이 글은 20세기 사회 철학자인 노직의 이론을 소개하고 있다. 노직은 정치 철학과 윤리학 분야에서 활동하며, 자유주의적인 사회 및 정치 체계를 옹호하고 개인의 권리와 자유를 보호하는 방법에 대해 논의한다. 그는 국가의 간섭을 최소화하여 개인의 자유를 존중하는 것을 주장하며, 국가의 역할을 최소화하고 개인의 자유와 선택 기회를 최대화하는 최소 국가 개념을 제시한다. 또한, 국가와 국민 간의 거리를 유지하고 개인의 자유를 보장하는 방향으로 국가의 역할을 설정한다.

■ 주제
노직의 최소 국가

| 4~5 |

문항 출제 기준

• 출제 범위: 독서 (추론적 이해, 과학·기술 분야 글 읽기)

• 출제 의도
고등학교 교육과정에서 과학·기술 분야의 글에 나타난 지식을 사실적으로 이해하고, 이론을 체계적으로 이해하고 분석할 수 있는 능력을 평가하고자 출제하였다.

• 출제 근거
12독서02-01 글에 드러난 정보를 바탕으로 중심 내용, 주제, 글의 구조와 전개 방식 등 사실적 내용을 파악하며 읽는다.
12독서03-03 과학·기술 분야의 글을 읽으며 제재에 담긴 지식과 정보의 객관성, 논거의 입증 과정과 타당성, 과학적 원리의 응용과 한계 등을 비판적으로 이해한다.

도서명	쪽수/번
2025 수능특강 국어영역 독서	188쪽

[문제 4]

문제해결의 TIP

〈보기〉의 실험 결과에서 해당 단계가 완료되면 세포는 두 배로 증식된 DNA를 가지고 있음을 확인할 수 있다고 하였다. 제시된 글의 2문단에 의하면, 세포 주기에서 두 배로 증식된 DNA가 관찰되는 구간은 'S'기뿐이다.

예시 답안

– 정답을 정확하게 쓴 경우만 정답으로 인정함.

답안	배점
S	10

[문제 5]

문제해결의 TIP

제시된 글의 2문단에 의하면, 세포가 분열 과정을 완료하고 두 개의 딸세포로 분리되어 새로운 세포 주기를 시작하는 주기는 'M'기이다. 따라서 ①은 'G₁'기가 아닌 'M'기로 수정하는 것이 적절하다.
4문단에 의하면, 세포를 파괴하여 조직의 건전성을 유지하는 매커니즘에 작용하는 것은 '세포 자살 프로그램'이다. 따라서 ②는 '복제'가 아닌 '세포 자살 프로그램'으로 수정하는 것이 적절하다.

답안	배점
①: M	5
②: 세포 자살 프로그램	5

- ①, ②를 정확하게 쓴 경우만 정답으로 인정함.

작품 분석

「암세포의 증식」

■ 해제
이 글은 암세포의 발생 원인을 돌연변이에서 찾는 과정을 설명하였다. 하나의 비정상적인 돌연변이의 발생으로 인해 암세포는 정상 세포와는 다르게 소멸하지 않고, 계속해서 증식한다. 세포 주기는 세포가 증식할 수 있는지 여부를 결정하는 G기 확인 지점, S기 확인 지점, M기 확인 지점으로 구분되는데, 각 지점들에서 제대로 점검되어야만 적절한 증식을 할 수 있다. 그러나 암세포는 제대로 억제와 통제가 이뤄지지 않아, 끊임없이 증식·성장하고 세포의 소멸도 방해한다.

■ 주제
여러 돌연변이로 증식되는 암세포

[문제 6]

문항 출제 기준

• 출제 범위: 독서 (사회·문화 분야 글 읽기,사실적 이해)

• 출제 의도
고등학교 교육과정에서 사회·문화 분야의 글에 나타난 시장의 흐름을 이해하고, 각 제도들의 해결하는 방안의 체계를 평가하고자 출제하였다.

• 출제 근거
12독서02-01 글에 드러난 정보를 바탕으로 중심 내용, 주제, 글의 구조와 전개 방식 등 사실적 내용을 파악하며 읽는다.
12독서01-02 동일한 화제의 글이라도 서로 다른 관점과 형식으로 표현됨을 이해하고 다양한 글을 주제 통합적으로 읽는다.

도서명	쪽수/번
2025 수능특강 국어영역 독서	124쪽

문제해결의 TIP

제시된 글의 2문단에 의하면, '재판매 가격 유지 행위'는 제조업체나 유통업체가 소매업체에게 상품을 특정한 가격으로 판매하도록 약정하거나 강요하는 행위이다.
일부에서는 소매업자들에게 가격 경쟁으로 인한 부담을 줄여주고, 오히려 경쟁력 있는 서비스나 품질을 유지할 수 있도록 도와주는 긍정적인 측면이 있다고 보지만, 공정 거래법은 이를 금하고 있다.

예시 답안

- ①, ②를 정확하게 쓴 경우에만 정답으로 인정함.

답안	배점
①: 재판매 가격 유지 행위	5
②: 가격 경쟁	5

작품 분석

「재판매 가격 유지 행위」

■ 해제
이 글은 공정 거래법이 기업과 소비자 간의 공정한 거래를 유지하고 소비자의 권익을 보호한다는 점을 제시한다. 공정 거래법은 부당한 거래 행위를 규제하고, 공정한 거래 정보를 제공하여 소비자를 보호하며, 바람직한 경쟁을 촉진하여 소비자들이 다양한 제품과 서비스를 저렴한 가격에 이용할 수 있도록 한다. 유인 염매를 통한 소비자 속이기를 방지하기 위해 제조업자는 재판매 가격 유지 행위를 실시한다. 그러나 이는 일반적으로 규제되며, 경쟁을 방해하고 소비자가 과도한 가격을 지불하게 만들어 부정적인 효과를 초래할 수 있다.

■ 주제
재판매 가격 유지 행위의 장단점

[문제 7]

📋 문항 출제 기준

- **출제 범위**: 문학 (고전 시가, 소재의 상징적 의미, 문학과 사회·문화적 배경)

- **출제 의도**
  고등학교 교육과정에서 문학 작품에 나타난 소재의 상징적 의미를 이해하고, 작품의 시대 배경과 작가의 가치관을 고려하여 심층적 이해를 할 수 있는 능력을 평가하고자 출제하였다.

- **출제 근거**
  12문학02-02 작품을 작가, 사회·문화적 배경, 상호 텍스트성 등 다양한 맥락에서 이해하고 감상한다.

도서명	쪽수/번
2025 수능특강 국어영역 문학	160쪽

💡 문제해결의 TIP

ⓛ에서는 화자의 어려운 삶을 비 새는 초가집과 식사마저 부족한 상황을 통해 나타내고 있다.
㉠의 '애친경형'과 '충군제장'은 추구해야 할 유교적 이념이다. 화자는 이러한 유교적 이념이나 가치관을 통해 자신이 지향하는 고고한 삶의 가치를 말하고 있다.

📝 예시 답안

- ⓐ, ⓑ를 정확하게 쓴 경우만 정답으로 인정함.
- ⓐ, ⓑ의 각 항목을 기호가 아닌 구절로 쓴 경우도 정답으로 인정함.

답안	배점
ⓐ: ⓛ	5
ⓑ: ㉠	5

📖 작품 분석

정훈, 「우활가」

■ 해제
이 작품은 '우활'이라는 동일한 단어의 반복을 18회나 사용하며 자신의 신세를 한탄하고 있다. 화자는 자신이 시대를 제대로 만나지 못해 관직에 나아가지 못한다고 생각한다. 경제적 어려움과 벼슬을 하지 못하는 안타까움 속에서도 벼슬을 반드시 하고야 말겠다는 굳은 의지보다는 유교적 가치관을 지키며 살아가는 자신의 고고함 등을 보이며, 세속에서 벗어나 자신의 신념을 지키고 살겠다는 체념적 태도를 드러내고 있다.

■ 주제
우활한 자신에 대한 한탄과 체념

■ 구성
서사(1~3행): 자신의 우활한 삶에 대해 토로하고 싶은 마음
본사(4~18행): 젊은 시절의 우활함에 대한 한탄
본사(19~24행): 말년의 우활함에 대한 체념과 한탄
본사(25~37행): 우활함으로 인한 괴로움과 갈등을 해소하고 싶은 마음
본사(38~42행): 우활함에서 벗어나지 못하는 상황에 대한 한탄
결사(43~46행): 술로 자신의 우활함을 달래고 싶은 마음

[문제 8]

📋 문항 출제 기준

- **출제 범위**: 문학 (현대 소설, 시대적 배경)

- **출제 의도**
  고등학교 교육과정에서 한국 문학 작품에 반영된 시대 상황을 이해하고 문학과 역사의 영향 관계를 탐구할 수 있는 능력을 평가하고자 출제하였다.

- **출제 근거**
  12문학02-01 문학 작품은 내용과 형식이 긴밀하게 연관되어 이루어짐을 이해하고 작품을 감상한다.
  12문학02-02 작품을 작가, 사회·문화적 배경, 상호 텍스트성 등 다양한 맥락에서 이해하고 감상한다.

도서명	쪽수/번
2025 수능특강 국어영역 문학	175쪽

💡 문제해결의 TIP

'김 직원'에 대한 '현'의 평가는 '상종한다기보다 모시어~가리킴이라 느끼었다.'를 통해 드러난다. 현은 김 직원의 지사적 면모를 높게 평가하고 있으며 존경받을 만하다고 여기고 있다. 그리고 그를 인품이 옥과 같이 맑고 깨끗한 사람이라 느끼고 있다.

- 답안을 정확하게 쓴 경우만 정답으로 인정함.
- '상종한다기보다 모시어~인격자요 지사였다.'를 해당 부분으로 보는 것을 인정하여 '상종한다기보다, 지사였다'도 답으로 인정함.
- '현은 가끔~가리킴이라 느끼었다.'를 해당 부분으로 보는 것을 인정하여 '현은, 느끼었다'는 5점을 부여함.

답안	배점
상종한다기보다, 느끼었다.	10

작품 분석

이태준, 「해방 전후」

■ 해제
이 작품은 제목 그대로 해방 전후의 시대적 변화를 겪는 작가 '현'에 대한 기록을 담고 있다. 작품 속에서 현은 해방 전에는 일본의 패망을 생각하며 서울을 떠나는 상황과 강원도의 시골에서 은거하는 모습 등이 구체적으로 묘사된다. 이와 같은 설정을 통해 현의 내적 고뇌와 시대적 변화에 대한 민감성을 엿볼 수 있다. 해방 후에는 현이 문학 단체에 적극적으로 관여하는 모습과 해방 전에는 존경하지 않았던 김 직원의 설득에 따라 자신의 방향을 전환한다. 현의 삶을 통해 시대적 변화와 개인적 성장의 연속적인 과정을 엿볼 수 있으며, 작가의 내면을 탐구하는 의미 있는 작품으로 평가받고 있다.

■ 주제
해방을 전후로 한 개인의 성장과 이념적 갈등

■ 줄거리
일제 강점기 시국에 대해 가급적 협조를 않던 작가 '현'은 살던 집을 세 놓고 강원도 산읍으로 들어간다. 시국의 혼란을 피하기 위함이었으나 산골 역시 평온하기는커녕 일제의 감시가 더욱 심한 곳이었다. 감시의 눈을 피해 낚시로 소일하던 그는 그곳에서 '김 직원'을 만나 교우한다. 마침 문인 보국회에서 주최하는 문인 궐기 대회에 참석은 하지만, 자신이 연설할 차례가 다가오자 대회장을 빠져 나온다. 일제(日帝)도 길어야 1년이라는 생각에 갈피를 못 잡는 그는 자신의 문학을 반성한다. 전국 유도(儒道) 대회와 관련해 김 직원이 잡혀 들어가고 서울 친구의 전보를 받고 상경하던 현은 일제의 패망과 조선의 독립 소식을 듣는다. 8월 17일 새벽에 서울에 도착하여 '조선 문화 건설 중앙 협의회'를 찾은 그는 마침 작성하고 있던 그들의 선언문을 읽고 발기인(發起人)으로 서명한다. 좌익과 우익의 반탁·찬탁 데모로 어수선한 가운데 김 직원과 재회한 현은 자신과 김 직원은 이념적으로 뜻을 같이하기 어려운 사이임을 확인하게 된다.

[문제 9]

문항 출제 기준

- 출제 범위: 국어 (비음화, 유음화)

- 출제 의도
고등학교 교육과정에서 음운 변동의 특성을 이해하고, 각기 다른 환경에서 비음화와 유음화가 적용되는 사례를 분석하여 분류할 수 있는 능력을 평가하고자 출제하였다.

- 출제 근거

  10국04-02 음운의 변동을 탐구하여 올바르게 발음하고 표기한다.

  10국04-04 한글 맞춤법의 기본 원리와 내용을 이해한다.

도서명	쪽수/번
지학사 국어	147쪽
창비 국어	138쪽

문제해결의 TIP

'천리[철리]'는 후행하는 'ㄹ'의 영향으로 앞 음절의 종성 'ㄴ'이 [ㄹ]로 발음되는 역행적 유음화가 일어난다. 이는 음운 변동의 결과 앞 자음이 뒤 자음의 영향을 받아 조음 방법이 같아지는 예이다.
'항로[항:노]'는 선행하는 'ㅇ'의 영향으로 뒤 음절의 초성 'ㄹ'이 [ㄴ]으로 바뀌는 비음화 현상이 일어난다. 이는 음운 변동의 결과 뒤 자음이 앞 자음의 영향을 받아 조음 방법이 같아지는 예이다.
'법학[버팍]'은 'ㅂ'과 'ㅎ'이 만나 'ㅍ'으로 바뀌는 거센소리되기가 일어난 예로, ①, ②의 어디에도 해당하지 않는 예이다.
'문법[문뻡]'은 된소리되기가 일어나 [문뻡]으로 발음한다. 이때 일어나는 된소리되기는 수의적 현상이며, '문법'을 '[뭄뻡]'으로 발음하는 것은 잘못된 발음이므로 ①, ②의 어디에도 해당하지 않는 예이다.

예시 답안

- ①, ②를 정확하게 쓴 경우만 정답으로 인정함.

답안	배점
①: 천리	5
②: 항로	5

수학

[문제 10]

문항 출제 기준

- **출제 범위**: 수학 Ⅰ (로그함수의 활용)

- **출제 의도**
진수에 미지수가 포함된 방정식을 이해하고 적용할 수 있는지 평가한다.

- **출제 근거**
`12수학Ⅰ01-07` 지수함수와 로그함수의 그래프를 그릴 수 있고, 그 성질을 이해한다.
`12수학Ⅰ01-08` 지수함수와 로그함수를 활용하여 문제를 해결할 수 있다.

도서명	쪽수/번
2025 수능완성 수학영역 수학 Ⅰ	11쪽 21번

문제해결의 TIP

본 문항은 수학 Ⅰ 과목의 지수함수와 로그함수 단원에서 로그의 진수에 미지수 포함된 방정식에 관한 문항이다. 따라서 로그함수의 밑에 따른 진수의 조건을 이용하여 이차부등식의 범위를 구한 후, 이차함수의 그래프와 직선과의 관계를 이용하여 해의 개수를 구해 문제를 해결할 수 있는지를 평가하고 있다.

예시 답안

$\log\{f(x)+3\}=\log\dfrac{f(x)\{g(x)\}^2+27}{\{f(x)\}^2-3f(x)+9}$ 에서

$f(x)+3=\dfrac{f(x)\{g(x)\}^2+27}{\{f(x)\}^2-3f(x)+9}$

$\{f(x)\}^3+27=f(x)\{g(x)\}^2+27$

$f(x)\{f(x)+g(x)\}\{f(x)-g(x)\}=0$

$f(x)=0$ 또는 $f(x)=-g(x)$ 또는 $f(x)=g(x)$

진수의 조건에 의해

$f(x)+3>0$ ······ ㉠, $\dfrac{f(x)\{g(x)\}^2+27}{\{f(x)\}^2-3f(x)+9}>0$

이때 모든 실수 x 에 대하여

$\{f(x)\}^2-3f(x)+9>0$

이므로 $f(x)\{g(x)\}^2+27>0$ ······ ㉡

(ⅰ) $f(x)=0$ 인 경우
$f(x)=0$ 인 실수 x 는 부등식 ㉠, ㉡을 만족시키고, 함수 $y=f(x)$ 의 그래프가 x 축과 만나는 점의 개수가 2 이므로 $f(x)=0$ 인 실수 x 의 개수는 2 이다.

(ⅱ) $f(x)=-g(x)$ 인 경우
함수 $y=-g(x)$ 의 그래프는 함수 $y=g(x)$ 의 그래프를 x 축에 대하여 대칭이동한 그래프이므로 함수 $y=f(x)$ 의 그래프와 함수 $y=-g(x)$ 의 그래프가 만나는 점의 개수는 2 이다. 즉, $f(x)=-g(x)$ 인 실수 x 의 개수는 2 이고, 이 두 실수에 대하여 $f(x)>0$ 이므로 부등식 ㉠, ㉡을 만족시킨다.

(ⅲ) $f(x)=g(x)$ 인 경우
함수 $y=f(x)$ 의 그래프와 함수 $y=g(x)$ 의 그래프가 만나는 점의 개수는 2 이다.
즉, $f(3)=g(3)=-1$, $f(9)=g(9)=-3$
이때 $x=3$ 은 부등식 ㉠, ㉡을 만족시키고, $x=9$ 는 부등식 ㉠, ㉡을 만족시키지 않으므로 $f(x)=g(x)$ 인 실수 x 의 개수는 1 이다.

그림과 같이 (ⅰ)에서 구한 두 개의 실근과 (ⅱ)에서 구한 두 개의 실근, (ⅲ)에서 구한 한 개의 실근이 모두 다르다.

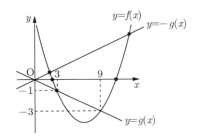

따라서 주어진 방정식의 서로 다른 실근의 개수는
$2+2+1=5$

교과서 속 개념 확인

로그의 밑 또는 진수에 미지수가 포함된 방정식
$a>0$, $a\neq1$ 일 때, $\log_a f(x)=\log_a g(x)$ 이면
$f(x)=g(x)$, $f(x)>0$, $g(x)>0$

[문제 11]

문항 출제 기준

- 출제 범위: 수학 Ⅰ (삼각함수의 그래프)
- 출제 의도

  삼각함수의 그래프를 이해하고 이를 활용할 수 있는지 평가한다.
- 출제 근거

  12수학Ⅰ02-02 삼각함수의 뜻을 알고, 사인함수, 코사인함수, 탄젠트함수의 그래프를 그릴 수 있다.

도서명	쪽수/번
2025 수능특강 수학영역 수학 Ⅰ	49쪽 Level2 7번

문제해결의 TIP

본 문항은 수학 Ⅰ 과목의 삼각함수 단원에서 삼각함수의 그래프에 관한 문항이다. 따라서 삼각함수의 그래프의 대칭성과 주기를 이용하여 미지수를 구해 문제를 해결할 수 있는지를 평가하고 있다.

예시 답안

$a > 0$, $b > 0$이므로 함수 $f(x)$의 최솟값은 $-a+b$이고, 함수 $g(x)$의 최솟값은 $-b+3a$이다.

이때 두 함수의 최솟값이 같으므로

$-a+b=-b+3a$에서

$b=2a$ $\cdots\cdots$ ㉠

한편,

$f(1)=a\sin\pi\left(1+\dfrac{1}{2}\right)+b=a\sin\dfrac{3}{2}\pi+b=-a+b$,

$g(1)=b\cos\pi+3a=-b+3a$

이고 $f(1)+g(1)=1$이므로

$-a+b-b+3a=1$에서 $2a=1$

$\therefore a=\dfrac{1}{2}$

$a=\dfrac{1}{2}$을 ㉠에 대입하면

$b=1$

따라서 함수 $h(a)=\tan ab\pi x$의 주기는

$\dfrac{\pi}{|ab\pi|}=\dfrac{1}{ab}=2$

[문제 12]

문항 출제 기준

- 출제 범위: 수학 Ⅰ (수학적 귀납법)
- 출제 의도

  수학적 귀납법을 이해하고 이를 활용할 수 있는지 평가한다.
- 출제 근거

  12수학Ⅰ03-08 수학적 귀납법을 이용하여 명제를 증명할 수 있다.

도서명	쪽수/번
2025 수능특강 수학영역 수학 Ⅰ	96쪽 예제 6번

문제해결의 TIP

본 문항은 수학 Ⅰ 과목의 수열 단원에서 수학적 귀납법에 관한 문항이다. 따라서 자연수 n에 대하여 명제 $p(n)$이 모든 자연수에 대해 성립함을 보일 때, $n=1$일 때 성립하고 $n=m$일 때 성립함을 가정하여 $n=m+1$일 때 성립함을 보인다. 이를 이용하여 빈칸에 알맞은 문자나 수식을 써넣어 증명할 수 있는지를 평가하고 있다.

예시 답안

(ⅰ) $n=1$일 때

(좌변)$=1\times 2^{1-1+1}=2$, (우변)$=2^3-2\times 3=2$

이므로 (*)이 성립한다.

(ⅱ) $n=m$일 때, (*)이 성립한다고 가정하면

$$\sum_{k=1}^{m}k\times 2^{m-k+1}=2^{m+2}-2(m+2)$$

이므로

$$\sum_{k=1}^{m+1}k\times 2^{(m+1)-k+1}$$

$$=\sum_{k=1}^{m}k\times 2^{(m+1)-k+1}+2(m+1)$$

$$=2\times\sum_{k=1}^{m}k\times 2^{m-k+1}+2(m+1)$$

$$=2\times\{2^{m+2}-2(m+2)\}+2(m+1)$$

$$=2^{m+3}-4m-8+2m+2$$

$$=2^{m+3}-2(m+3)$$

즉, $n=m+1$일 때도 (*)이 성립한다.

(ⅰ), (ⅱ)에 의하여 모든 자연수 n에 대하여 (*)이 성립한다.

[문제 13]

📋 문항 출제 기준

- **출제 범위**: 수학 Ⅱ (연속함수의 성질)

- **출제 의도**
  연속함수의 성질을 이해하고 이를 활용할 수 있는지 평가한다.

- **출제 근거**
  `12수학Ⅱ 01-04` 연속함수의 성질을 이해하고, 이를 활용할 수 있다.

도서명	쪽수/번
2025 수능특강 수학영역 수학 Ⅱ	26쪽 Level2 2번

🔧 문제해결의 TIP

본 문항은 수학 Ⅱ 과목의 함수의 극한과 연속 단원에서 함수의 연속에 관한 문항이다. 따라서 두 함수의 합과 차로 표현된 새로운 함수를 함수의 연속성의 정의와 조건을 이용하여 나타낸 후 함숫값을 구해 문제를 해결할 수 있는지를 평가하고 있다.

📝 예시 답안

조건 (가)에서

$x < 1$일 때, $g(x) = -f(x) + 2x^2 + 3$

$x > 1$일 때, $g(x) = f(x) - x^2 - 3x - 11$

조건 (나)에서 함수 $f(x)$가 $x = 1$에서 연속이므로

$$\lim_{x \to 1-} f(x) = \lim_{x \to 1+} f(x) = f(1)$$

이다. 이때

$$\lim_{x \to 1-} g(x) = \lim_{x \to 1-} \{-f(x) + 2x^2 + 3\} = -f(1) + 5$$

$$\lim_{x \to 1+} g(x) = \lim_{x \to 1+} \{f(x) - x^2 - 3x - 11\} = f(1) - 15$$

이므로

$$\lim_{x \to 1-} g(x) - \lim_{x \to 1+} g(x) = 2$$에서

$\{-f(1) + 5\} - \{f(1) - 15\} = 2$

$-2f(1) + 20 = 2$, $2f(1) = 18$

$\therefore f(1) = 9$

📖 교과서 속 개념 확인

함수의 연속

함수 $f(x)$가 실수 a에 대하여 다음 세 조건을 만족시킬 때, 함수 $f(x)$는 $x = a$에서 연속이라고 한다.

(ⅰ) 함수 $f(x)$가 $x = a$에서 정의되어 있다.

(ⅱ) 극한값 $\lim_{x \to a} f(x)$가 존재한다.

(ⅲ) $\lim_{x \to a} f(x) = f(a)$

[문제 14]

📋 문항 출제 기준

- **출제 범위**: 수학 Ⅱ (도함수의 활용-방정식에의 활용, 속도와 가속도)

- **출제 의도**
  속도와 가속도의 정의를 이해하고 이를 활용할 수 있는지 평가한다.

- **출제 근거**
  `12수학Ⅱ 02-10` 방정식과 부등식에 대한 문제를 해결할 수 있다.
  `12수학Ⅱ 02-11` 속도와 가속도에 대한 문제를 해결할 수 있다.

도서명	쪽수/번
2025 수능특강 수학영역 수학 Ⅱ	69쪽 Level2 6번

🔧 문제해결의 TIP

본 문항은 수학 Ⅱ 과목의 미분 단원에서 도함수의 활용에 관한 문항이다. 따라서 거리에 대한 식이 주어질 때, 미분을 이용하여 속도를 t에 대한 식으로 나타낸 후, 함수의 극대와 극소를 이용하여 운동 방향이 두 번 바뀔 조건을 만족하는 m의 값의 범위를 구해 문제를 해결할 수 있는지를 평가하고 있다.

📝 예시 답안

점 P의 시각 t에서의 속도를 $v(t)$라 하면

$$v(t) = \frac{d}{dt} x(t) = 2t^3 - 6t + 7 - 2m$$

점 P가 출발한 후 운동 방향이 두 번 바뀌려면 t에 대한 방정식 $2t^3 - 6t + 7 - 2m = 0$이 $t > 0$에서 서로 다른 두 실근을 가져야 한다.

$2t^3 - 6t + 7 - 2m = 0$, 즉 $2t^3 - 6t + 7 = 2m$에서

$f(t) = 2t^3 - 6t + 7$이라 하면

$f'(t) = 6t^2 - 6 = 6(t+1)(t-1)$

$f'(t) = 0$ 에서 $t = -1$ 또는 $t = 1$

$t > 0$ 에서 함수 $f(t)$ 의 증가와 감소를 표로 나타내면 다음과 같다.

t	(0)	$\cdots$	1	$\cdots$
$f'(t)$		$-$	0	$+$
$f(t)$	7	$\searrow$	3	$\nearrow$

$t > 0$ 에서 함수 $f(t)$ 는 $t = 1$ 에서 극솟값 3 을 가지므로 함수 $y = f(t)$ 의 그래프는 다음 그림과 같다.

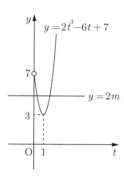

$t > 0$ 에서 방정식 $2t^3 - 6t + 7 = 2m$ 이 서로 다른 두 실근을 가지려면 $t > 0$ 에서 함수 $y = f(t)$ 의 그래프와 직선 $y = 2m$ 이 서로 다른 두 점에서 만나야 하므로 $3 < 2m < 7$, 즉 $\dfrac{3}{2} < m < \dfrac{7}{2}$ 이어야 한다.

따라서 구하는 정수 m 의 값은 2, 3 이므로
$a = 2$, $b = 2 + 3 = 5$
$\therefore ab = 10$

교과서 속 개념 확인

속도와 가속도

(1) 수직선 위를 움직이는 점의 속도

수직선 위를 움직이는 점 P의 시각 t 에서의 위치가 $x = f(t)$ 일 때, 점 P의 시각 t 에서의 속도 v 는

$$v = \frac{dx}{dt} = f'(t)$$

(2) 수직선 위를 움직이는 점의 가속도

수직선 위를 움직이는 점 P의 시각 t 에서의 속도가 v 일 때, 점 P의 시각 t 에서의 가속도 a 는

$$a = \frac{dv}{dt}$$

[문제 15]

문항 출제 기준

- **출제 범위:** 수학 Ⅱ (정적분의 활용–정적분과 넓이)

- **출제 의도**

  주어진 영역에서 함수의 그래프와 축 사이의 넓이와 정적분의 관계, 등차수열의 성질을 이해하고 이를 활용할 수 있는지 평가한다.

- **출제 근거**

  [12수학Ⅱ 03-05] 곡선으로 둘러싸인 도형의 넓이를 구할 수 있다.

도서명	쪽수/번
2025 수능완성 수학영역 수학 Ⅱ	67쪽 20번

문제해결의 TIP

본 문항은 수학 Ⅰ 과목의 수열 단원에서 등차수열과 수학 Ⅱ 과목의 적분 단원에서 정적분과 넓이를 연계하여 출제한 문항이다. 따라서 등차수열의 뜻을 이해하고 주어진 조건을 공차 d 를 이용하여 한 문자에 관한 식으로 나타낸 후, 넓이를 정적분으로 나타내어 문제를 해결할 수 있는지를 평가하고 있다.

예시 답안

A, B, C 가 이 순서대로 등차수열을 이룰 때 공차를 d 라 하면 $A = B - d$, $C = B + d$ 로 놓을 수 있다. 즉,

$$\int_a^c |f(x)|\,dx = A + B + C = (B - d) + B + (B + d)$$
$$= 3B$$

$$\int_a^c f(x)\,dx = A - B + C = (B - d) - B + (B + d)$$
$$= B$$

따라서 $5\displaystyle\int_a^c |f(x)|\,dx - 3\int_a^c f(x)\,dx = 60$ 이므로

$$5\int_a^c |f(x)|\,dx - 3\int_a^c f(x)\,dx = 5 \times 3B - 3B = 12B = 60$$

에서 $B = 5$

$$\therefore \int_a^c |f(x)|\,dx = 3B = 3 \times 5 = 15$$

계속 갈망하라. 언제나 우직하게.

- 스티브 잡스 -

2025 가천대학교 논술고사 실전 모의고사 인문 계열

개정2판1쇄 발행	2024년 09월 05일 (인쇄 2024년 07월 24일)
초 판 발 행	2022년 09월 05일 (인쇄 2022년 07월 21일)
발 행 인	박영일
책 임 편 집	이해욱
편 저	오지연 · 이규정
편 집 진 행	이미림 · 김하연 · 박누리별 · 백나현
표지디자인	박종우
편집디자인	차성미 · 고현준
발 행 처	㈜시대에듀
출 판 등 록	제10-1521호
주 소	서울시 마포구 큰우물로 75 [도화동 538 성지 B/D] 9F
전 화	1600-3600
팩 스	02-701-8823
홈 페 이 지	www.sdedu.co.kr

I S B N	979-11-383-7242-8 (53370)
정 가	22,000원

나는 이렇게 합격했다

당신의 합격 스토리를 들려주세요
추첨을 통해 선물을 드립니다

베스트 리뷰
갤럭시탭 / 버즈 2

상/하반기 추천 리뷰
상품권 / 스벅커피

인터뷰 참여
백화점 상품권

이벤트 참여 방법

합격수기

시대에듀와 함께한
도서 or 강의 선택
> 나만의 합격 노하우
정성껏 작성
> 상반기/하반기
추첨을 통해 선물 증정

인터뷰

시대에듀와 함께한
강의 선택
> 합격증명서 or
자격증 사본 첨부,
간단한 소개 작성
> 인터뷰 완료 후
백화점 상품권 증정

이벤트 참여 방법
다음 합격의 주인공은 바로 여러분입니다!

QR코드 스캔하고 ▷ ▷ ▷ ▶
이벤트 참여하여 푸짐한 경품받자!

합격의 공식
시대에듀

시대에듀 한국사능력검정시험
심화(1·2·3급) 대비서 시리즈

개념 정복

Type A 개념 이해와 학습 방법을 파악하는 단계

PASSCODE 한국사능력검정시험 한권으로 끝내기 심화
- 황의방 교수 저자 직강 무료
- 알짜만 모은 핵심 이론
- 시험에 자주 등장하는 키워드를 통한 철저한 기출문제 분석
- 한능검을 정복하는 20가지 유형별 문제 풀이 스킬 제시

Type B 전략적인 기출 분석이 필요한 단계

PASSCODE 한국사능력검정시험 주제·시대 공략 기출문제집 심화
- 시대 통합 주제와 시대별 핵심 주제로 구성된 이론 및 문제를 통해 신유형 완전 정복
- 실제 기출된 사료와 선지를 재구성한 미니 문제를 통해 핵심 키워드 파악
- 전 문항 개별 QR코드로 나 홀로 학습 가능

Type C 효율적인 단기 완성의 단계

PASSCODE 한국사능력검정시험 7일 완성 심화
- 기출 빅데이터 분석으로 50개 주제별 빈출 키워드와 문제 유형 제시
- 오디오북으로 스마트하게 학습 가능한 꼭 나오는 기출 선택지 제시
- 최종 모의고사 1회분과 시대별 연표로 마지막 1문제까지 완벽 케어

나의 학습 단계에 맞는 한능검 교재를 통해
한국사 개념을 정복하고 문제 풀이 스킬을 업↑ 시켰다면,

최종 마무리 단계로 실전 감각 익히기!

기출 정복

마무리 한국사에 대한 개념이 빠삭한 단계

PASSCODE 한국사능력검정시험 기출문제집 800제 16회분 심화
- 회차별 최신 기출문제 최다 수록
- 오답부터 정답까지 기본서가 필요 없는 상세한 해설
- 무료 기출 해설 강의
- 회차별 모바일 OMR 자동채점 서비스 제공

※ 도서의 구성과 이미지는 변경될 수 있습니다.

시대에듀와 함께해요!

함께 읽으면 좋은
시사 상식 시리즈!

2025학년도 대입의 지름길!

10대를 위한 모든 이슈

▶ 대입 논술 · 구술면접을 위한 이슈와 상식의 결정판!

▶ 주요 이슈들과 꼭 알아야 하는 기본 상식들을 모두 한 권에 정리!

대입 면접 논술 대비 필독서!

The 똑똑한 청소년 시사상식

▶ 인문 · 경제 · 정치 · 사회 · 과학 · 문화 · 우리말 상식 수록!

▶ 수능 · 논술 · 면접 · 수행평가 · 토론 · 퀴즈 대회 준비도 한 번에 OK!

하루 30개 한 달 PLAN!

하루 상식

▶ 하루 10분 투자로 똑똑해지는 습관!

▶ 최신 이슈와 시사용어, 필수상식 중 꼭 알아두어야 하는 핵심 상식 수록!

퀴즈로 재미있게 상식 채우기!

뇌가 섹시해지는 꿀잼 상식 퀴즈

▶ 퀴즈 대회부터 면접 대비 맞춤형 상식 퀴즈 수록!

▶ 다양한 분야의 상식 퀴즈 수록!